APOLOGIE
DE
L'AMOUR,

Qui nous fait desirer véritablement de posséder Dieu seul, par le motif de trouver nôtre bonheur dans sa connoissance & son Amour.

Avec des Remarques fort-importantes sur les Principes & les Maximes que Mr. l'Archevêque de Cambrai établit,

Sur l'Amour de Dieu, dans son Livre intitulé *Explication des Maximes des SS. &c.*

PAR ****

A AMSTERDAM,

Aux dépens D'ETIENNE ROGER, Marchand Libraire, chez qui on trouve toute sorte de Musique.

M. DC. XCVIII.

DESSEIN DE CET OUVRAGE.

POUR saper tout d'un coup le Quiétisme par son fondement, il sufit de détruire la fausse idée que les Quiétistes se sont formée de l'amour de Dieu parfaitement pur & desintéressé, & du propre intérêt opposé à la charité. Ils prétendent que l'amour de Dieu pour être pur & desintéressé, doit être entierement indépendant de tout desir de nôtre bonheur, en sorte qu'il ait pour motif les seules perfections absoluës de Dieu & sa gloire avec exclusion de tout rapport de convenance à nôtre égard. C'est sur ce principe qu'ils bâtissent l'indifférence monstrueuse, qu'on doit avoir selon eux, pour toutes choses sans exception, même pour les actes de vertu, pour les actes de foi explicites, enfin pour son salut ou pour sa damnation; & de cette indifférence vient la suppression des demandes, l'extinction de tous les desirs de son salut & beaucoup d'autres erreurs. Je sçai bien que ce n'est que par

DESSEIN

de fausses conséquences qu'ils tirent ces erreurs de l'idée qu'ils se sont formée de l'amour pur & desintéressé; ainsi on peut fort-bien les refuter en faisant voir par les principes de la Foi & la Tradition constante de l'Eglise, que ces erreurs sont de fausses conséquences, qu'ils tirent mal à propos de la perfection de l'amour pur & desintéressé qu'on doit avoir pour Dieu; mais outre que cette voye est d'une longue discussion, parce qu'il faut refuter chaque erreur en particulier par la Tradition, & par un examen fort ennuyeux des Ecrits de tous les Mistiques des derniers siécles; un autre inconvénient c'est qu'ils se plaignent hautement qu'on écrit contre leurs sentimens sans les entendre, qu'on leur impose des opinions absurdes qu'ils n'ont jamais enseignées dans le sens qu'on prétend, en un mot, qu'on se bat en l'air contre un Phantôme. Ces plaintes sont tout-à-fait injustes, car on ne leur impute rien qu'on ne trouve expressément dans plusieurs de leurs Livres, & l'excellent Ouvrage que Mr. l'Evêque de Meaux vient de donner au Public, représente, on ne peut pas plus fidélement, tout le corps de leur Doctrine: mais la voye la plus courte pour refuter en même tems

toutes

toutes leurs erreurs & leur fermer la bouche, c'est de leur faire voir qu'ils se sont formés une idée fausse & chimerique de l'amour parfait, & que le desir sincére de posséder Dieu seul, pour trouver nôtre bonheur uniquement dans sa connoissance & son amour, est toûjours un amour de parfaite charité. Ils ne peuvent pas se plaindre qu'on leur impute sur ce sujet un sentiment qu'ils n'ont pas, car ils font gloire de traiter d'amour mercénaire qui vient de l'amour propre & de la concupiscence, le desir qu'on a de posséder Dieu pour être heureux, même en luy seul; ils conviennent qu'ils excluent du motif de l'amour pur & desintéressé tout desir de nous rendre heureux, & ils tâchent maintenant de persuader que toute leur Doctrine se réduit à faire consister la perfection dans l'exercice d'un amour de Dieu pur & desintéressé, qui n'ait pour motif que ses perfections absoluës, indépendemment de tout desir de nôtre bonheur, & avec exclusion d'envisager les rapports de convenance que les perfections de Dieu peuvent avoir à nôtre égard. C'est donc couper la teste au Quiétisme si on peut leur faire voir qu'ils se trompent dans l'idée qu'ils ont de l'amour pur & desintéressé;

DESSEIN

car on perdra son tems à refuter les autres erreurs particuliéres qu'ils déguisent sous des termes équivoques pendant qu'on leur laissera le principe d'où ils les tirent. Je veux qu'ils les en tirent mal à propos, mais si ce principe est faux, comme il l'est trés certainement, ne vaut-il pas mieux s'occuper principalement à le détruire qu'à s'amuser à disputer sur vingt autres sentimens particuliers qu'ils disent n'admettre pas dans le sens qu'on leur impute?

Voilà ce qui m'a porté à faire l'Apologie de l'amour qui nous fait desirer de posséder Dieu seul, afin de trouver notre bonheur dans sa connoissance & son amour. Mon dessein est de prouver demonstrativement, que toute la perfection de l'amour le plus pur que nous pouvons avoir pour Dieu, dépend uniquement de la perfection du desir qu'on a de le posséder luy seul, pour trouver nôtre bonheur dans sa connoissance & son amour. Par ce seul principe l'indifférence monstrueuse, qu'on attribuë avec raison aux Quiétistes, est entiérement détruite, les demandes & les desirs du Ciel sont rétablis, les actes des vertus pour mériter de parvenir à la possession de Dieu ne seront plus indiférens, l'on ne rejettera plus les actes

actes de foi explicites pour s'exciter à desirer la joüissance de Dieu; enfin les Quiétistes & les Demi-Quiétistes ne trouveront plus d'azile dans l'idée chimérique d'un amour pur & desinteressé mal entendu.

C'est-là tout le dessein de cet Ouvrage. Pour l'exécuter j'ay fait trois Livres.

Dans le premier je traite de la nature de l'amour en général, j'examine d'abord le principe & l'origine de l'amour; ensuite le fondement de l'amabilité des objets, & le motif qui peut nous les faire paroître aimables; j'y aporte des divisions fort exactes de l'amour en général dans les differentes espéces; enfin j'y traite à fond de l'amour gratuit & de pure amitié, entant qu'il est opposé à l'amour mercénaire, qu'on appelle ordinairement amour de concupiscence, & j'y fais voir clairement quel a esté le véritable sentiment de Ciceron & de tous les anciens Philosophes sur la distinction de l'amour gratuit & de pure amitié, d'avec l'amour mercénaire.

Tout le second Livre a pour but de prouver que la plus grande perfection de l'amour de Dieu dépend nécessairement de la perfection du desir qu'on a de le posséder lui seul, afin de trouver nôtre bonheur dans sa connoissance & son amour.

DESSEIN

Pour démontrer la verité de ce principe nous y ferons voir par des preuves invincibles, que dés le moment qu'on desire sincérement de posséder Dieu seul, en sorte qu'on ne recherche que luy afin de trouver nôtre bonheur dans sa connoissance & son amour, on aime Dieu d'un amour parfaitement conforme à l'ordre immuable & par conséquent à sa volonté, on l'aime d'un amour qui fait nôtre parfaite justice, on l'aime d'un amour par lequel on glorifie Dieu de la maniére la plus parfaite dont il soit possible à toute Créature intelligente de le glorifier, on l'aime d'un amour qui satisfait au grand Commandement qui nous oblige d'aimer le Seigneur nôtre Dieu de tout nôtre cœur & de toute noftre ame; Enfin on l'aime plus que soi-même, & plus que toutes les Créatures; d'où nous concluons qu'il n'y a point d'amour de charité plus parfait à l'égard de son motif que celuy-là.

Enfin, dans le troisiéme nous faisons des remarques fort importantes sur les Principes & les Maximes que M. l'Archevêque de Cambrai a nouvellement établi dans l'explication qu'il a prétendu faire des Maximes des Saints sur la vie intérieure. J'ay crû être obligé de refuter cet Ouvrage

DE CET OUVRAGE.

ge pour empêcher qu'on n'abusât des faux principes qu'on y trouve contre les véritez que nous enseignons dans les deux Livres précédens ; car il n'est pas juste que la verité souffre par un lâche silence, qui seroit une espéce d'approbation tacite d'une fausse Doctrine qui peut conduire à l'illusion, en faisant tendre à une perfection chimérique, dont les Libertins ont raison de se railler. Ainsi, quoy que j'aye une estime trés-sincére pour l'esprit sublime, & encore plus pour la solide piété de M. l'Archevêque de Cambrai, je croi néanmoins que l'intérêt de la vérité, & la charité qu'un chacun doit avoir pour empêcher, autant qu'il peut, que son Prochain ne se trompe sur les voyes de la perfection & sur l'accomplissement du grand Commandement de l'amour de Dieu, qui est d'une nécessité absoluë pour le salut, doivent l'emporter sur toutes sortes de considérations humaines; mais je prens Dieu à temoin que ce n'est point aucune envie contre cet illustre Prélat qui me fait écrire, au contraire je suis le premier à prendre sa défense dans les Compagnies où je me trouve, contre les calomnies dont plusieurs Envieux tâchent de le noircir, & je ne puis voir qu'avec une extréme

DESSEIN &c.

trême peine qu'on perde le respect qu'on doit, non seulement à l'innocence de ses mœurs & à la droiture de sa foy, mais encore à la Dignité dont il remplit les devoirs avec tant d'édification.

Il me reste à avertir le Lecteur que j'ay emprunté plusieurs beaux endroits dans ce Manuscrit d'un excellent petit Traité de la Charité, que feu M. Boudaillé nous a laissé dans sa Théologie Morale de S. Augustin, où il enseigne le même sentiment que nous deffendons icy aprés S. Augustin.

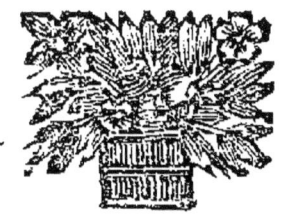

APOLOGIE
DE
L'AMOUR,

Qui nous fait defirer véritablement de pofféder Dieu seul par le motif de trouver nôtre bonheur dans sa connoissance, & son Amour.

LIVRE I.

De la nature de l'Amour en général.

CHAPITRE PREMIER.

Du principe & de l'origine de l'Amour.

OUT le monde conçoit l'amour en général comme un doux penchant du cœur, c'est à dire de la volonté, vers quelque objet qui nous plaît.

Pour connoître le principe & l'origine de l'inclination par laquelle nôtre volonté peut se porter vers certains objets, il faut suposer

icy

icy un principe constant chez tous les Philosophes, à sçavoir que Dieu en créant nôtre Ame a imprimé dans sa nature une inclination nécessaire & un desir invincible d'être heureuse, ou pour parler plus clairement, Dieu pousse sans cesse nôtre Ame par une impression invincible vers le bien en général à rechercher son bonheur, c'est à dire l'état parfaitement convenable à sa nature. Or l'Ame reconnoissant par un sentiment intérieur, *per intimam conscientiam*, qu'elle ne peut pas trouver son bonheur en elle même, je veux dire dans sa nature, & qu'elle ne peut pas se le donner, le desir invincible qu'elle a d'être heureuse la porte à rechercher dans les objets extérieurs, le bonheur qu'elle ne sçauroit trouver en elle même. Il est donc certain que la volonté ne peut se porter ou s'incliner par ses desirs vers aucun objet, que par la force de l'impression invincible qui la porte sans cesse vers le bien en général, pour y rechercher son bonheur. Voilà la véritable origine de l'amour.

C'est pourquoy S. Augustin a établi pour principe, que l'amour de quelque objet que ce soit, commence par l'amour de nous-mêmes, c'est à dire par le desir invincible que nous avons d'estre heureux, *amores omnes & dilectiones priùs sunt in hominibus de se, & sic de aliâ re quam diligant. Si diligis aurum, priùs te diligis, & sic aurum, quia si mortuus fueris nullus erit qui aurum possideat; ergo dilectio unicuique à se incipit, & non potest nisi à se incipere, & nemo movetur ut se diligat.*

Tous les Philosophes Païens ont avancé ce même

même principe comme indubitable. Cicéron le fait proposer trois ou quatre fois dans les Livres *de finibus bonorum & malorum*, par des Philosophes de Secte diférente qui convenoient tous en ce point. Caton Stoïcien l'expose en cette manière dans le troisiéme des Livres que nous venons de citer, *Placet his quorum ratio mihi probatur, simul atque natum sit Animal ipsum sibi conciliari & commendari ad se conservandum.... quod non fieret nisi statum suum diligerent, interitum timerent; fieri autem non possit ut appeterent aliquid nisi sensum haberent sui eoque se & sua diligerent, ex quo intelligi debet principium ductum esse à se diligendi.* Pison exprime la mesme chose en d'autres termes dans le cinquiéme Livre de finibus bon. & mal. *Omne Animal seipsum diligit; & simul ac ortum est id agit, ut se conservet, quod hic et primus ad omnem vitam tuendam appetitus & naturâ datur, ut se conservet; atque ita sit affectum ut optimè secundum naturam affectum esse possit: ergo omni Animali, illud quod appetit positum est in eo quod naturæ est accommodatum.*

Afin d'avoir une juste idée du bonheur dont nous avons un desir naturel si invincible, vous remarquerez que ce qu'on appelle bonheur n'est autre chose dans le fond que l'état convenable d'une nature : Et le malheur n'est au contraire qu'un état disconvenable ; ainsi l'Ame est heureuse, quand elle est dans un état qu'elle sent estre convenable à sa nature, & elle est malheureuse quand elle se trouve dans un état qu'elle sent estre disconvenable à sa nature. Cette idée est la plus exacte que nous puis-

puissions nous former du bonheur & du malheur, le plaisir attaché au bonheur n'est qu'un doux repos & qu'une complaisance de l'Ame dans un état qu'elle sent luy estre convenable.

Or comme il y a deux sortes d'états convenables à la nature de nôtre Ame, dont l'un luy est parfaitement convenable, & l'autre luy est convenable à la vérité, mais non pas souverainement ni parfaitement, il faut distinguer deux sortes de bonheur ou de félicité, l'une souveraine ou parfaite, & l'autre imparfaite.

Le bonheur souverainement parfait est un état parfaitement convenable à la nature de nôtre Ame, & le bonheur imparfait est un état convenable en quelque chose à la nature de nôtre Ame, mais non pas souverainement convenable.

Il faut encore remarquer deux choses dans tout bonheur, à sçavoir l'objet qui cause en nous l'état convenable qui fait nôtre bonheur, & la possession de cet objet. On appelle béatitude objective l'objet qui cause en nous l'état convenable qui fait nôtre bonheur : on appelle béatitude formelle, la possession ou la joüissance de cet objet béatifique.

CHA-

CHAPITRE II.

De l'objet de l'Amour en général.

L'Amour a toûjours quelque bien pour objet & pour fin, & le desir de nôtre bonheur pour principe, ainsi pour avoir une connoissance exacte de l'amour il faut traiter ici du bien, de la fin, & du bonheur.

ARTICLE PREMIER.

Du bien qui est le motif de l'Amour du côté de l'objet.

LE bien, la fin, & le bonheur ne sont que trois differens regards d'un mesme objet qui nous est convenable, car si on le considére entant qu'il excite nôtre desir, *quatenus appetitum movet*, par le rapport de convenance qu'il a avec nous, cet objet est appelé bon sous ce regard, si on le considere entant qu'il est le terme où tend nôtre desir, sous ce regard il est la fin de nôtre amour, enfin si on le considére comme nous donnant de la satisfaction, du contentement & du plaisir par sa possession

& sa

& sa jouissance, il fait nôtre bonheur sous ce regard.

Les Philosophes ont coutume de définir le bien en général, *Id quod appetitum movet*, une chose qui a la force d'exciter & d'attirer nôtre desir; c'est pourquoy il y a trois choses à considerer dans le bien, sçavoir 1. L'entité phisique ou naturelle de la chose qui est bonne. 2. La convenance ou la conformité de cette entité phisique avec la chose à laquelle elle est bonne, c'est à dire convenable. 3. La qualité qu'elle a d'estre aimable & desirable, ce que les Philosophes appellent amabilité ou appetibilité.

L'entité phisique, ou autrement, l'estre natre naturel d'un bien, est une perfection absoluë; or comme les Philosophes donnent la qualité de bon à tout ce qui est parfait en son genre, ils appellent bonté absoluë la perfection absoluë de chaque chose. Afin de mieux comprendre ceci, vous sçaurez qu'il y a deux sortes de perfections, les unes conviennent en une chose en elle mesme sans aucun rapport à une autre, il y en a d'autres qui conviennent à certaines choses par rapport à d'autres; on appelle les premiéres absoluës, & les secondes relatives.

Les perfections absoluës sont donc celles qui conviennent avec un Etre conceû en lui même sans aucun rapport à un autre dont il soit la cause productive ou perfectionnante; voilà ce qu'on appelle aussi bonté absoluë. Les perfections relatives sont celles qui conviennent à un Etre conceû par rapport à un autre dont il est la cause productive ou du moins perfectionnante; on appelle bonté relative ces sortes de perfections. Remar-

Remarquez qu'une perfection peut-être absoluë quant à la maniere de la concevoir, *quantum ad conceptum*, & être cependant relative ou cause perfectionnante par accident, quant à l'effet, *quantum ad effectum*, sans être relative quant à la maniere dont on conçoit qu'elle convient à un Etre; par exemple la perfection que Dieu a d'être essentiellement l'ordre immuable en luy-même est la souveraine sagesse & une perfection absoluë, quant à la maniere dont on conçoit que cette perfection convient à Dieu, c'est-à-dire quant à l'idée qu'on en a, cependant rien n'empêche que cette perfection qui est absoluë en elle même ne devienne immédiatement l'objet de la contemplation & de l'amour des Créatures intelligentes à qui Dieu a donné une ame de telle nature, que la contemplation & l'amour des perfections mêmes absoluës de son Etre infini leur soit parfaitement convenable & fasse son plus grand bonheur; pour lors ces perfections absoluës deviendront à la vérité relatives par accident quant à l'effet, je veux dire qu'elles auront un raport de convenance à l'égard des Créatures intelligentes, mais elles ne seront pas moins absoluës quant à leur concept essentiel.

La convenance ou conformité d'une entité physique & naturelle considérée selon ses perfections tant absoluës que relatives à l'égard de quelqu'autre chose à qui elle soit bonne, c'est à dire convenable, consiste dans certains rapports de perfection conformes aux dispositions d'une chose capable d'être perfectionnée & propres à la perfectionner. Si vous me demandez

dez quelle est la nature de ces rapports, je vous répondrai que Dieu seul, qui est l'Auteur de la nature de chaque Etre, connoit parfaitement les rapports de convenance qu'il a mis entre la nature de chaque Etre, & les caufes qui peuvent les perfectionner de la manière qui leur est la plus convenable.

C'est une grande question que de sçavoir d'où vient leur amabilité ou appetibilité, comme disent les Philosophes; pour moy, je ne comprens pas comment il peut y avoir deux opinions contraires sur ce sujet parmi des Philosophes de bon sens, car il est aussi évident que l'amabilité n'est qu'un rapport de convenance fondé sur les perfections de la chose qu'on appelle aimable à cause de sa convenance à l'égard d'une autre chose, comme il est évident qu'un & un font deux. En effet, dez le moment qu'on conçoit un rapport de convenance d'une chose à une autre, on ne peut pas s'empêcher de concevoir que la chose qui est convenable à l'autre lui est aimable sous ce regard, de sorte que si le rapport de convenance est mutuel, comme il arrive entre deux amis, l'amabilité est mutuelle. Mais si vous excluës tout rapport de convenance d'une chose à une autre, vous excluez en même tems de cette chose toute sorte d'amabilité à l'égard de l'autre. Il suffit de faire une sérieuse attention sur ce qui nous rend les objets aimables, pour connoître clairement que la seule raison prochaine & immédiate est le rapport de convenance qu'ils ont avec nous, comme au contraire ce qui nous les rend haïssables est le rapport de disconvenance qu'ils ont avec nous. Vous

Vous me demanderez peut-être si le rapport de convenance, qui est la raison prochaine de l'amabilité, doit être fondé sur les perfections absoluës ou sur les perfections relatives de la chose aimable, je répons en premier lieu, qu'il importe fort peu de sçavoir sur quelles sortes de perfections il doit être fondé, pourvû qu'on convienne que toute amabilité consiste essentiellement dans un rapport de convenance qui est fondé sur les perfections de la chose aimable, telles que puissent être ces perfections. Je répons en second lieu, que les perfections d'une chose qui sont absoluës quant à l'idée essentielle par laquelle nous les concevons, peuvent aussi-bien être convenables par elles même à quelqu'autre chose, comme les perfections qui sont essentiellement relatives quant à l'idée par laquelle nous les concevons. Ainsi les perfections sur lesquelles est fondé le rapport de convenance qui constitue l'amabilité, peuvent être également ou des perfections absoluës en la maniére que nous l'avons expliqué, ou des perfections essentiellement relatives, ou toutes les deux sortes ensemble.

Si toute amabilité a pour fondement prochain un rapport de convenance, comme tout homme de bon sens en doit convenir, il s'ensuit évidemment, que la bonté qui est le motif prochain de l'amour du costé de l'objet, renferme toûjours nécessairement un rapport de convenance ; ainsi je déclare que dorénavant pour ôter tout équivoque en matière d'amour, par le mot de bon & d'aimable j'entendrai convenable : car c'est-là l'idée, que toutes les anciens Philosophes (à l'exception des seuls Epicuriens, pour une raison que je dirai bien-tôt) ont donné au mot de bon & d'aimable. Pour vous en convaincre, vous n'avez qu'à lire les Ouvrages Philosophiques de Ciceron, dont voicy quelques passages tirés de ses Livres de finibus bonorum & malorum. *J'apelle bien*, dit-il, *tout ce qui est convenable à la nature, & j'appelle mal, tout ce qui luy est disconvenable. Ce n'est pas moy seul (qui suis de la Secte des Peripatéticiens) qui définis ainsi le bien & le mal, car vous aussi,* Cheysippe, *(qui estes de la Secte des Stoïciens) vous le définissez de la même manière, soit dans le Barreau, soit à la Maison, soit dans l'Ecole. Bonum appello, quicquid secundum naturam est, quod contra malum ; nec ego solus &c.* Ciceron fait encore ainsi parler Caton Stoïcien dans le Troisiéme des mesmes Livres. *In iis igitur ita constitutis, sunt ea quæ secundum naturam sunt ipsa propter se sumenda sint, contrariaque item reiicienda......*. *In natura primum inesse incipit & intelligi quid sit quod verè bonum possit dici, prima est enim conciliatio hominis ad ea quæ sunt secundum naturam.* Caton dit expressément dans ce Passage qu'en supposant que les choses qui sont convenables par elles mesmes à nôtre nature doivent estre aimées & recherchées à cause d'elles mesmes, on peut facilement concevoir quelles sont les choses ausquelles on doit donner le nom de véritables biens, puisque l'homme se porte d'abord aux choses qui sont convenables à sa nature ; il assûre dans le mesme Livre en propres termes que le bien qu'on qu'on doit aimer à cause de lui-mesme consiste dans ce que nous appellons convenance. *Quod* (il parle de *bono per se expetendo*) *cum positum sit in eo quod convenientiam appellamus.* J'ay remarqué beaucoup d'autres passages dans les Ouvrages Philosophiques de Ciceron, qui font voir que selon le sentiment commun des Philosophes il n'y avoit que la seule perception de la convenance d'une chose à nôtre égard qui pût nous porter à la desirer & à l'aimer. *Quo modo autem moveri Animus ad appetendum potest, si id quod videtur, non percipit accommodatumne naturæ sit an alienum?* Comment l'Ame peut elle estre excitée à desirer quelque chose Si elle n'aperçoit pas la convenance ou la disconvenance que l'objet qu'on voit a par rapport à nôtre nature? Ce sont-là les paroles de Ciceron, qui dit encore dans le cinquiéme Liv. de fin. bon. & mal 1. *Ergo omni Animali illud quod appetit positum est in eo quod est naturæ accommodatum;* & dans un autre endroit du mesme Livre il parle en cette sorte, *nec vero id satis est neminem esse, qui ipse se oderit, sed illud quoque intelligendum est, neminem esse qui quomodo se habeat nihil sua censeat interesse: tollitur enim appetitus Animis, si ut in iis rebus inter quas nihil interest neutram in partem propensiores simus, item in nobismet ipsis quemadmodum affecti simus nihil nostra arbitrabimur interesse. Atque etiam illud quis dicere velit perabsurdum sit ita diligi à se quemquam, ut ea vis diligendi ad aliam rem quampiam referatur, non ad eum ipsum qui sese diligat; hoc cum in amicitiis, cum in officiis, cum in virtutibus dicitur, quomodocumque dicitur,*

dicitur, intelligi tamen quid dicatur potest, in nobis autem ipsis ne intelligi quidem ut propter aliam quampiam rem, verbi gratiâ, propter voluptatem nos amemus: propter nos enim illam, non propter eam nosmet ipsos diligimus.... Ex quo perspicuum est quoniam ipsi à nobis diligamur omniaque & in animo & in corpore perfecta velimus esse, ea nobis ipsa cara esse propter se & in iis esse ad vivendum momenta maxima.

Voilà quel étoit le sentiment commun de tous les Philosophes de l'Antiquité sur le motif prochain qui porte nôtre volonté à aimer, & sur la notion du bien qui a la force d'exciter nôtre amour ; si vous en exceptez les seuls Epicuriens pour la raison que je vais dire ; ils admettoient un Dieu sans action, sans puissance, sans volonté bienfaisante & sans providence, ainsi ils ne croyoient pas que les hommes reçussent aucun bienfait de Dieu, ni qu'il fût leur bonheur, mais ils attribuoient à nôtre propre industrie & à l'enchaînement des causes naturelles, qui étoient aussi indépendantes que Dieu, tous les biens & les maux que les hommes recevoient ; cependant ils tomboient d'accord avec tous les autres Philosophes que Dieu méritoit d'estre aimé & honoré à cause de son excellence ; or comme ils n'admettoient rien en Dieu qui eût des rapports de convenance avec la nature de l'homme & qu'ils soûtenoient néanmoins qu'il étoit aimable, ils étoient obligez par conséquent de dire suivant leur principe, que le bien convenable n'étoit pas le seul motif prochain qui nous attiroit du costé de l'objet à l'aimer,

puispuifque, felon eux, Dieu n'étoit convenable en rien à nôtre nature non plus qu'une fouche. Tous les autres Philofophes foûtenoient contre Epicure qu'il n'y avoit rien en Dieu qui nous dût eltre aimable s'il n'étoit convenable en rien à nôtre nature, & qu'ainfi il fe contrediroit groffiérement, en foûtenant d'un cofté que Dieu étoit aimable, & de l'autre qu'il n'y avoit rien en Dieu qui fût convenable à nôtre nature n'y qui pût la rendre heureufe. On peut voir les folides raifons que Cotta apporte fur ce fujet contre Veilleius Epicurien vers la fin du premier Livre de la nature des Dieux dans Cicéron. Il faut avoüer de bonne foi qu'il y a une contradiction manifefte dans le fentiment d'Epicure dont nous venons de parler: cependant nos nouveaux Myftiques, & fur tout les Quiétiftes de nos jours, ont adopté ces mêmes principes fur l'amour de Dieu; car ils prétendent qu'aimer Dieu entant qu'il eft & parce qu'il eft parfaitement convenable à nôtre nature, en un mot, parce qu'il eft le fouverain bien de nôtre Ame, ce n'eft pas l'aimer purement; ainfi ils veulent que Dieu foit aimable en luy même indépendamment de tout ce rapport de convenance avec nous, & ils excluent du motif formel de l'amour, la raifon d'aimer Dieu parce qu'il eft le fouverain bien parfaitement convenable à nôtre Ame. Ils conviennent en cela avec Epicure; qui vouloit que Dieu fût aimable indépendamment de tout rapport de convenance avec nous: mais de bonne foy y a-t-il du bon fens à cette opinion? Ses Partifans ne manqueront pas de nous objecter, que ce n'eft pas

Epicu-

Epicure qui se contredit, mais qu'on doit plûtôt accuser de contradiction les autres Philosophes, qui mettant le souverain bien & la fin dernière de l'homme dans la vertu, soûtenoient d'un costé que la vertu étoit aimable par elle-même & à cause d'elle même, & cependant assûroient d'un autre costé que le seul bien convenable pouvoit être le motif de nostre amour. Car, disent nos Aversaires, si la vertu n'étoit aimable, que parce qu'elle est convenable à nostre nature, elle ne seroit donc aimable que par rapport à nôtre avantage. Or si la vertu n'étoit aimable que par raport à nôtre utilité & nôtre avantage, elle ne seroit donc pas aimable par elle même n'y à cause d'elle même, mais à cause de l'avantage qu'on en retireroit ; ainsi les anciens Philosophes qui disoient que la vertu étoit aimable à cause d'elle même, & qui soutenoient néanmoins que le bien convenable entant que convenable, pouvoit estre le motif prochain de nos désirs, paroissent manifestement se contredire. Nos Adversaires nous font encore la mesme objection sur l'amour de Dieu en lui mesme. C'est-là leur argument triomphant & leur preuve invincible.

Il n'y a cependant rien de si facile qu'à leur faire voir que ces Philosophes raisonnoient fort juste, & que la contradiction qu'on pouvoit leur reprocher est chimérique. Pour le comprendre clairement, il faut remarquer qu'une chose peut être convenable à une autre en deux manières fort différentes. Car ou elle luy est convenable immédiatement par elle même,

me, telle qu'étoit la vertu selon les Stoiciens par rapport à nôtre Ame, ou elle lui est seulement convenable par le moien de quelque avantage distingué d'elle même, qu'elle lui fait acquérir, telles sont les richesses qui ne nous sont convenables qu'entant qu'elles sont des moiens que peuvent nous faire acquérir beaucoup de commodités & d'avantages. Cela supposé, les anciens Philosophes concevoient que tout ce qui nous étoit convenable par luy même, étoit aimable par lui même, & devoit être aimé à cause de lui même; & qu'au contraire tout ce qui ne nous étoit pas convenable par luy-mesme, mais seulement en nous servant de moien pour acquérir des avantages distinguez de luy-mesme, n'étoit point aimable par luy-mesme. Voilà les principes des Anciens, qui sont très-conformes au bon sens. Ils concluoient de là que la vertu étant le souverain bien, qui étoit convenable immédiatement par luy-mesme à la nature de nôtre Ame, la vertu étoit aimable par elle mesme. En effet, une chose est aimable par elle-mesme, quand elle est aimable à cause d'une convenance qui n'est point distinguée d'elle-mesme : Or la vertu, selon eux, étoit aimable à cause d'une convenance qui n'étoit point distinguée de la vertu mesme; c'est pourquoy il est aisé de répondre à la vaine subtilité de nos Aversaires. Si la vertu, disent-ils, n'étoit aimable que parce qu'elle est convenable à nôtre nature, elle ne seroit donc aimable que par rapport à nôtre utilité & nôtre avantage. Les Stoiciens auroient pû répondre facilement par cette courte distinction à la conséquence de nos Aversaires : la vertu ne seroit donc aimable que par rapport à nôtre utilité & nôtre avantage, qui ne seroit alors aucunement distingué de la pratique même : cela est vrai, mais il est faux que la vertu seroit aimable à cause de quelque utilité ou avantage qui fût distingué de la vertu même ; or afin que la vertu ne fût pas aimable, par elle-mesme & à cause d'elle-mesme dans l'opinion de ces Philosophes, il seroit nécessaire qu'elle fût seulement aimable à cause de quelque avantage ou utilité qui fut distinguée de la vertu, de mesme que les richesses sont aimables à cause des avantages qu'elles procurent, lesquels avantages sont tout à fait distingués des richesses. Ce qui trompe nos Aversaires, c'est que comme les richesses ne sont pas aimables par elles-mesmes à cause qu'on ne les aime qu'entant qu'elles nous sont convenables, ils s'imaginent aussi que la vertu ne devoit pas estre regardée par les Stoiciens, comme aimable par elle-même, puisqu'ils ne l'aimoient qu'entant qu'elle étoit le souverain bien convenable à leur nature. Mais ils ne prennent pas garde qu'il y a une trés-grande différence entre la maniére dont les richesses nous sont convenables, & la maniére dont la vertu étoit convenable à l'homme dans le sentiment des Stoiciens. Car selon ces Philosophes la vertu étoit convenable à l'homme immédiatement par elle-même : ainsi quand ils l'aimoient entant qu'ils la croioient parfaitement convenable à la nature de l'homme, ils ne l'aimoient point pour aucune utilité & avantage qui fût distingué de la vertu ; mais les richesses ne sont point convenables à l'homme

par

par elles-mesmes : Elles luy sont seulement convenables entant qu'elles sont un moien propre pour luy faire acquerir plusieurs avantages & commoditez ; ainsi quand on aime les richesses, pour les avantages distingués d'elles-mêmes qu'elles procurent, on ne les aime point pour elles mêmes, au lieu que les Stoiciens aimant la vertu parce qu'elle étoit convenable à la nature de l'homme immédiatement par elle-mesme ils l'aimoient par conséquent pour elle-mesme.

Afin de résoudre toutes les autres objections que nos Adversaires pourroient faire, nous n'avons qu'à bien retenir ce principe ; on aime une chose à cause d'elle-mesme quand on l'aime entant qu'elle nous est convenable, immédiatement par elle-mesme, & au contraire on n'aime point une chose à cause d'elle-mesme, quand on l'aime seulement, entant qu'elle nous est convenable par le moyen de quelqu'autre chose distinguée d'elles-mesme.

Tout ce que nous venons de dire fait voir clairement. 1. Que nous aimons un objet parce qu'il est aimable & desirable. 2. Qu'un objet ne peut jamais estre aimable & desirable à nôtre égard que parce qu'il nous est bon, c'est à dire, convenable. 3. Qu'un objet nous est bon & convenable à cause des perfections tant absolues que relatives qu'il a dans son entité. Voila ce que veulent dire les Philosophes, quand ils asseurent que *prius est aliquid esse conveniens alteri, quam ab eodem appeti ; priusque est ipsum habere aliquid perfectionis in sua entitate, quàm esse conveniens alteri.*

J'ou-

J'oubliois que tous les anciens Philosophes, excepté les Epicuriens, n'ont jamais donné le nom de bon & de bien qu'à ce qui étoit convenable, & que par le mot de bonté ils ont toûjours entendu la convenance d'une chose à une autre ; de sorte que dans leur langage le mot de bon, ou de bien & de convenable estoient des termes Sinonimes qui signifioient la mesme chose. J'ay déja rapporté cy-dessus plusieurs passages de Ciceron qui le prouvent evidemment, & je mets en fait, qu'on ne sçauroit prouver qu'ils ayent jamais donné le nom de bonté aux perfections absoluës d'aucunes choses, considerées entant qu'elles excluent tout rapport de convenance ; ainsi la bonté absoluë, que les Scholastiques ont renduë si célébre dans ces derniers siécles, n'a jamais esté appellée bonté chés les Anciens, mais seulement perfection d'un estre ; j'excepte les Epicuriens qui attribuoient la bonté à Dieu, quoy qu'il ne fût selon eux, aucunement convenable aux hommes.

Il est important d'avertir ici que les Philosophes divisent ordinairement le bien, en bien honneste, bien utile, & bien agréable.

Le bien honneste est celui qui mérite d'estre aimé pour lui même, c'est pourquoi comme il n'y a que Dieu qui mérite d'estre aimé pour lui-même, il n'y a qu'un seul bien honneste absolument, qui est Dieu ; on peut néanmoins donner le nom de bien honneste à quantité d'objets, qui ne méritent point d'estre aimés pour eux mêmes, pourveu que ce soit par rapport au souverain bien, qui seul est honneste absolument : car comme me l'on dit qu'un aliment, un exercice, une médecine, & quantité d'autres choses sont saines, parce qu'elles ont rapport à la santé de l'homme, dont elles sont ou les causes ou les signes, l'on peut aussi fort bien appeller honneste tout ce qui a naturellement quelque rapport au souverain bien, soit qu'il y conduise comme les actions ou les devoirs de vertu, ou qu'il en soit une suite, comme la joie que produit ou l'esperance ou la possession de ce bien, & c'est par là que l'on peut expliquer nettement, ce qui fait l'honnesteté de tous les autres objets, en concevant deux sortes d'honnestetés; l'une absoluë qui est propre au souverain bien, l'autre relative pour tous les differens ou sujets, ou objets qui n'étant point le souverain bien s'appellent honnestes parce qu'ils y ont raport. Ce qui fait voir tout d'un coup l'étrange illusion de la Philosophie Stoique, dont tous les vains raisonnemens rouloient sur une fausse idée d'honnesteté, qu'elle supposoit absoluë dans tous les devoirs de vertu, au lieu qu'il n'y en a qu'une relative.

Le bien utile, *bonum utile*, est de deux sortes, comme nous l'avons déja dit, il y a des biens qui sont utiles & avantageux par eux-mêmes, il y en a d'autres qui sont utiles & avantageux par quelque chose distinguée d'eux mêmes qu'ils font acquérir. Or un bien peut être avantageux par luy-même ou à la partie animale de l'homme, ou à sa partie raisonnable. Cela supposé, tout bien qu'on aime entant qu'on le considére comme nous étant utile par luy-même, est aimé pour lui même, & au contraire tout bien que l'on aime entant qu'on le confidére comme étant utile par le moien de quelque chose distinguée de luy, n'est point aimé pour lui-mesme. Il paroît par là que le commun des Théologiens Scholastiques & des Philosophes se trompent quand ils prétendent que tout bien utile, aimé entant qu'utile n'est point aimé pour luy mesme, car si ce bien est consideré comme utile par lui-mesme, certainement c'est l'aimer pour lui-mesme, puisqu'alors ce n'est point l'amour d'aucun autre objet auquel on le rapporte qui le fait aimer.

Il me reste à dire touchant les biens utiles que l'on recherche par l'amour de la fin, à laquelle ils peuvent conduire en qualité de moiens, que comme il n'y a qu'une seule véritable fin derniére, il n'y a aussi de bien véritablement que celuy qui conduit à cette fin ; de sorte que toute l'utilité véritable se réduit à l'honnêteté relative dont nous avons parlé.

On doit faire la même remarque sur le bien agréable, que nous avons faite d'abord sur le bien utile ; à sçavoir qu'il y a des biens agréables par eux-mesmes & d'autres qui sont agréables, non par eux-mesmes, mais par des choses distinguées d'eux qu'ils procurent. Les biens agréables par eux-mesmes sont encore de trois sortes : les uns sont agréables par eux-mesmes à la partie inférieure ou animale & sensitive seulement, les autres sont agréables par eux-mesmes à la partie raisonnable seulement, d'autre enfin sont agréables à la partie inférieure ou sensitive, & à la partie raisonnable en mesme tems.

Nous avons assûré, que tout bien considéré comme étant utile & agréable par luy-mesme,

pou-

pouvoit être aimé pour luy mesme sous ce regard. On nous objectera peut-être qu'il y a plusieurs biens utiles & agréables immédiatement par eux-mesmes, qui ne sont cependant pas aimables par eux-mesmes ni pour eux-mesmes. Par exemple, les alimens nous sont utiles & agréables par eux mesmes : cependant ces sortes de biens ne sont point aimables par eux-mêmes, ni à cause d'eux-mesmes. Tout ce qui cause en nous immédiatement un plaisir sensuel, nous est agréable par luy-mesme, quoi qu'il ne soit pas aimable par luy-mesme. Il est donc faux que tout bien utile & agréable par luy-mesme soit aimable par luy-mesme & pour luy-mesme.

Il est facile de découvrir le foible de cette objection par deux ou trois remarques. La premiére est, qu'il y a en nous deux parties fort différentes, l'une animale, que les Philosophes appellent la partie inférieure de l'homme, à laquelle appartient l'appetit sensitif; l'autre raisonnable, qu'ils appellent la partie supérieure. Remarqués en second lieu, qu'il y a des choses qui sont seulement utiles & agréables par elles-mesmes à la partie animale ou inférieure & sensitive de l'homme, sans être utiles ni agréables par elles-mêmes à la partie raisonnable ou supérieure. Et au contraire, il y en a d'autres, comme nous avons déja dit, qui sont utiles & agréables par elles-mesmes à la partie raisonnable ou supérieure de l'homme, sans être utiles ni agréables par elles-mesmes à la partie inférieure. Enfin, il faut bien remarquer qu'il y a des actes d'amour de deux sortes, à sçavoir des actes d'amour naturels ou purement volontai-
res,

res, & des actes libres. Cela supposé, les biens sensibles qui nous sont utiles & agréables par eux-mesmes, ne sont tels qu'à l'égard de la partie animale & sensitive de l'homme ; Or l'amour qui correspond naturellement aux biens de la partie animale & sensitive de l'homme, est l'amour naturel, qu'on appelle appetit sensitif par rapport aux biens sensibles. C'est pourquoy les biens sensibles, qui nous sont utiles & agréables par eux-mesmes sont aussi aimables par eux-mesmes & à cause d'eux-mesmes, par rapport à l'amour naturel que nous avons nécessairement pour la conservation de nôtre corps, & généralement pour tout ce qui convient à la partie animale : aussi tout plaisir sensible produit immanquablement dans l'ame le mouvement naturel de l'amour, en faisant qu'on aime d'un amour naturel, nécessaire & purement volontaire, l'objet qui cause en nous ce plaisir. Mais comme les biens sensibles ne sont pas utiles ni agréables par eux-mêmes à la partie raisonnable ou supérieure de l'homme, ils ne sont pas non plus nécessairement aimables par eux-mêmes par rapport à l'amour libre & l'amour de choix, qui ne dépend pas uniquement du plaisir sensible, mais de la raison & de la liberté qui font que l'ame a la force de resister aux plaisirs sensibles. Il est donc toûjours vray que tout bien utile & agréable par luy-mesme est aimable par luy-mesme ; car si ce bien est utile & agréable par luy-mesme à l'égard de la partie animale, il sera aussi aimable par luy-mesme à l'égard de l'amour naturel qui s'appelle appetit sensitif, & si ce bien est utile & agréable par luy-même

même à l'égard de la partie raisonnable & supérieure de l'homme, il sera aussi aimable par luy mesme à l'égard de l'amour de choix & de liberté; Or il n'y a que cet amour de choix & de liberté, qui soit capable de mérite ou de péché; car l'amour naturel estant nécessaire, n'est pas en nôtre pouvoir.

Au reste, il ne faut pas s'imaginer que le bien honneste, le bien utile, & le bien agréable soient trois espéces de biens differens; car 1. Tout bien honneste est utile & agréable sous differens égards. Il est honneste entant qu'il mérite d'estre aimé & recherché à cause de luy-mesme; il est utile, entant qu'il est avantageux; & il est agréable entant qu'il cause de la joye & du contentement. 2. Tout bien véritablement utile est avantageux & honneste au moins d'une honnesteté relative. 3. Quoy que tout bien agréable ne soit pas honneste, il est cependant souvent utile à la partie sensitive.

En voilà assés pour se former une juste idée du bien qui est le motif de nôtre amour du costé des objets. Parlons maintenant de la fin.

ARTICLE SECOND.

De la fin qui est l'objet de nôtre Amour.

LE bien pour l'amour duquel nous agissons, ou dont l'amour nous fait agir, s'appelle une fin, quand on le considére comme le terme où l'on tend.

Les Philosophes distinguent deux sortes de fins, l'une qui est le bien pour lequel on agit, & l'autre qui est la personne pour qui & à qui on veut quelque bien. Ils appellent la premiére sorte de fin, *finis cujus gratia*, & la seconde, *finis cui*. Il faut donc remarquer que tout amour est le desir d'un bien qui est l'objet de cet amour, & qu'on desire nécessairement ce bien à une personne ; car on se le desire à soy-même ou à quelqu'autre ; ainsi on n'aime jamais un bien en l'air, sans le vouloir pour personne. D'où il s'ensuit clairement que tout Amour a deux fins fort differentes, l'une qui est le bien pour lequel on agit, l'autre qui est la personne pour laquelle on veut ce bien. Quand on parle de l'objet de l'amour, on entend par ce mot d'objet, le bien pour lequel, ou autrement, la fin pour laquelle on agit. Pour ce qui est de la personne à qui on veut quelque bien, nous pouvons l'appeller le sujet auquel on desire la possession d'un bien, qui est l'objet de nôtre amour.

La distinction que nous venons de faire de

deux sortes de fins qui se rencontrent dans tout amour, vous fera remarquer une équivoque ordinaire dans la signification des mots, dont on se sert pour l'exprimer. Car de même qu'on dit qu'un homme aime les Sciences, l'honneur, l'argent, la bonne chére & une infinité d'autres choses, on dit aussi qu'il aime sa Femme, ses Enfans & ses Amis; ainsi on se sert du même terme d'aimer, quoy qu'il y ait bien de la différence entre ce qu'il signifie à l'égard des choses que j'ay d'abord marquées & à l'égard des personnes que j'ay nommées ensuite. Aimer les Sciences, c'est, ou vouloir les acquérir ou en faire son plaisir quand on les a acquises; aimer l'honneur, l'argent & la bonne chére, c'est en desirer la joüissance, ou y trouver sa satisfaction quand on en joüit; au lieu qu'aimer les personnes, comme une Femme, des Enfans & des bons Amis, c'est leur vouloir ou leur procurer du bien. Il faut donc bien prendre garde à distinguer ces deux maniéres d'aimer si différentes, & quand on parle ou l'on entend parler d'amour il faut d'abord marquer celle que l'on a en veuë, afin de régler toutes ses expressions par cette idée, ou d'expliquer celles de ceux qui parlent; parce que ces deux maniéres d'aimer ont chacune leur caractére, leurs suites & leurs proprietés qu'il ne faut pas confondre, si l'on veut parler juste.

Quoy qu'il y ait bien de la différence entre aimer une personne à qui l'on veut du bien, & aimer une chose dont on desire la joüissance, cependant si l'on examine la matiére à fond, on trouvera que ce sont plûtôt deux rapports diffé-

C 2   rens

rens d'un même amour, que non pas deux sentimens d'amour différens; on reconnoiſtra que quand on aime une choſe dont on ſouhaite la poſſeſſion, on s'aime en meſme tems ſoy-meſme; & que quand nous diſons qu'un homme s'aime luy-meſme, il y a toûjours quelque bien dont il deſire la poſſeſſion. L'amour eſt toûjours le deſir d'un bien, ce bien eſt l'objet qu'on aime, c'eſt-à-dire dont on veut joüir & on deſire néceſſairement ce bien à une perſonne; on ſe le deſire à ſoy-meſme ou à quelqu'autres.

Remarquons donc ſoigneuſement dans tout amour ces deux rapports différens, l'un à l'objet dont on veut la poſſeſſion, l'autre au ſujet à qui l'on deſire la poſſeſſion de ce bien que nous appellons objet; & comme ces deux rapports ſe trouvent dans tout amour, les termes d'amour & d'aimer les ſignifient tous deux; cependant parce que ceux qui parlent ne les ont pas tous deux également en veuë, ils ne les marquent pas tous deux de la meſme manière; à la vérité ils marquent indifféremment l'un & l'autre par le meſme mot; le rapport au ſujet, quand ils diſent qu'un homme s'aime luy meſme ou qu'il en aime un autre; le rapport à l'objet quand ils diſent qu'il aime une Science, les richeſſes, ou les divertiſſemens; mais en même tems qu'ils en expriment un directement & diſtinctement, ils ſe contentent de marquer l'autre indirectement & confuſément. Ainſi, quand on dit qu'un homme aime les Mathématiques, on exprime directement, clairement, & diſtinctement le rapport à l'objet, c'eſt à-dire, aux Sciences qu'il deſire acquérir, comme un bien ou une perfection, &

on

on marque indirectement & confusément le rapport au sujet, c'est-à-dire à luy-mesme à qui il veut ce bien. Au contraire, quand on dit qu'un Pére aime son Fils, on exprime directement le rapport au sujet, qui est ce Fils à qui il veut du bien, & on marque indirectement le rapport à l'objet, qui est le bien qu'il veut à son Fils, comme celui d'un établissement considérable, de la vertu ou de quelqu'autre bien que ce soit.

Il me reste à remarquer touchant le sujet à qui l'on désire la possession d'un bien, que quand nous voulons la possession d'un bien à un sujet distingué de nous, par exemple à quelque Parent ou à quelque Ami, quoique nous ne soyons pas alors le sujet ou la personne pour qui nous voulons ce bien, nous sommes néanmoins toûjours le sujet immédiat à qui nous voulons le contentement & la satisfaction que nous trouvons, pour quelque raison que ce soit, dans le sentiment d'amour par lequel nous voulons la possession de quelque bien à un de nos Amis ou de nos Parens. Ainsi quand un Pére aime tellement son Fils, qu'il lui procure des richesses & des Dignitez, ce Fils est le sujet auquel il désire la possession de ces biens; mais constamment ce Pere ne desireroit jamais ces biens à son Fils, si ne regardant pas son Fils comme une partie de soi-même, il ne trouvoit aucun contentement ni aucune satisfaction à procurer des richesses & des Dignitez à son Fils. Telle est nôtre nature, qui ne nous porte jamais à aimer que ce qui lui est convenable. C'est pourquoi s'il n'étoit pas convenable dans certaines circonstances à la nature d'un Pére ou d'une Mére d'aimer ses Enfans, ni à un Ami d'aimer son Ami d'un amour qu'on appelle de bienveillance, & qu'au contraire il ne trouvât que du dégoût, que du mécontentement, en un mot que son malheur à leur vouloir & leur procurer du bien, il ne leur en voudroit aucun, & chercheroit plûtôt à les dépoüiller des biens dont la possession qu'ils auroient seroit cause de son malheur. Si chacun veut réfléchir sérieusement sur lui-même, & sur les véritables causes des différens penchans de sa nature, il reconnoîtra clairement, que Dieu nous a faits de telle maniére, que l'amour ne nous porte jamais que vers ce qui nous est convenable, & propre à nous rendre heureux. Qu'on ne se fasse donc point une idée chimérique d'un amour indépendant de toutes sortes de convenances avec nôtre nature, & qu'on cesse de se piquer d'une fausse générosité.

Il nous reste encore à remarquer plusieurs choses nécessaires à sçavoir sur la fin. Je vais les proposer le plus clairement qu'il me sera possible.

Toute fin, entant que fin, est une fin derniére; car toute fin, comme fin, est un terme où l'on rapporte tous les moyens qui y conduisent; ce terme est donc une fin derniére par rapport aux moyens à l'égard desquels il est véritablement une fin. Mais comme une fin, qui est fin derniere dans un certain genre, par rapport aux moyens qui se rapportent à elle, peut être sousordonnée à une autre fin supérieure, à l'égard de laquelle elle soit un moyen dans un autre genre, les Philosophes, distinguent deux sortes de fins derniéres; ils appellent l'une,

fin

fin derniére sous quelque regard seulement, *finis ultimus secundùm quid*, & l'autre une fin derniere simplement ditte, c'est-à-dire sous toutes sortes de regards, *finis ultimus simpliciter*.

La fin derniére sous quelque regard seulement, est une fin qui est tellement fin dans un certain genre à l'égard des moiens qui s'y rapportent, qu'elle est cependant sousordonnée à une fin supérieure, à l'égard de laquelle elle n'est qu'un moien dans un autre genre; par exemple, les remédes ou les médecines dans l'Art de l'Apoticairerie, sont la fin derniére, parce que tout l'Art des Apoticaires tend à composer des remédes & des médecines, & tous les moiens qu'ils emploient & rapportent à cette fin. Or cette fin se rapporte elle-même à une fin supérieure, qui est la santé, dans le genre de guérison; & la santé peut aussi dans un autre genre se rapporter à nôtre bonheur & à la gloire de Dieu. Il est aisé de comprendre par-là la subordination qui se trouve entre la plûpart des fins.

La fin derniére simplement ditte & sous toutes sortes de regards, est une fin à laquelle on rapporte toutes choses (au moins dans un certain genre,) & qu'on ne rapporte à aucune autre fin supérieure.

Il est certain suivant cette idée, qu'il n'y a qu'une seule véritable fin derniére absolument parlant, qui est Dieu, car toutes les autres fins doivent se rapporter à Dieu, & Dieu ne se rapporte à aucune autre fin. Mais le déréglement de nôtre cœur fait souvent, que nous rapportons toutes choses à certains objets de nos passions, sans rapporter ces objets à aucune autre fin supérieure; ainsi dans ce cas les objets de nos passions deviennent à nôtre égard nôtre fin derniére simplement ditte; j'avouë que c'est une fausse fin derniére qui est contre l'ordre, mais elle ne laisse pas d'être effectivement fin derniére, dés le moment que nous rapportons tout à cette fin, & que nous ne la rapportons pas à aucune autre: or on peut rapporter toutes choses à quelque objet de ses passions en deux maniéres, sans rapporter ces objets à aucune autre fin. On peut en premier lieu rapporter toutes choses à l'objet d'une passion en quelque genre seulement, par exemple, rapporter toutes choses en genre de richesses à la passion des richesses, sans rapporter les richesses à aucun autre fin; ou rapporter toutes choses en genre d'ambition à une certaine Dignité sans rapporter cette Dignité à aucune fin; ou rapporter toutes choses en genre de plaisirs aux plaisirs sensuels, sans rapporter ces plaisirs à aucune autre fin. Ce sont là les trois concupiscences dont parle St. Jean, dont les objets font ordinairement la fin derniére des pécheurs. On peut en second lieu rapporter toutes choses à l'objet d'une passion en tout genre, de sorte qu'on rapporte tous les objets des autres passions à cette premiére passion, qui soit la passion dominante, à laquelle toutes les autres soient sousordonnées comme à leur fin derniére, sans qu'elle soit elle-même sousordonnée à aucune autre fin supérieure. On peut ainsi rapporter toutes choses généralement à l'ambition, en sorte qu'on fasse servir toutes

les

les autres passions pour contenter celle-là : ou bien on peut rapporter toutes choses généralement pour devenir riche, en sorte qu'on fasse servir toutes les autres passions pour contenter celle-là : ou bien enfin on peut rapporter toutes choses généralement aux plaisirs sensuels, ensorte qu'on fasse servir & les richesses & les Dignités & la puissance uniquement pour contenter celle-ci. Si on rapporte toutes choses généralement à l'objet d'une passion & qu'on fasse servir toutes les autres passions pour contenter celle-là, l'objet de cette passion dominante sera la fin totale & entière en tout genre à l'égard de toutes nos actions. Mais si on rapporte seulement ses actions à l'objet d'une passion, dans un certain genre, comme nous avons dit, l'objet de cette passion ne sera pas la fin totale & entière en tout genre de toutes nos actions sans exception, il sera seulement la fin derniére, totale & entière à l'égard de toutes les actions que nous ferons pour contenter cette passion que nous ne rapporterons à aucune autre fin. Par exemple, un homme peut être aussi ambitieux que voluptueux, en sorte qu'il aime les honneurs & les grandes Dignités à cause d'elles-mêmes, sans les rechercher comme un moien pour jouïr de toutes sortes de plaisirs sensuels à cause d'eux-mêmes, sans les faire servir à son ambition : pour lors ni l'ambition ni la volupté ne seront point chacune en particulier la fin derniére, totale & entière en tout genre à l'égard de toutes les actions de cét homme aussi ambitieux que voluptueux ; mais les honneurs & les Dignités qu'il ambitionne seront la

C 5

fin totale des actions seulement qu'il fera pour y parvenir, & les plaisirs sensuels seront de leur côté la fin dernière totale de toutes les actions qu'il fera pour en joüir.

La fin dernière qu'on se propose d'acquérir n'est pas tousjours un seul objet. Quelquefois ce sont plusieurs objets ensemble. Alors chacun de ces objets en particulier, n'est pas la fin totale & entière qui nous fait agir, mais seulement une fin partielle ou en partie, c'est à dire qui lui est une partie de l'objet total qui nous fait agir. C'est pourquoy les Philosophes distinguent deux sortes de fin dernière, l'une totale, qui par elle seule nous fait agir, & l'autre partielle, qui nous fait agir conjointement avec une autre ; ainsi il ne sufit pas pour qu'une fin soit actuellement totale qu'elle ait la force par elle seule de nous faire agir ; car quoi qu'une fin puisse avoir la force de nous faire agir par elle seule, s'il arrive néanmoins, qu'une autre fin concoure avec elle pour nous faire agir, elle ne ne sera qu'une fin partielle, ou tout au plus totale, non pas actuellement, comme disent les Philosophes, mais virtuellement.

Il s'ensuit de là qu'il est impossible qu'une personne agisse en mesme tems pour deux fins, qui soient chacune dernière & totale à l'égard de son action ; car ou ces deux fins concoureroient également à faire agir cet homme, ou une de ces deux fins n'y concoureroit point du tout ; si une de ces deux fins n'y concouroit point, celle-là ne ne seroit donc pas la fin dernière de cette action ; si elles y concourent toutes deux, elles font deux causes partielles, qui font toutes deux ensemble une seule fin totale : mais il n'est pas impossible qu'une personne agisse pour deux fins, dont chacune soit derniére dans son genre, quoiqu'il soit impossible d'agir pour deux fins, dont chacune soit derniére en tout genre.

J'ay cru qu'il étoit nécessaire de rapporter ici tous ces principes, que les Philosophes ont coutume d'enseigner dans la Morale, afin de bien discerner les diférentes fins qui se rencontrent dans nôtre amour.

Venons maintenant à l'application de ces principes à l'égard de l'amour.

Il est fort-important de nous accoûtumer à ne concevoir sous l'idée de fin, que le bien qu'on aime pour luy-même, & à ne donner le nom de fin, ou d'objet de nôtre amour, qu'à ce bien-là ; selon cette sentence de S. Augustin, „ Tout ce qu'on ne recherche pas pour lui-mê-„ me n'est pas la fin, la fin est ce que l'on re-„ cherche pour luy-même sans autre intérêt En effet, il n'y a que le bien qu'on aime qui fasse agir, & dont l'amour soit le principe de nôtre action.

Quand un malade prépare lui-même le reméde qu'il a dessein de prendre pour rétablir sa santé, quoy qu'on puisse dire qu'il travaille pour préparer son reméde, ce n'est point l'amour du reméde qui le fait agir ; il n'aime point ce reméde, au contraire il le hait ordinairement, mais il aime sa santé, c'est le seul bien qu'il aime & dont l'amour soit capable de l'obliger à souffrir le dégoût de ce qu'on appelle des remédes.

Il s'enſuit de là clairement que c'eſt une néceſſité abſolue d'agir toûjours par l'amour d'une fin derniére en particulier, & qu'il nous eſt impoſſible d'agir autrement, tout autant que nous agiſſons avec raiſon; car la fin derniére, ou pour parler plus ſimplement, la fin (parce que nous n'en reconnoiſſons point d'autre que celle qu'on appelle la fin derniére,) c'eſt généralement tout bien que nous aimons pour luy-meſme. Or nous n'agiſſons jamais avec raiſon que pour l'amour d'un bien que nous aimons pour luy-même, puis qu'il eſt certain que nous n'agiſſons jamais que pour l'amour d'un bien. On peut facilement démontrer que la recherche de tous les objets que nous n'aimons pas pour eux-meſmes, ſe réduit à l'amour d'un bien que nous aimons pour luy-même. Mais ſans entrer dans une longue ſuite de raiſonnemens, j'aime mieux ſuppoſer tout d'un coup avec S. Auguſtin, comme il eſt conſtant, pour peu qu'on veüille écouter le bon ſens, qu'à proprement parler on n'aime point du tout, & qu'il ne faut point dire qu'on aime, ce que l'on n'aime point pour luy-même, *ſiquidem quod non propter ſe amatur, non amatur*. Nous avons déja remarqué qu'un homme qui ſe met en peine pour préparer ſon reméde, n'aime point ce reméde ni toutes les drogues qui le compoſent, il n'aime uniquement que ſa ſanté. Ainſi comme il eſt clair qu'on n'agit que pour l'amour d'un bien, il eſt auſſi évident qu'on n'agit jamais que pour l'amour d'une fin derniére en particulier: & par conſéquent qu'il n'y a point d'action, pour peu

que

que la raison y ait de part, qui n'ait sa fin derniére, non pas une fin derniére vague & indéterminée, qui n'est que la félicité en général, comme la plûpart des gens se l'imaginent, faute d'avoir examiné la chose d'assés prez, mais une fin derniére en particulier, c'est à dire un certain bien particulier & déterminé, dont l'amour est la véritable & l'unique cause de leur action, quoi qu'ils n'y fassent pas réfléxion. Ce qui a trompé apparemment les Philosophes & les Théologiens, pour leur faire dire que nous n'agissons pas toûjours pour une fin derniére en particulier, c'est que s'étant accoutumez à ne concevoir ce qu'ils appellent la fin derniére, que comme un bien simple, & trouvant constamment qu'il n'y a point d'homme qui agisse toûjours en vûë & pour l'amour d'un mesme bien particulier, ils n'ont pû comprendre que toutes nos actions eussent des fins derniéres, du moins déterminées & en particulier. Mais au lieu de supposer que la fin derniére est un seul & unique bien simple, auquel généralement toutes les actions de la vie se rapportent; pour se détromper, il faut faire une supposition toute contraire, qui sera aussi véritable que l'autre est fausse. J'avoüe qu'il y a effectivement un seul & unique bien qui doit estre la fin de toutes nos actions, à sçavoir Dieu mesme; mais parce que dans la pratique, les hommes ne font rien moins que ce qu'ils devroient, il n'y a personne ni bon ni méchant qui agisse toûjours pour l'amour d'un seul & unique bien; depuis que par le péché nous avons quitté l'Unité de Dieu, nôtre cœur s'est

trou-

trouvé partagé par plusieurs Inclinations qui aiment chacune leur objet pour luy mesme. Ainsi au lieu de rencontrer la félicité dans l'unité d'un seul objet que l'on devroit aimer uniquement, on cherche dans la multiplicité d'une infinité d'objets différens, dequoy remplir le fond infini de son indigence, & on aime pour luy-mesme chacun de ces objets particuliers; de sorte que quand c'est l'amour d'un de ces objets, qui nous fait agir, il est la fin derniére de nôtre action. Il est vray que cet objet particulier, ne fait pas luy seul toute nôtre félicité imaginaire & tout nôtre prétendu bonheur complet, mais il en fait au moins partie. Et pour juger des choses comme elles sont en effet, il faut dire que chacun de nous a plusieurs affections qui partagent son cœur, aussi se fait-il une fausse félicité qui consiste dans l'assemblage de plusieurs petits biens qu'il aime.

Il est donc constant que nous ne faisons jamais la moindre action avec advertance de la raison, que pour l'amour d'un bien qui est la fin derniére; mais parce que l'étenduë de nôtre esprit est fort bornée, il arrive souvent que nous perdons de vuë le bien dont l'amour nous fait agir. Et c'est pourquoy il a fallu nécessairement distinguer deux maniéres d'agir pour une fin, à sçavoir *formellement* & *virtuellement*. Ce sont les termes de l'Ecole qu'il est important de bien entendre.

On appelle agir formellement pour une fin, quand on agit pour une fin qu'on a actuellement en veuë; ainsi un Plaideur qui ne pense qu'à son affaire, quand il fait ses sollicitations,

agit

agit formellement pour la fin, qui est le gain de son procez. Mais quand la fin est fort éloignée, & que l'application qu'on est obligé de donner à certains moyens, occupe entièrement l'esprit, jusqu'à luy faire perdre la pensée actuelle de la fin, on dit que l'on agit virtuellement pour la fin, lors que tout se fait en vertu d'un desir de la fin qu'on a eû & que l'on conserve toûjours dans le cœur quoy qu'il ne paroisse pas toûjours agissant. C'est ainsi qu'un homme ayant pris le dessein de se faire Avocat, & étant obligé d'étudier le Droit pour s'en rendre capable; quand il étudie pour cela, n'a pas toûjours actuellement dans sa pensée qu'il veut se faire recevoir Avocat, ce seroit une distraction continuelle qui l'empêcheroit fort de réüssir dans son étude. Cependant il est vray qu'il travaille en vertu de la résolution qu'il a prise autrefois & que c'est uniquement l'amour d'un certain avantage qu'il s'est proposé dans cet Employ, ou dans une Charge où il pourra monter, qui le fait travailler dans les momens mesmes où il ne pense ni à estre Avocat ni à l'avantage qu'il prétend en retirer.

Pour marquer présentement & nettement ce que c'est que d'agir virtuellement pour une fin, il faut dire que quand l'amour d'une fin nous a fait prendre la resolution d'employer certains moyens, tout ce qui se fait ensuite par la force de la détermination de la volonté qui persévére, pour éxecuter la resolution que l'on a prise, se fait au moins virtuellement pour la fin, si on ne l'a pas toûjours en vuë.

ARTI-

ARTICLE TROISIÉME.

Du bonheur que l'on cherche nécessairement dans l'Amour.

Nous avons déja dit que si on considére un objet, comme nous donnant de la satisfaction, du contentement, & du plaisir par sa possession & sa joüissance, il faisoit nôtre bonheur sous ce regard.

Je suppose encore que nous avons tous un désir invincible d'estre heureux, qui nous porte nécessairement à rechercher l'état parfaitement convenable à nôtre nature. Personne ne peut douter de ce principe, dont chacun reconnoist évidemment la verité, par ce qu'il sent en lui mesme.

Mais c'est une importante question que de sçavoir si le désir invincible que nous avons de nous rendre heureux est de telle nature, que nous ne puissions aimer aucun objet qu'entant que & parce qu'il nous est convenable, en un mot, parce qu'il est propre à nous rendre heureux, de quelque maniére que ce soit. Monsieur L'Archevêque de Cambray a suivi aveuglément l'opinion d'un grand nombre de Théologiens Scolastiques & de la plûpart des Mystiques des derniers siécles, qui s'étant fait une fausse idée de l'amour pur & désinteressé, se sont imaginez, que puis qu'il y avoit un amour pur & désintéresié, on pouvoit donc aimer

mer un objet précisément à cause de ses perfections absoluës (ce qu'ils appellent bonté absoluë) indépendamment de tout rapport de convenance avec nôtre nature. J'avouë que j'ay été moy-mesme dans ce sentiment sur la bonne foy des autres; mais après avoir sérieusement réfléchi depuis quelques Mois sur la nature de l'amour & sur ce qui est capable de nous attirer à aimer, j'ay reconnu que cette opinion, que je n'avois encore jamais examinée, étoit très-absurde & tout à fait insoûtenable, si on vouloit prendre la peine de raisonner suivant les lumiéres du bon sens. Pour résoudre clairement la difficulté sans perdre de tems, j'avance la proposition suivante, dont nous allons prouver la vérité par des raisons démonstratives.

PROPOSITION.

NOTRE Ame ne peut se porter ou s'incliner par ses désirs vers aucun objet (ce qu'on appelle aimer) que par la force de l'impression invincible qui la porte sans cesse à rechercher son bonheur: & ce penchant naturel vers le bonheur est tel, que nous ne pouvons aimer aucun objet qu'entant que & parce qu'il nous est convenable, c'est à dire parce que nous le concevons tel, qu'il puisse contribuër à nôtre bonheur, de quelque maniére que ce soit.

PREUVES.

LA première partie de cette proposition est indubitable, supposé que l'Ame n'eût aucune force de s'incliner par ses desirs vers aucun objet, sans l'impression invincible qui la porte sans cesse à rechercher son bonheur : Or on conçoit clairement que l'Ame n'auroit aucune force de s'incliner par ses desirs vers aucun objet sans l'impression invincible qui la porte sans cesse à rechercher son bonheur ; Car tous les Philosophes sont obligez de convenir de ce principe, tant il est évident. Si quelqu'un étoit encore assez déraisonnable pour en douter, il sufira pour le convaincre de luy prouver la seconde partie de nôtre proposition, qui renferme la première, à sçavoir que le penchant naturel que nous avons vers le bonheur est tel, que nous ne pouvons aimer aucun objet, qu'entant que & parce-qu'il nous est convenable.

En voicy la démonstration. Afin que nous puissions aimer un objet, il faut que cet objet soit aimable & desirable à nôtre égard. Pour * ôter toute équivoque, remarquez qu'une chose peut être appellée aimable, ou parce qu'elle est formellement ou actuellement aimable à l'égard de quelqu'autre, c'est à dire parce qu'elle

---

* *Aliquid potest esse amabile vel in actu secundo, cum actu videtur amabile, vel in actu primo.*

Dupliciter autem aliquid potest esse amabile in actu primo : scilicet vel amabile in actu 1. fundamentaliter & remotè, vel amabile in actu 1. formaliter & proximè.

se a toutes les qualitez nécessaires pour luy paroitre actuellement aimable, ou seulement parce qu'elle a en elle le fondement éloigné, qui peut la rendre formellement & actuellement aimable. Il est certain que c'est la bonté absoluë ou les perfections absoluës d'une chose qui font qu'elle peut devenir formellement aimable à l'égard de quelqu'autre. Mais il s'agit proprement de sçavoir si une chose peut être formellement aimable à l'égard de quelqu'autre sous une autre qualité que celle de luy être convenable. Je prétens que cela est impossible, car estre aimable à l'égard d'une chose, & être désirable à son égard, c'est toute la mesme chose ; ainsi je suppose que le terme d'aimable & celuy de désirable sont deux noms sinonimes qui signifient précisément la même chose. Or il est évident qu'une chose ne peut point être désirable à l'égard d'une autre, qu'entant qu'elle luy est convenable. Je le prouve ainsi ; ou bien une chose ne peut point être aimable & désirable à l'égard d'une autre, qu'entant qu'elle luy est convenable, ou bien une chose peut être désirable à l'égard d'une autre indépendamment de tout rapport de convenan-

Illud est amabile in actu 1. fundamentaliter & remoté tantum, quod habet in se fundamentum remotum cur actu videri possit amabile alteri.

Illud autem est amabile in actu 1 formaliter & proximè, quod habet fundamentum proximum cur actu videri possit amabile alteri.

His positis, dicimus convenientiam unius objecti respectu alterius esse fundamentum proximum cur actualiter videri possit ipsi amabile.

ce avec elle : Or cela est impossible, parce que tout amour dans les Créatures intelligentes est essentiellement le desir d'une chose convenable, & qu'on ne peut pas desirer une chose qui ne nous est aucunement convenable. Je le prouve. Afin que le desir se porte vers un objet, il faut qu'il y ait quelque chose dans cet objet qui ait la force d'attirer, pour ainsi dire, ou d'exciter ce desir. Or s'il n'y a rien dans cet objet qui ait un rapport de convenance avec nous, comment peut-il avoir la force d'attirer nôtre desir ? Ce seront, direz-vous, les perfections absoluës de cet objet qui ont une beauté & une bonté capable d'attirer nôtre amour ; Mais si vous supposez que ces perfections absoluës n'ayent aucun rapport de convenance avec nous, nous n'aurons pour elles qu'un sentiment d'indifférence, ny ayant rien en elles qui nous touchera d'une maniére convenable ; & s'il arrive qu'au lieu de nous être convenables, elles nous soient disconvenables & causent nôtre malheur, nous les haïrons nécessairement à cause de l'amour nécessaire que nous avons pour l'état convenable de nôtre nature. Les Démons ont beau connoître les perfections de Dieu & les admirer, parce que ces perfections leur sont disconvenables par le malheur que Dieu leur fait sentir, quoy qu'avec justice, ils le haïssent nécessairement, & cette haine n'est qu'une suitte de l'amour nécessaire qu'ils ont toûjours pour l'état convenable de leur nature. Cependant si les perfections absoluës d'un objet, étoient aimables par elles-mesmes indépendamment de tout rapport de convenance,

il

il s'enfuivroit que quand même ces perfections nous feroient difconvenables, comme elles n'en feroient pas moins des perfections abfolues, nous pourrions les aimer quelques difconvenables qu'elles fuffent à nôtre égard, & quoy qu'elles fiffent nôtre malheur.

Or cela eſt de la derniére abfurdité, car l'amour néceffaire que nous avons pour l'état convenable de nôtre nature, nous fait haïr néceffairement tout objet qui nous étant difconvenable caufe nôtre malheur, & ne nous fait aimer que les objets qui nous font convenables, du moins en apparence. Qu'un Etre foit parfait en luy mefme tant qu'il vous plaira, qu'eſt ce que cela fait à nôtre nature, s'il n'a aucun rapport de convenance avec elle? Nôtre efprit pourra peut-être admirer les perfections de cet Etre, mais nôtre volonté ne les aimera jamais pendant qu'elles feront conçeües fans aucun rapport de convenance avec nous.

Ces raifons prouvent du moins qu'on n'aime aucun objet d'un amour d'union, qu'entant qu'il nous eſt convenable; il eſt plus difficile de concevoir comment on ne peut aimer un objet d'un amour de bienveillance qu'entant qu'il nous eſt convenable : Car dans l'amour de bienveillance, ce n'eſt pas pour nous que nous defirons la poffeffion du bien qui eſt l'objet de nôtre amour, c'eſt pour une perfonne diftinguée de nous à qui nous voulons ce bien : ainfi comme nous ne fouhaitons pas pour nous-même la poffeffion de ce bien que nous defirons à une autre perfonne, nous ne fouhaitons donc pas de trouver aucune convenance dans sa possession. C'est apparemment cete raison qui a fait dire au P. Malbranche p. 41. & 44. dans le 3. Ch. de son Traité de Morale, ,, que la puis„ sance de nous faire du bien, ou cette espéce ,, de perfection qui a rapport à nôtre bonheur, ,, en un mot la bonté (c'est à dire, selon lui, ,, la convenance d'un objet) excite en nous ,, l'amour d'union, & que les autres perfec„ tions excitent l'amour de bien-veillance; il ajoûte un peu plus bas. ,, Il faut prendre gar„ de qu'il y a des perfections de plusieurs sor„ tes, des perfections personnelles ou absoluës, ,, & des perfections relatives. Les perfections ,, personnelles doivent être l'objet immediat de ,, l'amour d'estime & de bienveillance, mais ,, les perfections relatives ne sont pas dignes ,, de cet amour n'y d'aucun autre, c'est seule„ ment l'objet auquel ces perfections ont rap„ port: Il faut aimer & honorer le mérite par ,, tout où on le trouve, car le mérite est une ,, perfection personnelle qui doit régler l'a„ mour d'estime & de bienveillance &c. Il me semble, si je ne me trompe, que ces paroles du P. Malbranche veulent dire que les qualitez personnelles de tout homme de mérite, peuvent & doivent même nous attirer à l'aimer & à luy desirer du bien, indépendamment de toutes convenances qu'elles ayent avec nos dispositions, & quand même nous ne retirerions aucune sorte davantage de cet amour: j'ose néantmoins assûrer que jamais nous n'aimons les qualitez personnelles d'aucun homme, de quelque mérite extraordinaire

dinaire qu'il soit, & que nous ne luy desirons jamais aucun bien, que quand nous trouvons du contentement & de la satisfaction, en un mot quelque bonheur dans le sentiment d'amour par lequel nous aimons ses qualitez personnelles & nous lui souhaittons du bien ; de sorte que si au lieu de trouver du contentement & de la satisfaction à aimer les qualités personnelles de quelque personne que ce fût & à luy desirer du bien, on n'y trouvoit que du dégoût, que desagrément, en un mot que la veuë de ces qualitez personnelles & du bien qui pourroit leur arriver fît ressentir à nôtre Ame un état disconvenable à sa nature en la rendant triste, inquiéte & malheureuse, il nous seroit impossible de les aimer alors. Qu'un chacun rentre en soy-même & se consulte sans préjugez, pour découvrir si ce que j'avance n'est pas conforme à ce qui se passe naturellement en nous, sans que nous y prenions garde le plus souvent. J'ay conclu de cette expérience, que nous n'aimions les qualitez personnelles d'aucun homme de quelque mérite qu'il fût, & que nous ne pouvions luy souhaiter aucun bien, qu'entant qu'il nous étoit convenable, c'est à dire que nôtre Ame trouvoit du contentement & de la satisfaction à aimer ces qualitez personnelles, & à desirer du bien à la personne qui les avoit. Ainsi j'établis le principe suivant à l'égard de tout amour de bienveillance.

Nous n'aimons jamais personne d'un amour de bienveillance qu'entant qu'il nous est convenable selon les rapports de conformité qu'il y a entre les qualitez de cette personne & les dispositions de nôtre cœur, de l'estimer & de luy detirer du bien, de sorte que si nous ne trouvions aucune sorte de contentement ni de satisfaction à l'aimer, certainement nous ne l'aimerions pas.

Je ne sçaurois prouver plus clairement la verité de ce principe, qu'en examinant l'amour de bienveillance que les Parens ont pour leurs Enfans, ou les Enfans pour leurs Parens, les Amis pour leurs Amis, & les honnestes gens pour les personnes de mérite qui leur sont connues, quoi qu'ils n'en soient peut-être pas connus, & qu'ils n'espérent d'en retirer aucun bienfait.

Quand je vois un Pére renoncer à une Charge fort-honorable pour en revestir son Fils, quand je le vois se dépoüiller de la plus grande partie de ses biens en faveur de son Fils pour luy procurer un mariage avantageux, quand je le vois prendre toutes sortes de peines & de fatigues pour avancer ce mesme Fils n'ayant besoin de luy en aucune maniére & n'esperant point par conséquent d'en retirer aucun bienfait ; je dis en moy-mesme voilà un amour de bienveillance des plus généreux & des plus parfaits. Cependant, lors que je fais refléxion sur le véritable motif prochain qui porte ce Pére à aimer ainsi son Fils, il me paroit évident qu'il n'aime ainsi son Fils qu'à cause du contentement & de la satisfaction qu'il trouve à luy faire du bien, & à le voir avancé dans le Monde. Pour bien comprendre cecy, il faut remarquer que ce Pére regarde son Fils comme une partie de luy-

luy-mesme, & tout le bien qui luy arrive, comme son propre bien : c'est pourquoy quand un Pére travaille pour l'établissement de son Fils & pour son avancement, il travaille en quelque maniére pour luy-même, parce qu'ils regarde ses intérests comme n'estant point séparés de ceux de son Fils. Cela est si vray, que quand un Pére trouve plus de contentement & de satisfaction à dépoüiller un Fils qui luy fait ombrage & dont il regarde l'avancement comme nuisant à son bonheur, il est souvent le premier à s'armer contre son propre Fils, à luy faire des procés & à le mettre en prison; comme on en voit tous les jours plusieurs exemples. Il faut raisonner de la mesme maniére à proportion de tous les amours de bienveillance que les Péres ont pour leurs Enfans, & de la cause de leur haine contre des Enfans qui ont quelquefois beaucoup de mérite.

On ne sçauroit trouver aucun exemple d'amour de bienveillance d'un Fils à l'égard d'un Pére plus désintéressé & plus parfait, que celuy que St. Augustin propose du Fils d'un Esclave qui aime son Pére captif, malheureux, abandonné, & qui voudroit pouvoir être mis en sa place pour le voir delivré de sa misère, quoy qu'il n'attende jamais aucun bienfait de ce pauvre Pére. J'ose néantmoins assûrer que le Fils de cet Esclave n'aime ainsi son Pére, que parce que la misére de son Pére étant un objet qui cause en son Ame des sentimens disconvenables, il ne sçauroit trouver un véritable contentement, pendant qu'il voit souffrir son Pére; car, il faut sçavoir qu'il y a dans la Nature humaine un fond de compassion qui fait que sans douleur nous ne pouvons pas même voir souffrir des Bestes ; & c'est cette compassion qui fait presque toute la tendresse que nous sentons dans les amitiez, que nous avons pour les misérables. Le Fils d'un Esclave pauvre, vieux, malade, dans les chaînes, abandonné de tout secours, sent le malheur de son Pére presqu'autant que son Pére même, particuliérement s'il se souvient des bontez que ce pauvre Pére a eües pour luy, & des soins qu'il a pris de son éducation. Il fait donc ce qu'il peut pour le secourir, & il sent redoubler sa tendresse à proportion de la misére de son Pére, qu'il n'aimeroit peut-être pas tant dans la prospérité & la bonne fortune. Qu'envisaget-il donc dans cette amitié qu'il a pour son Pére, & quel est son interest ? C'est que ne se pouvant séparer de son Pére, il ne peut être content que son Pére ne soit hors de la misére. Il cherche donc à se délivrer luy & son Pére, de la misére où ils sont l'un & l'autre ; son Pére par luy-même & luy à cause de son Pére.

Aprez cela, dira-t-on que l'amour de bienveillance le plus desinteressé des Parens pour leurs Enfans, ou des Enfans pour leurs Parens, est entierement indépendant du motif de nôtre propre bonheur & de tout rapport de convenance ?

Peut-être l'amour de bienveillance qu'un Ami généreux a pour son Ami, sera-t-il tout-à-fait indépendant du motif de son propre bonheur ? C'est encore là une fausse idée. Car il est constant que l'amitié la plus pure & la plus desinteressée (je parle des amitiez purement humaines)

nes) est toûjours fondée, comme la reconnu Ciceron, sur certains rapports de conformité qu'il y a entre les qualitez de la personne aimée, & les dispositions secrétes du Cœur de celui qui l'aime, & qu'elle entre en partage de tout le bien & de tout le mal qui arrive à la personne aimée. Un homme est ravi du bien qui arrive à son Ami, parce que regardant le cœur de son Ami comme le sien propre, si c'est de l'honneur, son honneur croît à proportion de son amitié, & si ce sont des biens dont il n'ait pas besoin, il en est cependant affecté à peu pres comme s'ils luy arrivoient à luy-mesme. Ainsi il est généralement vray que personne n'aime un Ami d'un véritable amour de bienveillance quelque parfait qu'il soit, qu'à cause du contentement & de la satisfaction qu'il ressent par la part qu'il prend à tous les avantages de son Ami dont il croit être aimé & estimé. Mais au moins, dira-t-on, l'amour de bienveillance qu'une Ame bien née a pour des personnes d'un grand mérite qu'elle connoist, quoy qu'elle n'en soit point connue, & qu'elle n'espére jamais d'en recevoir aucun bienfait, est un amour qui n'a point pour principe le motif de nôtre propre bonheur. Voici le dernier retranchement de nos Adversaires, où il n'est pas plus difficile de les forcer que dans les précédens. Car quand on aime un homme à cause de son seul mérite, dit-on, & de ses bonnes qualités, outre que cet amour vient dans le fond des rapports de conformité qu'il y a entre les dispositions de nôtre cœur & les qualités de cet homme, on conçoit toûjours parmi ces bonnes qualitez, celle d'avoir un

cœur

cœur bienfaisant, & on en a une telle idée qu'on est persuadé que si on venoit à avoir besoin de luy dans quelque chose où il nous pût rendre service, il le feroit trés volontiers. Ainsi, l'idée que nous-nous formons ordinairement de l'inclination bienfaisante d'un homme de mérite qui a l'Ame généreuse & reconnoissante, nous excite à l'aimer & à luy souhaiter du bien, parce que nous trouvons du contentement & de la satisfaction dans ce sentiment d'amour. Cela est si vray que dans ce moment qu'on reconnoist, qu'un homme qu'on aimoit d'un amour de bienveillance à cause de son mérite & de ses belles qualités, est un homme qui ne se soucie de personne & qui n'a pas l'inclination bienfaisante, on cesse de l'aimer & on n'a plus que de l'indifférence ou du mépris pour luy.

Il doit enfin demeurer constant que le desir d'estre heureux & content est le motif naturel & nécessaire de tout amour, soit d'union à quelque objet, soit de bienveillance, & que ce desir invincible d'estre heureux ne nous fait aimer aucun objet, qu'entant qu'il nous est convenable ; d'où il s'ensuit qu'il n'y a point d'amour absolument desintéressé en ce sens, qu'il n'ait pour motif que les perfections absolues d'un objet, indépendamment de tout rapport de convenance avec nôtre bonheur.

On nous objectera sans doute qu'il s'ensuit de cette doctrine, que nous ne pouvons aimer aucun objet pour luy-même, c'est-à-dire à cause de luy-même. Comme l'éclaircissement parfait de cette difficulté dépend de plusieurs Remarques que nous ferons dans la suite, en apportant

tant les différentes sortes d'amour, & en traitant de la différence qui est entre l'amour d'amitié & de concupiscence, nous reservons à la résoudre entiérement dans le dernier Chapitre de ce Livre.

CHAPITRE III.

Division de l'Amour en général dans ses différentes especes.

ON peut considérer l'amour, ou par rapport à son principe, ou par rapport à son objet, ou par rapport à la maniére dont on tend vers son objet.

Il y a deux sortes d'amours par rapport à leur principe, à sçavoir un amour naturel qui est nécessaire & invincible, & un amour libre qu'on peut aussi appeller un amour de choix & d'Election.

L'amour naturel est la pente ou l'inclination naturelle & invincible qui nous porte nécessairement à desirer nôtre bonheur, & à rechercher l'état parfaitement convenable de nôtre nature. Tous les mouvemens que cette inclination naturelle produit dans nôtre Ame sont des actes d'amour naturels ou purement voluntaires, & la pente naturelle qui les produit, est ce qu'on appelle l'amour naturel habituel. L'amour de soy-mesme, ou autrement l'amour propre, n'est

rien

rien autre chose dans le fond, que cet amour naturel qui nous porte nécessairement à rechercher nôtre bonheur.

La différence qu'il y a entre l'amour de soy-même ou l'amour propre, & la concupiscence, est que l'amour de nous-même ou l'amour propre nous faisant rechercher également le bonheur de nôtre Ame & celuy de nôtre Corps, peut avoir pour objet tous les biens qui peuvent contribuër tant au bonheur de nôtre Ame, qu'à celuy de nôtre Corps, au lieu que la concupiscence, qu'on appelle aussi l'appetit inférieur, est l'amour propre, entant qu'il nous fait seulement rechercher le bonheur de nôtre Corps dans les biens temporels & sensibles, comme si c'estoit-là tout le bonheur, ou du moins le principal bonheur de l'homme. Or quoy que la concupiscence ou l'appetit inférieur soit un amour nécessaire des biens sensibles, nôtre volonté est cependant toûjours libre de se conformer par son amour de choix à la concupiscence, ou d'y resister & de la régler selon l'ordre. Ainsi la concupiscence n'est un péché que quand l'amour libre ou d'élection s'y joint.

Si vous me demandés présentement en quoy la concupiscence de nôtre nature corrompuë est différente de celle qui estoit dans l'état d'innocence ; je vais repondre clairement à cette question suivant la doctrine de St. Augustin. Remarqués d'abord que la concupiscence en général n'est qu'une inclination naturelle qui nous porte vers les biens sensibles, & qu'on appelle ordinairement l'appetit sensitif : Or comme les biens sensibles sont nécessaires pour la conservation

vation de nôtre Corps & pour entretenir l'union du Corps avec l'Ame, il estoit en quelque façon nécessaire que Dieu donnât à l'homme une inclination naturelle qui le portât vers les biens sensibles, & cette inclination bien loin d'être un défaut est une perfection de nôtre nature. Or dans l'état d'innocence les biens sensibles venant à faire impression sur les sens, n'excitoient en l'homme aucun desir ni aucune passion qui prevint la raison, & ils l'avertissoient seulement de leur présence d'une maniére respectueuse, comme dit St. Augustin; ainsi l'homme ne sentoit point alors des mouvement indélibérés qui le portassent aveuglément vers les biens sensibles. Mais depuis que la raison s'est revoltée contre son Souverain par sa desobéïssance, Dieu a voulu pour punir l'homme de son crime, que les biens sensibles faisant impression sur nos sens prévinssent la raison, & causassent en nous des mouvemens indélibérez qui nous portassent aveuglément vers les biens sensibles. Il est bon d'avertir icy que par le mot de bien sensible, on entend tout objet sensible dont l'impression receuë dans nos sens est convenable à la partie animale de l'homme. Voicy donc précisément la différence qu'il y a entre la concupiscence de l'état présent, & celle de l'état d'innocence. 1. Dans l'état d'innocence l'impression des objets sensibles ne prévenoit point la raison de l'homme & ne causoit en luy aucun mouvement indéliberé, mais elle l'avertissoit seulement de la présence des objets convenables à la partie animale. 2. L'inclination que l'homme sentoit naturellement pour les biens sensibles étoit

étoit réglée par la raison qui estoit pour lors parfaitement éclairée ; au lieu que dans l'état de la nature corrompue 1. l'impression des biens sensibles prévient toûjours la raison & cause en nous des mouvemens indéliberés de plaisir, qui nous portent aveuglément vers ces objets sensibles. 2. La privation de la connoissance parfaite qu'Adam avoit de Dieu & de ses devoirs, jointe à la privation de l'amour de Dieu, fait que nous sommes naturellement dans l'impuissance avec le peu de lumiéres qui nous restent, de régler l'inclination qui nous porte vers les biens sensibles, ainsi le déréglement de la concupiscence vient de la privation de la connoissance & de l'amour de Dieu.

Au reste, il ne faut pas confondre la concupiscence avec l'amour qu'on appelle de concupiscence & qui est opposé à l'amour de charité; car la concupiscence est un amour naturel des biens sensibles, qui ne dépend point de nôtre liberté, & qui n'a pour objet que les biens sensibles, au lieu que l'amour qu'on appelle de concupiscence est un amour libre, qui a pour objet toutes sortes d'utilitez & d'avantages qui peuvent nous revenir de la possession d'un objet distingué de ces avantages que nous en esperons.

L'amour libre, ou l'amour d'élection & de choix, est l'amour par lequel nôtre volonté se porte librement & sans aucune nécessité vers quelque bien déterminé qui nous est convenable. Cet amour est ou habituel ou actuel.

L'amour libre a pour objet ou un bien que nous pouvons aimer par les seules forces de la nature, sans aucune grace, ou un bien que

Amour de Dieu.

nous ne pouvons aimer par les seules forces de la nature, sans une grace & un secours particulier de Dieu. On appelle amour libre naturel la première sorte d'amour, & amour surnaturel en deux maniéres : car ou il est surnaturel à l'égard de quelque objet, parce que la grace est effectivement le principe qui nous fait aimer cet objet, quoi qu'on pût l'aimer par les seules forces de la nature, ou il est tellement surnaturel qu'il est naturellement impossible d'aimer cet objet sans la grace. Cela supposé, j'appelle ce second amour, un amour essentiellement surnaturel (*amor supernaturalis quoad substantiam*) & le premier, un amour surnaturel, par accident (*supernaturalis quoad modum*) Prenés bien garde de confondre l'amour libre naturel qui est opposé au surnaturel, avec l'amour simplement naturel qui est opposé à l'amour libre.

L'amour par rapport à son objet, se divise en amour de Dieu & amour des Créatures. Nous parlerons au long de l'amour de Dieu & de ses différentes espéces dans le Livre suivant.

L'amour des Créatures a pour objet, ou des personnes, ou certains biens distingués des personnes.

L'amour qui a pour objet certains biens distingués des personnes se divise en trois espéces, qui sont l'amour des honneurs, l'amour des richesses & l'amour des voluptés sensuelles.

L'amour qu'on peut avoir pour quelque personne est de deux sortes; car ou bien on aime seulement une personne comme un moien pour nous procurer certains avantages distingués de cette personne, ensorte qu'on n'aime cette personne qu'à cause de l'espérance qu'on a d'obtenir par son moien certains avantages distingués d'elle : or c'est-là ce que j'appelle amour de concupiscence ; ou bien on aime une personne à cause de la seule satisfaction qu'on trouve à l'aimer indépendamment de tout avantage distingué de cette personne, que nous esperions en retirer. J'appelle cet amour de pure amitié. Si cet amour est reciproque & connu par conséquent de ceux qui s'aiment de cette maniére, c'est un amour d'amitié proprement dit ; s'il n'est pas reciproque, parce que la personne qu'on aime ignore peut-être qu'on l'aime, c'est un amour de simple bienveillance du côté de celui qui aime.

Il faut encore distinguer deux sortes d'amours de pure amitié, car ou bien la cause de la satisfaction & du contentement que nous trouvons à aimer une personne (ce qui est la cause que nous l'aimons) sont les seules qualitez naturelles de cette personne indépendamment de tout avantage distingué d'elle, que nous esperions en retirer, ou bien ce sont principalement ses qualitez surnaturelles, & le desir de nous conformer à la volonté de Dieu qui fait le seul objet de nôtre amour, & qui nous commande d'aimer nôtre prochain comme nous-mêmes. L'amitié de la premiére sorte, est une amitié purement païenne, qui fait la fin derniére des personnes aimées, & la seconde est une amitié Chrétienne qui n'a point d'autre fin derniére que
Dieu

Amour de Dieu.

Dieu même qu'on aime souverainement.

Enfin, l'amour par rapport à la manière dont on se porte vers son objet, est ou un amour d'union, qui tend à la possession de son objet, ou un amour de jouïssance, qui est une complaisance qu'on prend dans la possession d'un objet, ou un amour de bienveillance, par lequel on veut le bien, qui est l'objet de nôtre amour, à quelque personne distinguée de nous.

On n'aime que les personnes d'un amour de bienveillance, parce que toute bienveillance dit rapport à une personne qui soit le sujet à qui nous voulons le bien qui est l'objet de cet amour. C'est pourquoi on ne peut pas dire qu'on aime l'or, ou les richesses, ni les honneurs, ni les plaisirs d'un amour de bienveillance, cependant on peut en mesme temps aimer une personne & d'un amour d'union & d'un amour de bienveillance, lors qu'on souhaite d'être uni à elle en la possédant & qu'on lui desire du bien; pour lors l'amour d'union & l'amour de bienveillance ne sont pas deux amours différens, mais seulement deux différens regards d'un même amour. Il arrive néanmoins souvent qu'on aime seulement une personne d'un amour de bienveillance, en lui souhaitant quelque bien, sans desirer d'estre uni à elle ni de la posséder.

L'amour d'union & de jouïssance ne sont pas non plus deux espéces différentes d'amour, parce que la présence ou l'absence de l'objet aimé ne sont que deux différences accidentelles de l'amour.

Voilà toutes les principales sortes d'amour qu'on peut distinguer.

CHAPITRE IV.

De l'Amour d'Amitié, entant qu'il est opposé à l'Amour de Concupiscence.

IL est fort-important de se former une juste idée de la différence qu'il y a entre l'amour d'amitié & l'amour de concupiscence, puisque de là dépend la résolution de la célébre question. Si c'est aimer Dieu d'un amour de pure amitié ou d'un amour de concupiscence, que de l'aimer entant qu'il est nôtre souverain bien, & nôtre derniére fin. Car ceux qui prétendent qu'aimer Dieu, parce qu'il est nostre souverain bien, c'est un amour de concupiscence & non pas un amour d'amitié, disent que l'amour d'amitié ne doit avoir pour motif que les perfections absoluës de la personne aimée, indépendamment de tout rapport de convenance & de l'espérance de tout bonheur qu'on trouve à l'aimer. Ceux au contraire qui soûtiennent, qu'aimer Dieu parcequ'il est nostre souverain bien, c'est un amour de pure amitié & de charité parfaite, disent qu'on aime une personne d'un véritable amour de parfaite amitié, quand on l'aime entant qu'elle est elle-même l'objet immédiat qui nous donne de la satisfaction & du contentement, & que ce n'est point pour aucun avantage distingué de cette personne qu'on l'aime. Vous voyez donc bien

bien qu'il est d'une extrême conséquence d'éclaircir en quoi l'amour d'amitié diffère de l'amour de concupiscence.

Les Mystiques que nous avons dessein de refuter, veulent que l'amour de concupiscence consiste à aimer une personne à cause de l'avantage & du bonheur qui nous en revient, soit que cet avantage soit distingué de la personne aimée, soit qu'il n'en soit point distingué & qu'il consiste seulement dans la satisfaction qu'on trouve à l'aimer : ainsi l'amour d'amitié est distingué, selon eux, de l'amour de concupiscence, en ce que l'amour d'amitié n'a point d'autre motif que les perfections absoluës de la personne aimée, indépendamment de tout rapport de convenance & de tout bonheur qu'on trouve à l'aimer, au lieu que l'amour de concupiscence a pour motif prochain quelque avantage qui nous revient de cet amour.

Nous tombons d'accord, qu'aimer un objet pour quelque utilité ou avantage distingué de cet objet, qu'on espère en retirer, c'est l'aimer d'un amour de concupiscence, mais nous prétendons qu'aimer une personne à cause du seul avantage & de la seule satisfaction qu'on trouve à l'aimer, sans avoir en veuë aucun avantage distingué de cette personne qu'on espère en retirer, c'est un amour de pure amitié, & que l'amour d'amitié que nos Adversaires admettent, est un amour chimérique & impossible à notre nature. Ainsi, selon nous, l'amour de concupiscence diffère de l'amour d'amitié, en ce que l'amour de concupiscence a pour motif quelque utilité ou quelque avantage distingué de l'objet aimé,

E 3

aimé, dont l'espérance nous excite à l'aimer, au lieu que l'amour d'amitié a seulement pour motif prochain la satisfaction & le contentement qu'on trouve, ou du moins qu'on espére de trouver dans l'amour même d'une personne, sans avoir en veuë aucun autre avantage ou utilité distinguée de l'objet aimé, qui nous porte à l'aimer. Je vais démontrer par des preuves évidentes & incontestables la fausseté du sentiment de nos Adversaires, & par conséquent la vérité du nôtre. Pour cela je commence à établir le principe suivant.

PREMIER PRINCIPE,

Sur l'Amour d'Amitié.

Aimer une personne à cause du seul contentement & de la satisfaction qu'on trouve à l'aimer, ou dans l'espérance qu'on a de jouir d'un parfait bonheur dans sa seule possession, sans avoir en veuë aucun autre avantage ni utilité distinguée de l'objet aimé, c'est aimer une personne de l'amour d'amitié le plus pur, le plus desintéressé, & le plus parfait qui soit possible à l'homme.

La verité de ce principe est indubitable, pourveu qu'on tombe d'accord que le desir d'être heureux est le motif naturel & nécessaire de tout amour, & que la seule qualité qui nous rend un objet actuellement aimable, est d'être
un

un bien convenable à nôtre égard. Car il s'enſuit de là évidemment qu'il n'eſt pas poſſible à l'homme d'aimer aucun objet d'un amour ja dépendant du deſir d'y trouver nôtre bonheur & de tout rapport de convenance qui nous le rende aimable, parce que l'homme ne peut pas changer ſa nature. Or nous avons démontré dans l'Article 3. du ſecond Chapitre de ce Livre, que le deſir d'eſtre heureux eſt le motif naturel & néceſſaire de tout amour, & que la ſeule convenance d'un objet à nôtre égard étoit le fondement prochain de ſon amabilité. Ainſi voilà déja l'opinion de nos Adverſaires entiérement refutée, par les principes que nous avons établis juſqu'icy. Il nous reſte à confirmer la noſtre par des preuves encore plus particuliéres. Le ſecond principe que je vais avancer, nous donnera occaſion de les propoſer dans toute leur force.

SECOND PRINCIPE,

Sur l'Amour d'Amitié.

TOus les anciens Philoſophes qui ont eu l'idée la plus parfaite de l'amitié, ont crû qu'on aimoit une perſonne pour elle même d'une amitié tres-pure & trés deſintéreſſée, quand on l'aimoit à cauſe de la ſeule ſatisfaction qu'on trouvoit à aimer ſes qualitez perſonnelles, ſans avoir en veuë aucune autre utilité ou avantage distingué de l'objet aimé, & ils ont seulement exclus de l'amitié parfaite toute espérance d'aucune utilité ou avantage qui eût un objet distingué de la personne aimée.

Les preuves que je vais apporter de ce fait, le mettront dans une si grande évidence, que je ne crois pas qu'on en puisse raisonnablement douter.

Ciceron est sans contredit, celui de tous les anciens Philosophes qui a écrit le plus noblement de l'amitié. On ne trouve rien dans l'Antiquité Païenne sur ce sujet, qui approche de son Dialogue admirable où il fait parler Lælius à ses deux Gendres sur l'amitié. Or les sentimens qu'il avoit sur l'amitié ne lui étoient point particuliers, car il paroît dans ses Ouvrages Philosophiques ; sur-tout dans les Livres qu'il a intitulés *de finibus bonorum & malorum*, qu'il ne faisoit que suivre le sentiment des Stoiciens & des Péripatéticiens sur l'amitié : Ainsi nous pouvons apprendre de Ciceron seul, le sentiment de tous les anciens Philosophes qui ont eu l'idée la plus parfaite de l'amitié.

Lælius, que Ciceron fait parler dans son Livre de l'amitié, commence à en donner une excellente définition dans le Chapitre sixiéme. Voici ses paroles : * „ Que si l'on demande
„ ce que c'est proprement que l'amitié, je ré-
„ pons que ce n'est autre chose qu'une parfaite
„ conformité de sentimens sur toutes les cho-
„ ses Divines & Humaines, soûtenuë d'un amour
„ & d'une bienveillance reciproque. Il assure
en-

---

* On cite en François les Passages de Ciceron selon la Traduction de M. du Bois.

Amour de Dieu.

ensuite que l'amitié porte avec elle des biens & des avantages qui sont au-dessus de tout ce qu'on en peut dire, & que rien n'est doux dans la vie à moins d'avoir pour soûtien & pour appui la bienveillance d'un véritable Ami. Il paroît évidemment par ce Chapitre sixiéme, le septiéme, & la fin du 22. que Ciceron a reconnu dans l'amitié une douceur & un plaisir essentiellement attaché à l'amitié, indépendamment de tous les autres avantages distinguez de l'amitié qu'elle pouvoit faire acquérir; & on verra dans la suite, que lorsqu'il exclut de la véritable amitié l'espérance des utilitez & des avantages qu'on en pouvoit retirer, il n'a jamais exclus la douceur & le plaisir qu'on trouve dans l'amitié même, mais seulement tous les autres avantages distinguez de l'amitié.

Dans le Chapitre 8. Lælius examine ce qui porte les hommes à l'amitié & quel en est le vray principe. Il croit qu'elle a sa source dans la nature & qu'elle vient du rapport de conformité qui se trouve en la disposition de deux Esprits; ses paroles qui suivent sont remarquables.

„ Comme j'ay beaucoup pensé sur l'amitié,
„ il m'a semblé qu'on pouvoit particuliérement
„ estre en doute, si ce sont les besoins & la foi-
„ blesse des hommes qui les portent à l'amitié
„ afin que par un commerce reciproque de ser-
„ vices & de bienfaits, chacun reçoive de l'au-
„ tre ce qu'il ne sçauroit avoir par lui-mesme,
„ ou si l'on ne doit pas plûtôt penser, que ces
„ sortes d'avantages ne sont qu'une suite & un

„ accompagnement de l'amitié, qu'elle a un au-
„ tre principe plus noble & plus élevé & qu'elle
„ vient du fond mesme de la nature. Car il n'y
„ a rien de si naturel à l'homme que d'aimer, &
„ le sentiment d'où l'amitié tire son nom, est
„ sans doute la premiére cause de la bienveillan-
„ ce qui unit les hommes les uns aux autres.
„ * Je croi donc qu'elle a sa source dans la na-
„ ture & non pas dans le besoin & l'indigence,
„ & quelle vient du rapport de deux Esprits
„ qui se prennent l'un à l'autre, par un senti-
„ ment de tendresse & d'amour, plûtôt que
„ d'aucune réflexion sur l'utilité qu'on en peut
„ retirer. C'est ce qu'il est aisé de compren-
„ dre parce que nous remarquons dans les Bes-
„ tes mêmes. Mais cela est bien mieux mar-
„ qué dans les hommes. Premiérement par
„ cette tendresse reciproque d'entre les Péres &
„ les Enfans, & en second lieu par cette autre
„ tendresse du même genre, qui ne manque
„ point de se former en nous; lors-que nous
„ trouvons quelqu'un dont le naturel & les
„ mœurs ont du rapport avec les nôtres; & que
„ nous appercevons en luy un certain éclat de
„ probité & de vertu (car il n'y a rien de si ai-
„ mable que la vertu, rien ne produit si natu-
„ rellement dans le cœur ce sentiment que nous
„ appellons amour, & cela seul nous fait ai-
„ mer en quelque sorte ceux mêmes que nous
„ n'avons jamais vûs.) Peut-on douter après
ces paroles que Ciceron n'ait pas crû que le
principe de l'amitié fût le rapport de conformité qui se trouve entre la disposition de deux

Esprits

___
* Source de l'amitié.

Esprits, quand l'amitié est reciproque, ou du moins le rapport de conformité qui se trouve entre la disposition d'un cœur & les qualitez personnelles d'un homme de mérite, quoi qu'on n'en soit peut être pas connu? Car il assûre qu'il ne manque point de se former en nous un sentiment de tendresse lors que nous trouvons quelqu'un dont le naturel & les mœurs ont du rapport avec les nôtres, & que nous appercevons en luy un certain éclat de probité & de vertu qui nous fait aimer en quelque sorte ceux mesme que nous n'avons jamais vûs. Il dit encore à peu près la même chose dans le 9. Ch. où il parle ainsi. „Comprenons que „les sentimens d'amitié ont leur source dans „la nature, & que ce qui les produit, ce sont „de certaines étincelles que la probité & la „vertu jettent nécessairement. Car ceux qui „ont du goût pour ces choses-là, se prennent „naturellement à ceux en qui il en paroît, & „se lient à eux pour joüir de ce qu'il y a de plus „doux dans les mœurs & dans le commerce „de ceux dont la vertu les a touchés. Il explique encore cela plus au long dans le Ch. 14. „D'ailleurs, s'il est vray, dit-il, que le rapport „qui se trouve entre ceux qui ont de la vertu „les assortit, pour ainsi dire, & les rend pro„pres à se joindre les uns aux autres, il est sans „doute que toutes les fois, que ce rapport se „trouvera entre deux hommes, ils s'aimeront „& se prendront nécessairement l'un à l'autre. „Que ceux qui ne sentent pas ce que je dis, „considérent combien il est absurde de croire „que l'homme qui est si touché de tant de cho„ses

„ ses vaines & frivoles comme les honneurs &
„ la gloire, ne le soit pas sans comparaison da-
„ vantage de la vertu qu'il voit dans un autre,
„ dont il sent qu'il peut être aimé, ou d'un
" amour qui le prévienne, ou d'un amour qui
" réponde au sien. Car qu'y a-t-il de plus doux
" qu'une bienveillance mutuelle & un commer-
" ce reciproque de soins & de services ? Que si
" nous ajoûtons à ce que je viens de dire, que de
„ toutes les sympathies qui peuvent faire que les
„ choses se joignent les unes aux autres, il n'y
„ en a point de si forte, que cette conformité
„ de mœurs, d'inclinations & de sentimens qui
" produit l'amitié, on conviendra sans doute
„ qu'il faut nécessairement que les gens de bien
„ s'aiment les uns les autres, & se lient les uns
„ aux autres par ce rapport & cette espéce d'af-
„ finité que la nature même a mis entre eux;
„ puisque nous voyons dans toute la nature que
„ chaque chose cherche son semblable, & l'at-
" tire violemment à soi. Mais pour venir à
" l'amitié, ne peut-on pas dire que ceux qui lui
" donnent pour principe l'espérance de l'utilité
" qu'on en peut retirer, lui ôtent le plus aima-
" ble de tous ses nœuds ? Car quelques avanta-
„ ges que nos Amis nous procurent, il s'en faut
„ bien que nous en soyons touchez comme nous
„ le sommes de l'amour qu'ils ont pour nous,
„ puisque le bien mesme qu'ils nous font ne nous
„ est sensible qu'à proportion de l'amour qui les
„ porte à nous en faire. Tous ces passages ne
confirment-ils pas ce que j'ay avancé ci-dessus,
à sçavoir qu'aucunes qualitez absoluës ne pouvoient nous rendre un objet aimable, que dé-
pen-

pendamment du rapport de convenance & de conformité que nous trouvions entre ces qualitez & les dispositions de nôtre cœur?

Mais ce qu'on lit dans le Ch. 9. est si conforme à l'opinion que nous avons avancée sur l'amitié, qu'on ne sçauroit trouver rien de plus décisif. „ Je conviens, dit Lælius, que cet amour „ s'augmente, & par les bienfaits que nous re„cevons de ceux avec qui nous sommes entrez „ dans quelque liaison particuliére, & par les „ sentimens que nous trouvons qu'ils ont pour „ nous & par le commerce & la communica„ tion réciproque. Et tout cela venant à se „ joindre à ce premier mouvement du cœur, „ il en résulte une bienveillance si vive & si ar„ dente qu'on ne la sçauroit exprimer. Mais „ ce seroit donner à l'amitié une naissance bien „ basse, que de croire qu'elle ait pour principe „ la foiblesse & les besoins des hommes, & „ l'envie de parvenir à ce que ces besoins font „ desirer. Quel besoin Scipion pouvoit-il avoir „ de moi? nul sans doute, ni moi de lui; mais „ je me suis pris à luy par la haute estime & „ par l'admiration que me donnoit sa vertu, & „ lui à moi par la bonne opinion que mes mœurs „ lui en avoient peut-être donnée. Cette bien„ veillance s'est augmentée de part & d'autre „ par le commerce que nous avons eu ensem„ ble, & dont nous avons tiré lui & moi de „ fort grandes utilitez. Ce n'est cependant „ l'espérance de ces avantages qui nous a porté „ à nous aimer. Car comme nous sommes „ bienfaisans & libéraux, non pas par l'espéran„ ce d'aucune rétribution, puis que la véritable
„ ami-

,, amitié ne fait point un trafic de ses bienfaits,
,, mais par une pente naturelle qui nous porte
,, à la libéralité, ainsi nous ne croyons pas
,, qu'on doive rechercher l'amitié à cause des
,, recompenses, qui nous en peuvent venir,
,, mais plûtôt parce qu'on trouve toute sa re-
,, compense dans l'amour même. *Sed quam-
quam utilitates multæ, & magnæ consecutæ sunt,
non sunt tamen ab earum spe causæ diligendi pro-
fectæ. Ut enim benefici, liberalesque sumus,
non ut exigamus gratiam (neque enim beneficium
fœneramur) sed naturâ propensi ad liberalitatem sumus: sic amicitiam non spe mercedis adducti, sed
quod ejus omnis fructus in ipso amore inest, expetendam putamus.* Nos Adversaires ne peuvent pas disconvenir que Ciceron exprime dans
ce Chap. l'amitié la plus parfaite & la plus desintéressée qui puisse être. Il y convient d'abord
que les bienfaits que nous recevons de nos A-
mis peuvent bien augmenter nostre amitié
pour eux, mais il ajoûte que ce seroit donner
à l'amitié une naissance bien basse, que de croire qu'elle ait pour principe l'envie de parvenir
à ce que la foiblesse & les besoins des hommes
leur font desirer. Voilà toutes sortes d'avantages & d'utilitez distinguées de l'amitié excluës
du motif de la parfaite amitié qui estoit entre
luy & Scipion; qu'il n'a jamais prétendu exclure du motif de l'amitié, la douceur & le
contentement qu'on trouvoit dans l'amour même; car après avoir dit que Scipion & luy
avoient retiré à la verité de fort grandes utilitez de leur amitié, quoy que ce ne fût point l'espérance de ces avantages qui les avoient por-
tez

tez à s'aimer, il conclut qu'on ne doit point rechercher l'amitié à cause des recompenses qui nous en peuvent revenir, mais plûtôt parce qu'on trouve toute sa recompense dans l'amour mesme; *Sic amicitiam non spe mercedis adducti, sed quod omnis ejus fructus in ipso amore inest, expetendam putamus.* Ciceron exclut donc du motif de la parfaite amitié, d'avoir en veuë des recompenses & des utilitez distinguées de l'amour qu'on a pour une personne : mais il n'exclut point du tout la recompense essentiellement attachée à l'amour mesme, qui consiste dans la douceur & le contentement qu'on trouve dans l'amour mesme, car cette recompense & ce plaisir n'ayant point d'autre objet que la personne aimée, il n'y a rien de plus honneste que cette recompense. Si vous doutez encore que Ciceron ait crû que le plaisir qu'on trouve à aimer & à être aimé peut être le motif d'une parfaite amitié, voicy un Passage plus clair que le jour qui fera vôtre condamnation. Il est tiré du Ch. 13. où il rapporte les fausses maximes de quelques Grecs sur l'amitié. „D'autres, dit-il, qui paroissent encore plus „éloignés de l'humanité que ceux-ci, soûtiennent „ce sentiment dont j'ay desja touché quelque „chose, que c'est le besoin qu'on a de protection „& de secours qui doit faire rechercher l'amitié, „& non pas le plaisir d'aimer & d'estre aimé &c. Ciceron propose évidemment dans ce Passage deux motifs qui peuvent nous porter à aimer quelque personne, l'un est l'esperance de la protection & du secours dont on a besoin ; l'autre est le plaisir qu'on trouve à aimer & à estre

tre aimée : Or il rejette le premier motif comme un sentiment d'inhumanité qui détruit la véritable amitié ; mais il suppose clairement que c'est dans le fond le plaisir d'aimer & d'être aimé, qui doit être le seul motif qui nous porte à rechercher l'amitié.

Dans le Ch. 21. Ciceron invectivant contre les amitiez intéressées, & parlant ensuite de la véritable amitié, fait clairement connoître qu'il ne regardoit comme amitié intéressée que celle qui avoit pour motif l'espérance de quelque utilité distinguée de l'objet aimé. Voicy ses paroles : „ Mais la plûpart des hommes ne „ connoissent rien de bon, que ce qui peut leur „ être de quelque utilité. Ils se choisissent des „ Amis, comme ils choisiroient des Chevaux, „ & celui dont ils espérent le plus de service, „ est toûjours celui qu'ils aiment le plus. Mais „ dez-là ils sont incapables de cette amitié si „ pure & si noble, à quoi la Nature même „ nous porte, & c'est un bien dont-ils ne con- „ noissent ni la beauté ni le prix, quoi qu'ils „ n'eussent qu'à rentrer en eux-mêmes pour „ l'appercevoir. Car chacun ne s'aime-t-il pas „ soi-même pour soi-même, & sans attendre „ de cet amour aucune sorte de recompense ? „ Voilà le sentiment qu'il faut porter dans „ l'amitié : sans cela on ne doit pas s'attendre „ de trouver jamais un véritable Ami ; puis- „ qu'un véritable Ami est proprement un au- „ tre soi-même. Dans ce passage Ciceron compare d'abord une amitié intéressée, à l'amour qu'on a pour les chevaux dont on espére retirer le plus de service : Or il est évident que les services & l'utilité qu'on espére retirer d'un Cheval, ont un objet distingué du Cheval : ainsi une amitié est intéressée, quand son motif est l'espérance des services & de quelque utilité qui a un autre objet que la personne aimée. Ensuite Ciceron voulant donner un exemple d'une amitié desintéressée, n'a pas cru en pouvoir trouver un plus juste, que de proposer l'amour que nous avons pour nous-mêmes : Or un chacun s'aime nécessairement pour être heureux, & n'attend aucune recompense distinguée de son bonheur pour l'amour qu'il se porte : Ainsi on aime son Ami d'une maniére aussi desintéressée qu'on s'aime soi mesme, quand on l'aime uniquement pour trouver son bonheur, sa joye & son contentement dans son amour, & qu'on ne l'aime point en veuë d'aucune recompense, qui soit distinguée de cet objet aimé.

Afin que nos Adversaires surpris de voir leur condamnation dans Ciceron, n'accusent pas Ciceron de n'avoir pas eu une juste idée de la parfaite amitié, je finis l'Extrait que je viens de faire des plus beaux Passages de son Livre de l'Amitié par celui-ci. „ Qu'est-ce qu'ai„mer, sinon s'attacher à quelqu'un par un „mouvement du cœur qui ne regarde que lui, „& non pas le besoin qu'on en pouvoit avoir, „ni les avantages qu'on en peut esperer ? Ce „n'est pas que l'amitié n'en produise de trés„grands, mais ce n'est point ce qu'on a en „veuë, quand on s'attache à ses Amis. Il n'est pas necessaire d'avertir que Ciceron n'exclut dans ce passage que toutes sortes d'avantages

F

tages distinguez de l'objet aimé, car tous les autres Passages que nous avons rapporté de lui prouvent clairement qu'il n'a jamais exclus du motif de la parfaite amitié la douceur & le plaisir qu'on trouve dans l'amour mesme de l'objet aimé.

Je croi que pour achever d'éclaircir l'opinion des Anciens Philosophes qui ont parlé si noblement de l'amitié, il est bon de faire ici mention de la célébre dispute qui étoit entre les Epicuriens & tous les autres Philosophes sur l'amitié.

Les Epicuriens qui établissoient la derniére fin de l'homme dans la volupté, nioient que l'amitié dût estre recherchée à cause d'elle mesme, & disoient qu'il ne falloit la rechercher qu'à cause des avantages & des plaisirs qui nous en revenoient. Ils avoient le mesme sentiment sur la vertu, qu'ils assûroient n'estre aimable qu'à cause de l'utilité qui nous en revenoit. On n'a qu'à lire, pour s'en convaincre, le premier Livre de Ciceron *de finibus bon. & mal.* Quoi que tous les autres Philosophes ne convinssent pas entr'eux touchant la fin derniére de l'homme, ils convenoient néanmoins contre Epicure, que l'amitié devoit être recherchée à cause d'elle même, & non pas à cause des plaisirs sensuels ni des autres avantages qui pouvoient nous en revenir. Ciceron aprés les Stoïciens & les Péripatéticiens, se déclare ouvertement dans ses Livres *de finibus bon. & mal.* pour cette derniére opinion, contre les Epicuriens. Ainsi nous n'en pouvons mieux juger que par ce qu'il en dit dans ces Livres que nous venons de citer.

Pour

Pour bien entendre l'opinion des Epicuriens sur l'amitié, il faut sçavoir d'abord qu'Epicure faisoit consister la derniére fin de l'homme & son souverain bien dans la Volupté, *in voluptate*. Je n'examine point ici, si la Volupté dans laquelle il faisoit consister ce Souverain bien, étoit le seul plaisir des Sens, comme plusieurs de ses Disciples l'ont enseigné, ou si c'étoient les plaisirs tant de l'Esprit que des Sens, & sur tout ceux de l'Esprit, comme le prétendent Torquatus dans le premier Livre *de finibus bon. & mal.* Diogene Laërce Livre 13. Sénéque dans son Livre de *Vitâ beatâ* Chap. 13. Erasme dans un de ses Colloques qu'il a intitulé *l'Epicurien*, & M. Gassendi, tant dans une Apologie particuliere d'Epicure, que dans ses Remarques sur le 13. Livre de Diogenes Laërce. Je supposerai seulement icy un fait incontestable, qui est que Ciceron & la plûpart des anciens Philosophes, Adversaires d'Epicure, lui attribuoient d'avoir mis le souverain bien principalement dans le plaisir des Sens & dans l'exemption entiére de la douleur; comme il paroit évidemment par les sept ou huit premiéres pages du second Livre de Ciceron *de finibus bon. & mal*; aussi bien que dans les Livres suivans. Je vais apporter quelques Passages qui suffiront pour démontrer ce que j'avance. Ciceron assûre vers le commencement du second Livre *de finibus bon. & mal.* qu'ou bien Epicure a entendu par le mot ἡδονή, qui signifie volupté, le plaisir des sens, ou bien tous les hommes qui sont par toute la Terre ne sçavent pas ce que c'est que la volupté. Il en apporte cette raison, *Quia voluptatem hanc esse sentiunt omnes, quam sensus accipiens movetur & jucunditate quâdam perfunditur.* Il ajoûte encore un peu après ; *omnes enim jucundum motum, quo sensus hilarantur, græcè ἡδονὴν, latinè voluptatem vocant.* Environ deux pages après, Ciceron soûtient à Torquatus Disciple d'Epicure, qu'il entend aussi-bien ce qu'Epicure vouloit dire par la Volupté dans laquelle il mettoit le souverain bien, comme les Grecs qui étoient Disciples d'Epicure l'entendoient. *Ut scias me intelligere, primum idem esse voluptatem dico, quod ille ἡδονὴν ; Huic verbo omnes, qui ubique sunt, qui latinè sciunt, duas res subiiciunt, lætitiam in animo, commotionem suavem jucunditatis in corpore.*

J'ay donc droit de supposer que Ciceron & les autres Philosophes Adversaires d'Epicure, lui attribüoient de faire consister le souverain bien de l'homme dans le plaisir des sens, & l'exemption entiére de la douleur. Quoi qu'il en soit, ils attribüoient encore à Epicure d'avoir conclu de ce principe, que ni la vertu ni l'amitié ne devoient point estre recherchées à cause d'elles mêmes, mais seulement à cause de la Volupté & des autres avantages qui pouvoient nous en revenir.

Il s'agit maintenant de sçavoir, si Ciceron & les autres Philosophes qui assûrent par tout contre les Epicuriens, que l'amitié doit estre recherchée à cause d'elle même, & que l'opinion d'Epicure détruit toutes les véritables amitiez, ont seulement exclus du motif de l'amitié parfaite toute espérance d'aucun plaisir sensuel, ou d'aucun autre avantage distingué de l'objet aimé, & s'ils n'en ont jamais exclus la satisfaction & la douceur qu'on trouve à aimer les qualitez personnelles d'un Ami, qui ont un rapport de convenance avec les dispositions de nostre cœur. Je soûtiens qu'ils ont seulement exclus du motif de l'amitié parfaite toute espérance d'aucun plaisir sensuel, ou de tout autre avantage distingué de l'objet aimé. Je l'ay déja suffisamment prouvé par le Livre de Ciceron sur l'Amitié, où il attaque directement le sentiment des Epicuriens en plusieurs endroits. Mais il est bon d'en apporter ici quelques nouvelles preuves tirées de ses Livres *de finibus bon. & mal.* où il refute plus expressément l'absurde opinion d'Epicure sur la Volupté. Un peu avant le milieu du premier Livre, il apporte plusieurs exemples à Torquatus défenseur d'Epicure, pour lui montrer que nous aimons à faire beaucoup de choses, ausquelles on ne peut pas dire que la volupté nous porte. „ Certainement je ne „ croi pas, luy dit Ciceron, que cet illustre, „ Citoyen qui a merité le premier d'estre sur- „ nommé Torquatus, ait eu en veuë en se „ jettant au milieu des Ennemis pour ôter le „ Collier à un d'eux, de faire cette action pour „ en retirer quelque plaisir sensuel; *ut aliquam ex eo perciperet corporis voluptatem*, ou que ce „ fût encore la volupté qui le portât à com- „ battre si courageusement les Latins dans „ son troisiéme Consulat. Mais ne sem- „ ble-t-il pas qu'il se priva de beaucoup de „ plaisirs, lors qu'il punit son propre Fils de „ mort, préférant les intérêts de la Républi-

„ que aux sentimens de la Nature & à son
„ amour paternel? Mais sans parler des dan-
„ gers, des peines, de la douleur même à la-
„ quelle chaque bon Citoyen s'expose pour sa
„ Patrie & pour ses Amis, en négligeant toutes
„ sortes de Voluptés, bien loin d'y en chercher
„ aucune; sans parler enfin qu'il aime mieux
„ supporter toutes sortes de peines que de man-
„ quer à aucun de ses devoirs; passons à d'au-
„ tres exemples qui ne paroissent pas si consi-
„ dérables, mais qui ne sont pas moins pro-
„ pres à prouver ce que j'ai avancé. Dites-moi
„ je vous prie, Torquatus, quelles sont les vo-
„ luptez que vous procurent à vous & à Tria-
„ rius tant de peine que vous prenez l'un &
„ l'autre à étudier, à vous remplir l'esprit de
„ l'Histoire, à feuilleter tous les Poëtes & à
„ retenir par mémoire un si grand nombre de
„ leurs Vers? Ne m'allez pas dire que vous
„ trouvez un véritable plaisir & de la satisfac-
„ tion dans ces choses mêmes pénibles sans qu'il
„ soit besoin qu'elles vous en procurent d'autre,
„ & que vos illustres Ancêtres surnommés Tor-
„ quati, trouvoient aussi un solide plaisir dans
„ les actions pénibles que j'ay rapporté d'eux.
„ Car ce n'est pas ainsi qu'Epicure a défendu
„ son sentiment sur la Volupté; ni vous mêmes,
„ ni aucun autre de ses Disciples, pour peu
„ qu'il ait du bon sens & qu'il sache dequoi il
„ s'agit, ne pouvez répondre ainsi suivant les
„ principes d'Epicure. Pour ce qui est de la
„ question qu'on fait si souvent, d'où vient qu'il
„ y a tant d'Epicuriens? Il y en a plusieurs cau-
„ ses, mais celle entr'autres qui attire un si
„ grand

„ grand nombre de Sectateurs, c'est qu'ils s'ima-
„ ginent que la volupté dans laquelle Epicure fai-
„ soit consister le bôheur de l'homme étoit le plai-
„ sir même & la joye qu'on trouve à bien faire.
„ Ces bonnes gens-là ne comprennent pas qu'E-
„ picure se contredit, si son sentiment est tel: car
„ si on nous accorde que les choses conformes
„ à l'honnesteté & à nos devoirs sont agreables
„ & nous causent du plaisir par elles mêmes,
„ quand même elles ne procureroient aucune
„ volupté sensuelle, il s'ensuit donc que la Vertu
„ & la Science (il en est de même de l'Amitié)
„ seroient desirables par elles mêmes, ce qu'E-
„ picure a toûjours nié. *Nec mihi illud dixeris,
hæc enim ipsa mihi sunt voluptati & erant illa Tor-
quatis: numquam hoc ita deffendit Epicurus, neque vero tu aut quisquam eorum, qui aut saperet
aliquid, aut ista didicisset sæpè. Cur tam multi
sint Epicurei, sunt aliæ quoque causæ, sed multi-
tudinem hoc maximè allicit, quod ita dici putat
ab illo, recta & honesta quæ sint, ea facere ipsa per
se lætitiam, id est voluptatem. Homines optimi
non intelligunt, totam rationem everti, si ita se res
habeat; nam si concederetur, etiam si ad corpus
nihil referatur, ista sua sponte & per se esse jucun-
da, per se esset & virtus, & cognitio rerum;
quod minime ille vult, expetenda.* J'ay plusieurs
remarques à faire sur ce Passage qui feront clairement connoître le veritable sentiment de Ciceron & des autres Philosophes Adversaires d'Epicure sur l'Amitié: Il paroît 1. que quand Ciceron refute l'opinion des Epicuriens qui mettent
le Souverain bien dans la Volupté, à cause de
laquelle seule les hommes, selon eux, devoient

re-

rechercher la vertu, l'amitié & généralement toutes les autres choses, il a toûjours supposé que la volupté suivant les Principes d'Epicure, devoit nécessairement avoir un objet distingué de la vertu même, de l'honnesteté & de l'amitié; parce que si Epicure n'entendoit parler que du plaisir qui fût essentiellement attaché à la vertu & à l'amitié même & qui fût causé en nous par les choses conformes à l'honnesteté & à nos devoirs, il s'ensuivroit de là évidemment que la vertu & l'amitié, nous seroient agréables par elles mêmes & par conséquent desirables par elles-mêmes; ce qu'Epicure n'avoit jamais voulu reconnoître; C'est pourquoy lorsque Torquatus deffenseur d'Epicure se sentant poussé par les raisons de Ciceron qui prouvent évidemment qu'on aime à faire bien des choses sans avoir en vuë aucun plaisir distingué des choses qu'on fait, veut se retrancher à dire qu'on les fait toûjours à cause de la volupté, parce qu'on les fait toûjours à cause du plaisir qu'on trouve à les faire. Ciceron luy démontre qu'Epicure ne pouvoit point alléguer cette raison pour deffendre son sentiment sur la volupté, dans laquelle il établissoit la fin dernière de l'homme; car Epicure soûtenoit que ni la vertu, ni l'amitié, ni aucun autre bien, excepté la volupté, n'étoit aimable ni desirable par luy-même; or s'il avoit seulement entendu que le plaisir, dans lequel il mettoit le souverain bien, étoit celui-là même qu'on prenoit à bien faire, il se seroit évidemment contredit, comme luy reproche Ciceron, parce qu'il s'ensuivroit de là que la vertu & l'amitié, étant des biens honnestes, agreables par eux-mêmes,

mêmes, ils feroient donc auſſi aimables & deſirables par eux-mêmes ; & qu'ainſi Epicure avoit tort de dire, que ni la vertu, ni l'amitié, ni aucun autre bien, excepté la Volupté, n'étoit aimable ni deſirable par lui même. Comme Ciceron voioit donc clairement qu'il n'y avoit point d'autre moien d'excuſer Epicure de contradiction qu'en ſuppoſant qu'il mettoit le ſouverain bien dans une eſpéce de Volupté qui eût un objet différent de la vertu & de tout bien honnête, voila pourquoi il attribuë à Epicure d'avoir mis le ſouverain bien dans les plaiſirs des Sens, dont les objets qui cauſent en nous les plaiſirs qu'on appelle ſenſuels, ſont certainement diſtingués des biens honnêtes, qui ſont l'objet de la vertu & de la parfaite amitié. Il paroît en 2. lieu par le même Paſſage que nous avons cité, que Ciceron n'a jamais nié qu'on dût rechercher les biens honnêtes, comme la vertu & l'amitié, à cauſe du plaiſir & de la ſatisfaction que ces biens honnêtes cauſoient en nous par euxmêmes. Car il fait connoître au contraire qu'il en tombe d'accord, puiſqu'il prouve aux Epicuriens par cette raiſon, que la vertu & l'amitié étoient donc deſirables par elles-mêmes, & qu'il aſſûre poſitivement dans le 2. ou 3. Livre *de finibus bon & mal.* Que ſi le plaiſir qu'Epicure admettoit pour le ſouverain bien, n'étoit point diſtingué du plaiſir qu'il y a à bien faire, & à pratiquer la vertu ils feroient d'accord dans le fond.

Voici encore un autre endroit du 2. Livre *de finibus* qui prouve la même choſe ; Ciceron y parle ainſi à Torquatus défenſeur d'Epicure ;

„ je me plais à penser à vôtre Famille & à vôtre
„ illustre nom, & certes j'ay toûjours présent à
„ mon Esprit Torquatus, qui estoit un trés hom-
„ me de bien & fort nôtre Ami, dont vous ne
„ pouvez ignorer sans doute l'affection qu'il avoit
„ pour moy, & les grands services qu'il m'a ren-
„ dus dans ces fâcheuses conjonctures que tout
„ le monde sçait; cependant ces services ne me
„ seroient point agréables, quoyque je me pique
„ d'être reconnoissant, & que je fasse gloire de
„ passer pour l'être, si je ne jugeois qu'il m'ai-
„ moit véritablement pour moi même, (c'est à
„ dire qu'il me vouloit du bien à cause de mes
„ qualités personnelles) & non pas pour ses pro-
„ pres intérests, à moins que vous ne disiés qu'il
„ m'aimoit en même temps pour ses propres
„ intérests, parce qu'on trouve son intérest à bien
„ faire. Si vous dites cela nous avons gagné nô-
„ tre cause, car nous voulons & nous prétendons
„ que le devoir mesme porte avec lui le plaisir
„ de bien faire, qui est sa propre recompense. C'est
„ ce que vôtre Epicure ne veut pas reconnoître,
„ & il prétend qu'on ne doit regarder toutes cho-
„ ses que comme un moien pour nous procurer
„ la volupté, (c'est à dire, selon Ciceron, les plai-
„ sirs des Sens) comme faisant nôtre bonheur &
„ nôtre recompense. *Quæ mihi ipsi, qui volo & esse & haberi gratus, grata non essent, nisi eum perspicerem meâ causâ mihi amicum fuisse, non suâ; nisi hoc dicis, suâ quod interest omnium rectè facere; Si id dicis, vicimus. Id enim volumus, id contendimus, ut officii fructus sit ipsum officium: hoc ille tuus non vult, omnibusque ex rebus voluptatem quasi mercedem exigit.* Il ajoûte encore

quatre

quatre ou cinq Pages aprés, ces belles paroles; *At verò si fructibus, & emolumentis, & utilitatibus amicitias colemus, si nulla charitas erit quæ faciat amicitiam ipsam sui sponte, vi sua, ex se, & propter se expetendam; dubium est quin Fundos & Insulas Amicis anteponamus... Fides igitur, si amicitiam sua charitate metiare, nihil est præstantius; sin emolumento summas familiaritates prædiorum pretiosorum mercede superari. Ille ipsum igitur amet, non mea, si veri amici futuri sumus; sed in rebus apertissimis nimium longi sumus &c.* On voit évidemment dans ces deux passages, que Ciceron a reconnu qu'il y avoit dans l'amitié même, un plaisir causé par l'objet aimé, qui la rendoit desirable par elle-mesme, & qu'il n'excluoit du motif de la parfaite amitié que la vuë des avantages & des utilités qui avoient un autre objet que la personne aimée. Tous les Stoïciens & les Peripatéticiens, dont Ciceron expose les différentes opinions sur la fin derniére dans le 3. le 4. & le 5. Livre *de finibus bon. & mal.* & généralement tous les Adversaires d'Epicure avoient le même sentiment sur l'amitié que Ciceron, qui suivoit en cela leur commune opinion. Ainsi le deuxiéme Principe que j'ai avancé sur l'Amour d'Amitié est indubitable.

TROISIE'ME PRINCIPE,

Sur l'Amour d'Amitié, entant qu'il est opposé à l'Amour de Concupiscence.

LA véritable différence qu'il y a entre l'amour de pure amitié, qu'on appelle autrement amour pur, gratuit, & desintereßé; & l'amour intéreßé, qu'on appelle amour de concupiscence, a pour motif l'espérance de quelque utilité ou avantage, qui a un objet différent de la Personne aimée; en sorte que la Personne aimée n'est aimée que comme un moïen propre à nous procurer quelqu'autre objet qui nous est avantageux & qui est la véritable fin de nôtre amour; au lieu que l'amour d'une amitié pure, gratuite & desintéressée n'a pour motif l'espérance d'aucune utilité ni avantage qui ait un objet différent de la Personne aimée, ensorte qu'on ne regarde point la Personne aimée, comme un moïen propre à nous procurer quelqu'autre bien avantageux, dont le desir soit le motif qui nous porte à aimer cette Personne.

CHAPITRE V.

Réponse à une objection importante.

Nous avons enseigné dans tout ce Livre que le desir d'être heureux est le motif naturel & nécessaire de tout amour : d'où il s'ensuit qu'il n'y a point d'amour parmi les Créatures intelligentes absolument désintéressé en ce sens, qu'il n'ait pour motif que les perfections absoluës d'un objet indépendamment de tout rapport de convenance avec nôtre bonheur. Nos Adversaires nous objectent que si cela est ainsi, nous n'aimons donc aucun objet pour lui-même, ni à cause de lui mesme, & que nul objet distingué de nous ne seroit aimable par luy-mesme; car ce n'est pas aimer un objet pour luy-mesme, que de l'aimer seulement à cause de nôtre bonheur & comme un instrument de nôtre félicité ; or si le desir de nôtre bonheur est le motif & le principe naturel & nécessaire, de tout amour, nous n'aimons aucun objet distingué de nous que comme un instrument de nôtre félicité & à cause de nôtre bonheur ; ensorte que c'est l'avantage qui nous en revient qui est le motif.

Nous convenons avec nos Adversaires, comme d'un principe incontestable, que nous pouvons aimer plusieurs objets en eux mesmes & à cause

cause d'eux-mesmes, & que nous sommes obligez d'aimer Dieu en cette manière; mais nous nous prétendons que le desir invincible d'estre heureux est néanmoins le motif naturel & nécessaire de tout amour. Ensorte qu'on ne peut aimer aucun objet qu'entant qu'il nous est convenable. Pour résoudre l'objection de nos Adversaires, il suffit de faire 2 ou 3 remarques. La premiere est, que tout amour a 2 rapports différens, l'un à l'objet qui est le bien qu'on desire, & l'autre au sujet à qui l'on desire la possession de ce bien. 2. Quand on dit qu'on aime un objet pour luy mesme ou à cause de luy mesme, alors la particule, *Pour*, ou ces mots, *à cause*, ne marquent directement que le rapport à l'objet; ainsi il faut établir pour principe qu'on aime un objet pour luy mesme en qualité d'objet, quand ce n'est point l'amour d'un autre objet auquel on le rapporte, qui nous le fait aimer; au contraire on n'aime point un objet pour lui mesme n'y à cause de luy mesme quand c'est l'amour qu'on a pour un autre objet auquel on le rapporte qui nous le fait aimer. D'où il paroît qu'on aime un objet pour luy mesme quand on ne le rapporte point à un autre objet; mais quand on dit qu'on aime un certain bien pour soi-mesme, pour sa félicité ou à cause de son bonheur, ces mots, *Pour*, ou, *à cause*, ne marquent directement que le rapport au Sujet à qui nous desirons la possession de ce bien; ainsi comme le rapport au Sujet, c'est à dire à la personne à qui on desire quelque bien, & le rapport à l'objet c'est à dire au bien qu'on desire, bien loin d'estre deux rap-

ports

ports opposez dans un mesme amour, doivent necessairement se trouver dans tout amour; il est évident qu'aimer un bien pour ou à cause de luy mesme, & l'aimer en mesme temps pour nous mesmes ne sont point deux choses contraires. Car quand on dit qu'on aime un bien pour luy mesme, ce, *pour*, ne marque directement que le rapport à l'objet, & quand on dit qu'on aime le mesme bien pour soi mesme, cet autre, *pour*, marque le rapport au Sujet, c'est à dire à la Personne à qui nous voulons ce bien. Il est donc constant qu'on peut aimer un bien pour luy mesme en qualité d'objet, & l'aimer en mesme temps pour nous-mesme comme pour le Sujet à qui nous desirons ce bien. 2. Un objet peut estre aimé ou entant qu'il nous est convenable immediatement par luy mesme, ou entant qu'il nous est convenable par quelqu'autre objet distingué de luy dont il nous procure la possession.

Cela supposé, je soûtiens qu'on aime un objet pour lui-même, quand on l'aime entât qu'il nous est convenable immediatement par luy-même, parce qu'alors ce n'est point l'amour d'un autre objet auquel on le rapporte qui nous le fait aimer. Mais, disent nos Adversaires, nous n'aimons pas un objet pour luy-même, quand nous l'aimons pour nous-mesme, & à cause de nôtre félicité. Je répons qu'il y a une équivoque grossiére dans cette maniére de parler, que nous avons déja remarquée. Car, quand on dit qu'on aime un objet pour lui mesme, cette expression signifie sealement que cet objet est tellement l'objet & la fin de nôtre amour, qu'on ne ne le rapporte point à un autre objet dont l'amour nous le fasse aimer, mais cela n'empéche pas qu'on ne veuille cet objet pour soi-mesme, comme pour le sujet à qui on en veut ou la possession, ou du moins la satisfaction qu'on trouve à en vouloir la possession pour une personne distinguée de nous. Ainsi il est faux qu'on n'aime pas un objet pour luy-mesme, quand on l'aime pour soi mesme, comme pour le sujet à qui on en desire la possession. Mais, poursuivent nos Adversaires, nous tombons d'accord qu'on n'aime pas un objet pour luy-mesme quand on l'aime par rapport à un autre objet dont l'amour nous le fait aimer; or nous-mesme & nôtre bonheur sont deux objets différens de l'objet aimé, ainsi puisque dans vos principes nous n'aimons aucun objet que par rapport à nous-mesmes & à nôtre bonheur, nous n'aimons donc aucun objet pour lui-mesme sans le rapporter à quelqu'autre objet. Pour résoudre cette difficulté, il faut remarquer d'abord, que nous ne sommes pas nous mesmes, du moins ordinairement, l'objet de l'amour que nous avons pour nous-mesmes; car l'objet de tout amour dans les Créatures est le bien convenable dont on desire la possession, or comme nous sentons que nous ne sommes pas suffisans à nous-mesmes ny capables de nous rendre heureux par nous-mesmes, nous ne sommes pas nous-mesmes l'objet convenable dont nous desirons la possession, puisque nous ne sçaurions trouver nôtre bonheur dans nous-mesmes, & que ce n'est pas dans nous-mesmes que nous le cherchons; ainsi l'amour de nous-mesmes a toûjour ordinairement pour objet quelque bien convenable distingué de nous, dont nous desirons la possession pour nous mesmes, comme pour le sujet auquel nous rapportons la joüissance de ce bien, afin de nous rendre heureux. On voit par-là que ceux qui supposent un certain amour de soy-mesme, qui ait un objet distingué des biens convenables dont on veut joüir pour se rendre heureux, se trompent fort; & que l'amour par lequel nous desirons la jouïssance de quelque objet que ce soit, est toûjours l'amour de nous-mesmes selon un autre rapport, parce que nous sommes le sujet auquel nous souhaitons la joüissance de ce bien. Supposons donc comme un principe trés-constant, que l'amour de soi-mesme n'a point un objet distingué du bien convenable dont nous desirons la jouïssance pour nous rendre heureux ; ainsi l'amour de soy-mesme dans un Ambitieux a pour objet les grandeurs & les honneurs que son ambition luy fait desirer ; l'amour de soi-mesme dans un Avare n'a pour objet que les richesses ; l'amour de soy-mesme dans un Voluptueux n'a pour objet que les voluptez ; l'amour de soy-mesme dans un Idolatre de sa personne qui mettroit tout son bonheur à se connoître & à s'aimer, auroit alors soi-mesme & sa propre nature pour objet ; mais cet amour de soi-même n'arrive presque jamais, sur tout depuis la misere que le péché a fait ressentir aux hommes ; enfin l'amour de soi-mesme dans les Ames justes qui aiment Dieu le plus parfaitement n'a pour objet que Dieu seul. Ce que nous venons de de dire de l'amour de nous-mesmes, doit s'appliquer au desir de nôtre bonheur: car ce desir aussi-bien que nôtre bonheur mesme n'a point d'autre objet que les biens convenables qui sont l'objet de nôtre amour, & que nous regardons comme pouvant nous rendre heureux. Il s'enſuit de là évidemment que quand nous aimons un objet pour nous mesmes & à cauſe qu'il peut nous rendre heureux, nous ne rapportons point cet objet à aucun autre objet diſtingué de luy-meſme, parce que ces mots, *Pour nous-meſmes*, marquent ſeulement le ſujet pour qui nous voulons la poſſeſſion de cet objet. Et ſi vous me dites, que c'eſt l'amour que nous avons pour nous-meſmes & le deſir de nôtre bonheur qui nous fait aimer cet objet pour nous-meſmes. Je répons qu'alors l'amour que nous avons pour nous-mêmes & le deſir de nôtre bonheur ont pour leur objet l'objet même dont nous deſirons la poſſeſſion pour nous-meſmes. Je vais apporter un exemple qui éclaircira parfaitement cette réponſe. Quand un Voluptueux deſire toutes ſortes de voluptés ſenſuelles, l'objet de ſon amour ſont les voluptés qu'il deſire, & c'eſt l'amour qu'il a pour lui-meſme & le deſir de ſon bonheur qui luy font deſirer ces voluptez. Or parce qu'il ne deſire ces voluptés que par rapport à luy-meſme & pour ſe rendre heureux, peut-on dire qu'il rapporte ces voluptés à un objet diſtingué d'elles-meſmes ? Je ſoûtiens que cela ne ſe peut pas dire avec raiſon; car l'amour de ſoi-meſme dans un Voluptueux n'a point d'autre objet que les voluptez,

comme

comme nous l'avons prouvé, & le desir qu'un Voluptueux a de se rendre heureux en jouissant de toutes sortes de voluptés, n'a point aussi d'autre objet que les voluptez qu'il aime, ainsi quand ce Voluptueux aime les voluptez pour luy-mesme & pour se rendre heureux, il ne rapporte point les voluptez à aucun objet distingué d'elles-mesmes & par conséquent il les aime pour elles-mesmes, quoyque sous un autre regard ou rapport il les aime pour lui-mesme.

Il me reste à répondre à une misérable chicane que nous font encore nos Adversaires. Ils disent que si le desir de nôtre bonheur étoit le motif naturel & nécessaire de tout amour, nous n'aimerions donc aucun objet que comme l'instrument de nôtre bonheur & comme un moyen propre à nous rendre heureux.

Remarquez, je vous prie, qu'on peut considérer le bonheur ou par rapport à son objet, ce qu'on appelle la *béatitude objective*; ou par rapport à la possession de son objet, ce qu'on appelle *la beatitude formelle*.

Remarquez en 2. lieu que tout objet qu'on aime entant qu'il nous est convenable immédiatement par luy-mesme est en luy-mesme l'objet de nôtre bonheur, puisque c'est l'objet dont nous desirons la possession pour y trouver nôtre bonheur.

Remarquez en 3. lieu qu'il est essentiel à un instrument & à un moien de n'être pas l'objet mesme ny la fin de la chose pour laquelle

quelle il fert, & d'en être diftingué ; car aucune chofe n'eft inftrument ny moien d'elle-mefme ; ainfi tout inftrument doit néceffairement être diftingué de la chofe dont il eft inftrument ; & tout moien de la chofe dont il eft moyen. Cela fuppofé, quoique le defir de nôtre bonheur foit le motif naturel & néceffaire qui nous faffe aimer quelque objet, entant qu'il nous eft convenable immédiatement par luy-mefme, je foûtiens qu'il faut renoncer au bon fens, ou étre aveuglé par de faux préjugez pour dire que nous n'aimions alors cet objet que comme l'inftrument de nôtre bonheur & comme un moyen propre à nous rendre heureux. Car un bien convenable qui eft l'objet mefme de noftre amour, & par conféquent noftre béatitude objective, ne peut point être l'inftrument de nôtre bonheur, puis qu'aucune chofe n'eft inftrument ny moien d'elle-mefme ; or tout objet que le defir de noftre bonheur nous fait aimer, entant qu'il eft un bien convenable immédiatement par luy-mefme, eft l'objet mefme de nôtre bonheur & nôtre béatitude objective ; nous ne l'aimons donc pas comme l'inftrument de nôtre bonheur, mais comme l'objet mefme de nôtre bonheur. Si vous-vous retranchez à dire qu'au moins nous l'aimons comme l'inftrument de noftre bonheur formel ; cette prétention n'eft pas moins abfurde que la premiére, car de bonne foy peut-on dire qu'un objet foit l'inftrument de fa propre poffeffion ? Or la

béa-

béatitude formelle n'est rien autre chose que la possession de l'objet qui nous rend heureux ; & nous avons veu que tout objet aimé entant qu'il nous est convenable par luy-mesme, est en luy-mesme l'objet de nostre bonheur ; s'il pouvoit donc estre l'instrument de nostre béatitude formelle, il s'ensuivroit évidemment qu'un objet peut être l'instrument de sa propre possession. Enfin, pour qu'une chose puisse être dite l'instrument ou le moyen de nostre bonheur, elle doit nécessairement avoir ces 2 conditions ; La 1. Qu'elle soit distinguée de l'objet de nostre bonheur ; La 2. Qu'elle nous conduise à la possession de l'objet de nostre bonheur. Or tout objet que le desir de nostre bonheur nous fait aimer entant qu'il nous est convenable immédiatement par luy-mesme ; n'est point distingué de l'objet de nostre bonheur, puisqu'il est luy-mesme l'objet de nostre bonheur, & par conséquent il n'est point un instrument ni un moyen qui nous fasse arriver à sa propre possession. Tous ces raisonnemens sont de la derniére évidence. Concluons donc que nos Adversaires ne sçavent ce qu'ils disent, quand ils soûtiennent avec opiniâtreté, que si le desir de nostre bonheur étoit le motif nécessaire de tout amour, on n'aimeroit jamais aucun objet distingué de nous pour luy-mesme, mais qu'on les aimeroit seulement comme des instrumens de nostre félicité. Ne comprendront-ils jamais qu'on n'aime pas un bien

bien comme l'instrument de sa félicité, quand on l'aime comme l'objet même dans la possession duquel on fait consister son bonheur?

Fin du premier Livre.

APOLOGIE
DE
L'AMOUR,

Qui nous fait desirer véritablement de posséder Dieu seul par le motif de trouver nôtre bonheur dans sa connoissance, & son Amour.

LIVRE II.

De l'Amour Divin & de ses différentes espéces.

CHAPITRE PREMIER.

Qu'il est impossible d'aimer Dieu à cause de ses seules perfections absoluës indépendamment de tout rapport de convenance avec nôtre bonheur.

AVANT que de parler de l'amour parfait, & des diférens amours par lesquels on peut véritablement aimer Dieu, j'ay crû devoir commencer par exclure un amour chimérique, dont plusieurs Mystiques des derniers Siécles ont enfanté l'idée dans leur imagination, souvent épaiſſe de bon ſens à force de vouloir trop rafiner dans la ſpiritualité.

Non ſeulement ils prétendent qu'on peut aimer Dieu à cauſe de ſes ſeules perfections abſoluës indépendamment de tout rapport de convenance avec nôtre bonheur; mais ils veulent de plus qu'il n'y ait point d'autre amour pur, gratuit, filial, n'y deſintéreſſé que celuy-là, & qu'il eſt par conſéquent l'amour de Charité, commandé & abſolument néceſſaire pour le ſalut. Afin de ſapper par ſon fondement cette opinion téméraire dont les ſuites ſont trés dangereuſes, je ſoûtiens qu'il eſt impoſſible d'aimer Dieu à cauſe de ſes ſeules perfections abſoluës indépendamment de tout rapport de convenance avec nôtre bonheur. Ce que je viens d'avancer s'enſuit évidemment des principes certains que nous avons établis dans le Livre précédent ſur la nature de l'amour en général. Car nous y avons prouvé que nous n'aimions & ne haïſſions jamais rien qu'en conſéquence du deſir invincible que nous avions d'être heureux, d'où nous avons conclu enſuite que le deſir de nôtre bonheur étoit le motif naturel & néceſſaire de tout amour, qu'il n'y avoit donc que le bien conſidéré comme convenable à nôtre égard, qui pût être le motif de nôtre amour du coſté de l'objet, & que le fondement de l'amabilité des objets étoit le rapport de convenance qu'ils avoient à nôtre égard. Il faut être tout à fait déraiſonnable & ignorer ce qui ſe paſſe au dedans de nous-mêmes pour nier ces principes, dont chacun peut connoître clairement

la

Amour de Dieu.

la verité en réfléchissant sur luy-mesme.

Or si ces principes sont certains, comme tout homme de bon sens n'en sçauroit douter, il est donc vray que nous ne pouvons nous porter à aimer Dieu que par la force de l'inclination naturelle & du desir invincible qu'il a luy même imprimé dans le fond de nôtre nature, pour nous obliger de rechercher nôtre bonheur; & que comme nous n'aimons aucun objet en conséquence du desir invincible d'être heureux, qu'entant que nous le regardons comme un bien convenable qui peut contribuër à nôtre bonheur, par conséquent ce qui rend Dieu aimable à nôtre égard, ne sont pas ses seules perfections absoluës indépendamment de tout rapport de convenance à nôtre égard, mais que c'est que nous regardons ses perfections comme nous étant convenables parce qu'elles peuvent nous rendre parfaitement heureux. En effet, que peut on concevoir d'aimable dans un Être tant parfait que vous voudrez, si on en exclut la qualité d'être bienfaisant & de pouvoir estre la cause de nôtre bonheur? Pour mieux comprendre cela, supposons pour un moment deux Etres infiniment parfaits: (J'avouë que l'hipotése est impossible, mais nos Aversaires nous donnent l'exemple d'en faire de semblables) dont l'un demeurant tout renfermé en luy mesme, & content de son propre bonheur ne se communiquât point au-dehors, l'autre voulant communiquer ses perfections & son bonheur créat des Natures intelligentes ausquelles il témoigneroit son amour en mettant son plaisir à les rendre heureuses & les

G 5 com-

combler de biens; je vous demande de bonne foy, si ces deux Etres infinis étant également connus avec toutes leurs perfections absolües par les Créatures intelligentes que le second être auroit produit, leur paroîtroient également aimables? Pour moy je conçoy clairement qu'il n'y auroit que le second qui leur paroîtroit aimable, & qu'elles ne pourroient avoir que de l'indifférence pour le premier, qu'elles connoîtroient n'avoir que de l'indifférence pour elles. * *Si maximè talis est Deus, ut nullâ gratiâ, nullâ hominum caritate teneatur, valeat.* Dit excellemment Cotta dans Ciceron. Ce ne sont donc pas les seules perfections d'un objet qui le rendent aimable : Il faut necessairement y ajoûter un rapport de convenance avec nôtre nature pour le concevoir aimable. J'ômets ici plusieurs autres raisons, que vous trouverez dans l'Art. 3. du Chap. 2. du Livre précedent, où nous parlons du bonheur que l'on cherche nécessairement dans l'amour.

Je remarqueray seulement que l'opinion de nos Mystiques, qui paroît si sublime & si épurée, n'est pas beaucoup éloignée de celle d'Epicure, qui ne pouvant faire entrer dans le Culte que les hommes doivent rendre à Dieu, ni la crainte d'aucun mal, ni l'espérance d'aucun bien (parce que selon luy Dieu étoit un Etre nécessaire sans aucune liberté, qui n'avoit ni puissance ni Providence à l'égard des hommes) prétend que la pieté & la sainteté du Culte de Dieu consiste à l'honorer à cause de son excellence. *Si nihil* (dit Velleius Epicurien dans le premier

---

* *Lib. 1. de nat Deorum. Tout à la fin.*

Livre de la Nature des Dieux] *quæreremus nisi ut Deos piè coleremus, satis erat dictum, nam & præstans Deorum natura hominum pietate coleretur cum & æterna esset & beatissima; habet enim venerationem justam quicquid excellit.* Il faut mesme avoüer que la pureté & le desintéressement de ce Culte Epicurien est dans un degré au dessus de l'amour des Mystiques. Car un Contemplatif qui fait profession d'aimer Dieu à cause de son excellence propre sans aucune idée relative au bonheur qu'il en peut espérer, sçait bien, dans le fond de son Ame, ce qu'il en peut attendre; Il dit comme S. Paul, *In reliquo reposita est mihi Corona justitiæ*, & est trés-convaincu que Dieu n'est que bonté & que charité pour les hommes & qu'il les a assez aimez pour leur donner son Fils, afin de leur mériter le bonheur auquel il les a destinez. Et j'ai bien peur que si dans le tems même du plus grand repos de l'Oraison de nôtre Contemplatif, il venoit à croire que Dieu est tel qu'il le suppose & qu'il le considére dans l'abstraction de son amour, c'est à dire, *bonus & dives sibi, pauper Amicis*, En sorte qu'il fût fortement persuadé que véritablement il n'a rien à attendre de luy ni dans cette vie ni dans l'autre, j'ay dis-je bien peur que tombant tout d'un coup de ce suprême degré de perfection & d'Oraison, il ne dit aussi-tôt comme Cotta dans le premier Livre de la nature des Dieux, *Valeat Deus*. Or on ne peut pas douter que l'Epicurien ne croye Dieu tel, que les Mystiques le supposent & qu'il le considérent dans leurs abstractions, car comme il ne craint rien de luy, il n'en attend rien aussi:
&

& cependant il ne laisse pas de faire profession de l'aimer & de l'honorer à cause de son excellence qu'il croit estre tellement absoluë, qu'elle ne peut jamais être relative. Le Culte Épicurien est donc bien plus pur & désinteressé que celuy de nos Mystiques; mais Cotta raisonne trés-solidement contre l'opinion de Vellejus, lors qu'il dit qu'Epicure qui assûre que la Nature Divine est trés parfaite & mérite d'estre honorée à cause de son excellence, en niant d'un autre costé qu'elle est bien-faisante, & qu'elle ait le pouvoir de nous rendre heureux, ôte ce qu'il y a de plus propre à une Nature parfaite & détruit le fondement de la Religion. * *Quid est enim cur Deos ab hominibus colendos dicas, cum Dii non modò homines non colant, sed omninò nihil curent, nihil agant? At est eorum eximia quædam præstansque natura, ut ea debeat ipsa per se ad se colendam elicere sapientem. An quidquam eximium potest esse in eâ Naturâ, quæ suâ voluptate lætans, nihil nec actura sit unquam, neque agat, neque egerit? Quæ porro pietas ei debetur a quo nihil acceperis? Sanctitas autem est scientia colendorum Deorum? qui quamobrem colendi sint, non intelligo nullo nec accepto ab iis nec sperato bono.... Epicurus vero ex animis hominum extraxit radicitùs Religionem, cùm Diis Immortalibus & opem, & gratiam sustulit. Cùm enim optimam & præstantissimam naturam Dei dicat esse, negat idem esse in deo gratiam; tollit id quod maximé proprium est optimæ præstantissimæque Naturæ. Quid enim est melius aut quid præstantius bonitate & be-*

ne-

* *Lib.* 1. *de nat. D*…*m. Vers la fin.*

Amour de Dieu.

neficentia? Quâ cum carere Deum vultis, neminem Deo, nec Deum nec hominem carum, neminem ab eo amari, neminem diligi vultis.

Les Mystiques, il est vray, n'ôtent point à Dieu effectivement, comme les Epicuriens, ni la volonté de faire du bien aux hommes, ni la qualité qu'il a d'estre leur fin derniére & leur bonheur: mais en excluant, comme ils font, la considération de ses Attributs relatifs du motif de l'amour pur, ne semblent-ils pas admettre un Dieu tel dans leurs précisions imaginaires que les Epicuriens l'admettoient en effet? Car les Epicuriens admettoient un Dieu sans volonté bienfaisante, sans pouvoir de nous rendre heureux, & nos Mystiques veulent que pour aimer Dieu purement, on fasse abstraction de toutes ses perfections relatives à nôtre bonheur, & qu'on l'aime uniquement à cause de ses perfections absoluës par une vuë indépendante de la volonté bienfaisante qu'il a à nôtre égard, du pouvoir qu'il a de nous rendre heureux, en un mot de tous les rapports de convenance que ses perfections ont avec nôtre bonheur: parce que, disent-ils, ce seroit aimer Dieu à cause de ses intérests. Ne peut-on pas dire en vérité, qu'ils ôtent aux hommes, aussi bien que les Epicuriens, tous les motifs qui leur peuvent rendre Dieu cher & aimable.

Pour nous, quoique nous soûtenions que c'est la considération de la convenance que les Perfections Divines ont par rapport au bonheur & à la perfection de nôtre nature, qui soit le motif prochain de l'amour de Dieu le plus désintéressé, nous ne nions pas que Dieu

ne soit aimable à cause de ses perfections abso
luës. Car comme ce sont les perfections ab
soluës d'une Entité qui sont le fondement pro
chain de la convenance qu'elle peut avoir ave
quelqu'autre objet, il s'ensuit clairement qu
que quand on aime Dieu à cause de la conve
nance que ses perfections Divines ont avec l
bonheur & la perfection de nôtre nature, o
l'aime en mesme tems, à cause de ses perfectio
absoluës, puisqu'elles sont le fondement pro
chain de la convenance qu'il a par rapport
nous ; mais il est néantmoins vray que ces per
fections absoluës sont seulement le fondemen
éloigné, qui peut nous rendre Dieu aimable
Ainsi, quand on dit que Dieu est aimable
cause de ses perfections absoluës, nous tom
bons d'accord que cette proposition est trés-vé
ritable, mais certainement on n'exprime alor
que le fondement éloigné de l'amabilité d
Dieu. Voyez ce que nous avons dit de l'ama
bilité des objets dans l'Article 1. du 2. Chap. d
Livre précédent.

*

CHA

CHAPITRE II.

Aimer Dieu seul pour luy même, de sorte qu'on ne recherche son bonheur & la perfection de sa nature, que dans sa connoissance & son amour, & qu'on rapporte tout à luy comme à nôtre fin derniére; C'est l'aimer de l'amour le plus pur, le plus gratuit, le plus desintéressé, & le plus parfait, dont il soit possible à toutes Créatures intelligentes de l'aimer. Quoy que le motif prochain de cet amour soit le desir invincible que nous avons d'estre heureux, & la considération de Dieu comme nôtre souverain bien.

Puis qu'il est impossible que l'Ame se dépoüille du desir nécessaire & invincible qu'elle a naturellement d'estre heureuse, ou qu'elle y renonce jamais en aucune occasion, comme nous l'avons suffisamment prouvé, on ne peut pas exiger d'elle un amour de Dieu qui soit tellement desintéressé, qu'elle n'y cherche point son bonheur, ou bien il faut auparavant que Dieu change la constitution de nôtre nature, qu'il a faite telle, qu'elle ne peut se porter vers aucun objet, qu'entant qu'il lui est convenable,

& ca-

& capable de contribuër à son bonheur. Ainsi l'amour absolument dégagé & indépendant de tout desir d'estre heureux, comme de toute crainte d'estre malheureux, que nos Mystiques exigent, est un amour chimérique qui n'a jamais existé que dans leur imagination & qui est contraire à la constitution de nôtre nature. Cela supposé, l'amour de Dieu le plus parfait & le plus desintéressé dont l'Ame soit capable, consiste à aimer Dieu seul pour luy-même, de sorte qu'elle ne recherche son bonheur, dont le desir la porte à l'aimer, que dans sa connoissance & son amour, & qu'elle rapporte tout à luy comme à sa fin derniére. Car que nôtre Ame peut-elle faire de mieux, sentant en elle une inclination invincible qui la nécessite continuellement de rechercher son bonheur, & ne trouvant point en elle-mesme sa félicité, que d'aimer Dieu seul comme sa fin & comme l'objet parfaitement convenable à sa nature ? Vouloir faire agir cette pauvre Ame par un autre motif indépendamment de celuy-là, c'est mal connoistre & sa nature, & l'ordre de Dieu qui l'oblige à rechercher hors d'elle même en luy seul seul l'objet de sa félicité & son souverain bien.

CHA-

CHAPITRE III,

Des différentes espéces d'Amour de Dieu, & s'il y a un Amour d'espérance.

ON peut aimer Dieu ou pour luy-mesme, ensorte qu'on ne recherche son bonheur que dans sa connoissance & son amour, & qu'on rapporte tout à luy comme à sa fin, ou pour des biens distinguez de lui qui dépendent de sa puissance, & qu'on espére en obtenir. Certainement il n'y a que ces deux maniéres différentes dont on peut aimer Dieu, car toutes les maniéres différentes dont on peut l'aimer se rapportent nécessairement à une de ces deux.

Quand on n'aime Dieu que pour des biens distinguez de luy, comme l'aimoient les Juifs charnels, qui observoient la Loy uniquement, ou du moins principalement, pour être recompensez par la fertilité de la Terre & de toutes sortes de prospéritez temporelles, ce n'est pas Dieu proprement qu'on aime, mais ce sont les biens distinguez de luy qui sont l'objet & la fin de cet amour. Car, par un étrange renversement de l'ordre, on n'aime alors Dieu que comme un moyen pour parvenir à des objets distinguez de luy. Nous appellerons dorénavant cet amour, un amour servile & mercénaire, ou de concupiscence servile & mercenaire.

Il faut remarquer icy qu'il y a deux sortes de bien distingués de Dieu pour lesquels on peut l'aimer, à sçavoir des biens temporels dont Dieu est la cause par l'entremise des Causes secondes, & des biens éternels dont il est la cause ou immédiatement par luy-mesme ou par des Causes secondes, telles que sont les qualitez glorieuses des Corps des bien-heureux, tous les plaisirs des sens dont ils joüiront, & la joye réfléxe qui a leur bonheur formel pour objet. Or soit qu'on n'aime Dieu que pour des biens temporels distinguez de luy, soit qu'on ne l'aime que pour ces sortes de biens éternels également distingués de luy, cet amour n'est que mercénaire & purement servile.

Tout amour par lequel on aime Dieu pour luy-même, ensorte qu'on ne recherche son bonheur que dans sa connoissance & son amour, & qu'on rapporte tout à luy comme à sa fin, est l'amour de pure charité. Car nous avons vû dans le Chapitre précédent qu'il n'y avoit point d'amour de Dieu plus pur, plus gratuit, plus desintéressé, ni plus parfait que celuy-là; ainsi je déclare que dans la suite, par ces termes amour de Dieu pur, amour filial, amour gratuit, amour parfait, amour desintéressé, j'entendray toûjours parler de l'amour de charité par lequel on n'aime que Dieu, & qui n'a pour motif aucun intérêt qui ait un objet distingué de Dieu.

Il n'y a point, si on veut parler exactement, d'autre amour de Dieu, qui soit véritable & effectif,

Amour de Dieu.

fectif, que l'amour de charité. Car pour aimer Dieu véritablement & d'une manière effective, il faut l'aimer comme sa fin & se rapporter à luy seul comme à son souverain bien. Or tout amour par lequel on aime Dieu comme son souverain bien & on le rapporte à luy seul comme à sa fin, est un amour de charité, suivant les principes que nous avons établis jusqu'ici. Mais il faut reconnoître qu'il y a différens degrés de perfection dans la charité, selon qu'on a plus ou moins, ou point du tout d'attache à des objets temporels qui ne sont pas tout à fait dans l'ordre de Dieu.

Plusieurs Théologiens admettent un amour, qu'ils appellent d'espérance, comme un véritable amour de Dieu distingué par la charité, & ils prétendent que cet amour d'espérance est celuy-là même par lequel nous aimons Dieu seul comme nôtre souverain bien & dont le desir d'estre heureux est le motif. Mais ils se trompent grossiérement en deux choses. 1. Parce qu'ils s'imaginent qu'il y a un amour de Dieu plus parfait que celuy-là, qui n'est pas, selon eux, un véritable amour de charité. 2. Parce qu'il n'y a aucun amour auquel on puisse raisonnablement donner le nom d'amour d'espérance. En voicy des raisons démonstratives.

Toute espérance présuppose un mouvement du cœur ou de la volonté vers le bien dont on veut joüir, & ce mouvement est un amour. Car tout mouvement de la volonté vers le bien ne peut estre qu'amour. Ce qui a fait dire à S. Augustin dans son Manuel à Laurent Chap. 8. que l'espérance ne pouvoit être sans amour, *spes vero sine amore esse non potest*. De là vient la difficulté de distinguer l'espérance d'avec la charité; mais nous-nous démêlerons facilement de cet embarras dans la suite. J'établis donc pour un principe trés constant suivant la lumiére du bon sens & l'opinion de S. Augustin, que tout acte d'espérance suppose nécessairement l'amour de l'objet que nous espérons, puisqu'il est impossible d'espérer la joüissance d'aucun bien si on ne l'aimoit pas. C'est pourquoy S. Augustin dit excellemment au Livre 1. de la Doctrine Chrétienne Ch. 37. qu'un homme qui croit & qui aime, vivant & obéïssant aux préceptes de la vertu, se met en état d'espérer la possession de ce qu'il aime. *Porro si & credit & diligit, bene agendo & preceptis bonorum morum obtemperando, efficiet ut etiam speret se ad id quod diligit esse venturum*; Ainsi, ce n'est pas l'espérance qui précéde l'amour, comme la plûpart des Scolastiques se sont imaginez faussement, mais c'est l'amour qui précéde l'espérance. Or comme il y a deux sortes d'amours, sçavoir un amour de concupiscence servile ou mercénaire, & un amour d'amitié; l'espérance peut venir ou d'un amour de concupiscence servile & mercénaire, ou d'un amour d'amitié pure & desintéressée; Si elle a pour fondement extrinséque l'amour de concupiscence servile & mercénaire c'est une espérance imparfaite, une espérance de Mercénaire & d'Esclave; Si elle a au-contraire pour son fondement extrinséque l'amour d'une amitié pure & desintéressée, c'est l'espérance parfaite, que j'appelle espérance chaste & filiale.

Par

Par là il est aisé d'expliquer en quel sens on peut dire que l'espérance précéde la charité à l'égard des Pécheurs qui se convertissent. Car il n'y a qu'à dire que dans les Pécheurs, l'espérance imparfaite qui vient d'un amour de concupiscence servile & mercénaire, précéde ordinairement l'espérance parfaite, qui vient, selon nous, de l'amour de charité. Il est encore vray que l'habitude d'espérance peut être sans charité habituelle, parce qu'un Chrestien pécheur est toûjours disposé à espérer la possession de Dieu nonobstant ses crimes. Pour concevoir maintenant la véritable différence qu'il y a entre l'espérance & la charité, je vais proposer nettement les deux objets formels de ces vertus, & nous verrons ensuite, en quoy leurs propres actes différent.

L'objet formel de la charité est Dieu même, consideré entant qu'il est nôtre souverain bien par luy-même avec toutes ses Perfections; en faisant abstraction qu'il nous soit présent ou absent, c'est à dire possedé ou non possedé.

L'espérance a pour objet formel Dieu même, consideré entant que nous pouvons parvenir à le posseder par les secours de sa toute-puissance que nous attendons de sa bonté infinie. *Objectum formale spei est possessio Dei, quatenus absens, ardua, & tamen obtentu possibilis per auxiliatricem Dei omnipotentiam.* Ainsi l'espérance ne regarde la possession de Dieu que comme absente, difficile à obtenir, & cependant possible par les secours de la toute-puissance & de la bonté infinie de Dieu. Il paroît par là que nôtre espérance est fondée sur la toute-

toute-puissance & la bonté infinie de Dieu, *auxiliatricem Dei omnipotentiam*, comme dit S. Thomas. Il faut donc concevoir l'espérance comme une certaine magnanimité ou grandeur d'Ame, comme une généreuse confiance, comme une force ou une élevation d'esprit, & une sainte hardiesse qui s'appuyant uniquement sur la puissance de la bonté infinie de Dieu qui promet la félicité éternelle, nous fait prétendre courageusement à la possession de Dieu, sans que ni l'excellence de ce bonheur incomprehensible, ni la difficulté de s'élever jusques-là qui paroit infinie pour des personnes foibles comme nous sommes, ni le nombre de nos péchez qui nous en rendent indignes, soient capables de nous rebuter & de nous faire perdre courage.

Suivant ces principes il faut distinguer soigneusement dans tout acte d'espérance le desir qu'on a de posséder un objet, (lequel desir nous porte à en espérer la possession) d'avec le desir & la résolution généreuse qu'on a de prendre les moyens nécessaires pour parvenir à la possession de cet objet absent, & de surmonter toutes les difficultez qui pourroient nous en empescher. Car le desir que l'on a de posséder un objet est un véritable acte d'amour, (soit de concupiscence servile & mercénaire, soit d'amitié pure & desinteressée) qui bien loin d'estre un acte d'espérance en doit estre nécessairement le principe & le fondement extrinsèque. Ainsi, l'acte formel d'espérance n'est pas le desir qu'on a de posséder un objet, mais c'est le desir & la résolution généreuse qu'on

a de

a de prendre les moyens pour parvenir à la possession de cet objet absent, & de surmonter toutes les difficultez qui pourroient nous en empêcher. Il s'ensuit de la évidemment, qu'il n'y a point d'amour d'espérance. Car pour qu'il y eût un amour d'espérance, il faudroit nécessairement qu'il y eût quelque amour qui fût un acte formel d'espérance, & que l'amour qui se rencontre dans l'espérance fût l'acte propre de l'espérance ; Or nous venons de prouver évidemment que l'amour qui se rencontre dans l'espérance bien loin d'être un acte d'espérance, en est le principe & le fondement, & que l'acte formel d'espérance est tout à fait distingué de tout acte d'amour. Par conséquent nos Adversaires ne sçavent ce qu'ils disent, quand ils admettent un amour d'espérance, & ne connoissent pas bien la nature, ni de la charité, ni de l'espérance. Certainement il est aussi absurde d'admettre un amour de tempérance qui appartienne specialement à la tempérance, un amour de justice, qui appartienne specialement à la justice, un amour de prudence qui appartienne specialement à la prudence &c. Et ainsi de toutes les autres Vertus.

CHAPITRE IV.

Le desir de la possession de Dieu seul comme étant par luy-même nôtre fin derniére, & nôtre souverain bien, afin de trouver nôtre bonheur dans sa connoissance & son amour, n'est point un amour de concupiscence opposé à la Charité, mais c'est un acte de Charité parfaite.

NOs Aversaires prétendent que desirer la possession de Dieu par le motif d'y trouver nôtre bonheur & en regardant Dieu comme le bien souverainement convenable à nôtre nature, c'est aimer Dieu d'un amour de concupiscence nécessaire, d'un amour intéressé, en un mot d'un amour imparfait qui est distingué de l'amour de charité. Ils vont même jusqu'à dire qu'en aimant ainsi Dieu, on le rapporte à soy comme à sa fin, parce qu'on est plûtôt soy-même l'objet de cet amour que Dieu. Pour découvrir l'absurdité de ces fausses prétentions & les ruiner de fond en comble, je vais établir cinq Principes incontestables sur l'amour de charité parfaite, dont je feray l'application à l'amour qui est en question.

PREMIER PRINCIPE,

Sur l'Amour de Charité.

TOUT amour de Dieu, qui est parfaitement conforme à l'ordre de Dieu quant à son objet & à son motif, est un amour parfait, & de charité pure.

APPLICATION DE CE PRINCIPE,

Au desir de posséder Dieu pour trouver nôtre bonheur & la perfection de nôtre nature en luy seul.

ON peut démontrer facilement que le desir de la possession de Dieu seul, comme étant par luy-même nôtre souverain bien, afin de trouver nôtre bonheur dans sa connoissance & son amour, est parfaitement conforme à l'ordre de Dieu quant à son objet & à son motif. Car n'est-ce pas l'ordre de Dieu, que toute Créature intelligente ait un desir invincible d'être heureuse, & qu'elle ne puisse aimer aucun objet, que par la force de cette inclination nécessaire qu'il a luy-même imprimée dans sa nature ? Puisque Dieu nous a donné une telle nature, n'est-il pas évident que n'aimant aucun objet par la force du desir invincible qui nous porte à rechercher nôtre bonheur, nous suivons en cela l'ordre de Dieu. Mais ce même ordre a justement établi qu'il seroit impossible à l'homme de trouver son parfait bonheur dans un autre objet que dans la possession de Dieu mesme ; Car la Foy nous enseigne que la Loy de Dieu nous oblige de ne chercher nôtre bonheur qu'en Dieu, elle nous enseigne que Dieu nous a fait pour le glorifier en le possédant, & que la seule voye par laquelle nous pouvons le glorifier, est de le connoistre & l'aimer tellement de toute nôtre ame, que nous n'ayons point d'autre fin que luy seul; d'un autre côté l'expérience nous convainc que nous ne sçaurions trouver nostre véritable bonheur dans les Créatures. Quand une Ame ainsi éclairée des lumiéres de la Foy ne cherche point son bonheur ni dans elle-mesme, ni dans les choses sensibles, & qu'elle n'y met point du tout son affection, mais que par la force du desir invincible qu'elle a d'estre heureuse (avec le secours de la grace) elle se détermine librement à n'aimer que Dieu comme son unique bien & sa fin, à laquelle elle se rapporte avec tout le bonheur qu'elle espére, peut-elle se conformer plus parfaitement à l'ordre de Dieu qu'en l'aimant ainsi ? Peut-elle accomplir sa volonté ou le glorifier d'une maniére plus parfaite qu'en ne recherchant que son Dieu ? Vous voudriez apparemment que ce ne fût pas par desir d'être heureuse qu'elle recherchât Dieu, ni qu'elle l'aimât parce qu'il luy est convenable. Mais si l'ordre de Dieu veut qu'elle le recherche par ce desir invincible dont il est luy-mesme l'Auteur: si Dieu veut en estre recherché comme estant

par

par luy-même son bien parfaitement convenable, comment osez-vous calomnier un si saint amour, & traiter d'imparfait un amour parfaitement conforme à l'ordre de Dieu? Pourquoi voulez-vous obliger cette pauvre Ame de se dépoüiller, ou du moins de suspendre le desir invincible d'être heureuse, quand elle aime Dieu? pourquoy desapprouvez vous qu'elle l'aime & qu'elle se conforme à sa volonté par le motif de son bonheur & de sa propre recompense? Dieu ne fait-il pas gloire d'estre son bonheur & sa recompense par luy mesme? *Ego merces tua magna nimis.* Ne l'excite-il pas luy mesme par ce motif dans ses Ecritures, à se conformer à sa volonté? Il faut donc tomber d'accord qu'une Ame qui se conforme à la volonté de Dieu & qui l'aime comme son souverain bien par le motif d'être heureuse en lui seul, est parfaitement dans l'ordre de Dieu; Car c'est indubitablement l'ordre de Dieu qu'on se conforme à sa volonté & qu'on l'aime comme son souverain bien par le motif d'être heureux en luy seul : de sorte que dez le moment qu'on aime véritablement Dieu par le motif de trouver son bonheur en luy seul, il est vray de dire qu'on se conforme à la volonté de Dieu, puis que Dieu veut qu'on l'aime & qu'on se conforme à sa volonté par ce motif. Une marque infaillible de cela, c'est que Dieu nous y exhorte dans cent endroits de l'Ecriture, & qu'il nous a donné un desir invincible d'estre heureux auquel il nous est impossible de renoncer, qu'il nous a fait tels que nous ne pouvons aimer aucun objet que par la force de ce desir, & qu'entant

bonheur, nous suivons en cela l'ordre de Dieu: Mais ce même ordre a justement établi qu'il seroit impossible à l'homme de trouver son parfait bonheur dans un autre objet que dans la possession de Dieu mesme ; Car la Foy nous enseigne que la Loy de Dieu nous oblige de ne chercher nôtre bonheur qu'en Dieu, elle nous enseigne que Dieu nous a fait pour le glorifier en le possédant, & que la seule voye par laquelle nous pouvons le glorifier, est de le connoistre & l'aimer tellement de toute nôtre ame, que nous n'ayons point d'autre fin que luy seul; d'un autre côté l'expérience nous convainc que nous ne sçaurions trouver nostre véritable bonheur dans les Créatures. Quand une Ame ainsi éclairée des lumiéres de la Foy ne cherche point son bonheur ni dans elle-mesme, ni dans les choses sensibles, & qu'elle n'y met point du tout son affection, mais que par la force du desir invincible qu'elle a d'estre heureuse (avec le secours de la grace) elle se détermine librement à n'aimer que Dieu comme son unique bien & sa fin, à laquelle elle se rapporte avec tout le bonheur qu'elle espére, peut-elle se conformer plus parfaitement à l'ordre de Dieu qu'en l'aimant ainsi ? Peut-elle accomplir sa volonté ou le glorifier d'une maniére plus parfaite qu'en ne recherchant que son Dieu ? Vous voudriez apparemment que ce ne fût pas par desir d'être heureuse qu'elle recherchât Dieu, ni qu'elle l'aimât parce qu'il luy est convenable. Mais si l'ordre de Dieu veut qu'elle le recherche par ce desir invincible dont il est luy-mesme l'Auteur; si Dieu veut en estre recherché comme estant

par

par luy-même son bien parfaitement convenable, comment osez-vous calomnier un si saint amour, & traiter d'imparfait un amour parfaitement conforme à l'ordre de Dieu ? Pourquoi voulez-vous obliger cette pauvre Ame de se dépoüiller, ou du moins de suspendre le desir invincible d'être heureuse, quand elle aime Dieu ? pourquoy desapprouvez vous qu'elle l'aime & qu'elle se conforme à sa volonté par le motif de son bonheur & de sa propre recompense ? Dieu ne fait-il pas gloire d'estre son bonheur & sa recompense par luy mesme ? *Ego merces tua magna nimis.* Ne l'excite-il pas luy-mesme par ce motif dans ses Ecritures, à se conformer à sa volonté ? Il faut donc tomber d'accord qu'une Ame qui se conforme à la volonté de Dieu & qui l'aime comme son souverain bien par le motif d'être heureuse en lui seul, est parfaitement dans l'ordre de Dieu ; Car c'est indubitablement l'ordre de Dieu qu'on se conforme à sa volonté & qu'on l'aime comme son souverain bien par le motif d'être heureux en luy seul : de sorte que dez le moment qu'on aime véritablement Dieu par le motif de trouver son bonheur en luy seul, il est vray de dire qu'on se conforme à la volonté de Dieu, puis que Dieu veut qu'on l'aime & qu'on se conforme à la volonté par ce motif. Une marque infaillible de cela, c'est que Dieu nous y exhorte dans cent endroits de l'Ecriture, & qu'il nous a donné un desir invincible d'estre heureux auquel il nous est impossible de renoncer, qu'il nous a fait tels que nous ne pouvons aimer aucun objet que par la force de ce desir, & qu'entant

tant qu'il est nous convenable, qu'il n'a pas permis que nous puissions trouver nôtre bonheur dans les Créatures ; & enfin qu'il a voulu luy-même être nôtre fin, nôtre souverain bien, nôtre propre recompense. Voilà des marques bien claires de sa volonté. Mais quand même une Ame les ignoreroit ou qu'elle n'y feroit pas reflexion, elle n'en aime pas Dieu moins parfaitement dés lors qu'elle ne desire que la possession pour y trouver son bonheur en connoissant & aimant ses divines perfections. Car quand on aime Dieu comme sa fin, comme son bien unique par le motif de trouver son bonheur en luy seul, l'Ame est dans une telle disposition qu'elle l'aime en même tems parce qu'il est juste de l'aimer & parce qu'il veut que nous l'aimions comme nôtre fin, comme nôtre souverain bien, en un mot, comme nostre recompense, quoy qu'elle ne fasse pas des réflexions expresses sur ces derniers motifs qui sont compris éminemment dans la disposition parfaite où elle est, parce qu'elle est alors dans l'ordre de Dieu, soit qu'elle y pense, soit qu'elle n'y pense pas.

Ce qui fait encore voir clairement que le desir de la possession de Dieu seul est un amour parfaitement dans l'ordre, c'est que Dieu ne nous ayant pas créez dans un état parfait, ni heureux, sa sagesse nous a donné un desir invincible d'estre heureux, pour que nous-nous en servions afin de tendre à l'objet qui peut nous mettre dans un état parfait & nous rendre entièrement heureux. Or c'est la possession de Dieu qui est essentiellement la perfection

de

de nôtre nature & sa recompense perfectionnante, par conséquent l'amour qui tend à la possession de Dieu seul, tend à la perfection essentielle de sa nature & à son bonheur selon l'ordre de Dieu : Ainsi cet amour est parfaitement dans l'ordre.

SECOND PRINCIPE,

Sur l'Amour de Charité.

L'Amour de Dieu qui fait nôtre parfaite justice est constamment un amour de charité parfaite, car, selon Saint Paul, c'est la foy animée de la charité qui fait la vie de justice : & selon St. Augustin la charité commencée est la justice commencée, la charité avancée est la justice avancée, & la charité consommée est la justice consommée.

APPLICATION DE CE PRINCIPE

Au desir de posséder Dieu par le motif de trouver nostre bonheur & la perfection de nostre nature en luy seul.

Si c'est principalement l'amour par lequel on veut posséder Dieu seul, comme étant par luy-mesme nôtre souverain bien & nôtre fin dernière qui fasse la justice, c'est à dire qui nous rende rendre justes devant Dieu, & qui justifie les Pécheurs, on ne peut pas douter raisonnablement que cet amour ne soit l'amour de parfaite charité, suivant le principe incontestable que nous venons d'avancer. Or on peut prouver invinciblement, que c'est cet amour dont il s'agit, qui fait la justice, & qui nous donne une ouverture admirable pour expliquer heureusement la justification du Pécheur. Car ce qui fait proprement le caractére & le fond du péché, c'est l'amour qui nous attache à tout autre objet que Dieu, pour en joüir comme s'il faisoit nôtre felicité, ou du moins partie de nôtre felicité; ce que St. Augustin appelle joüir des choses dont il ne faudroit se servir que comme de simples moyens, *frui utendis & uti fruendis*. Il faut donc que la justice & par consequent la charité qui doit estre opposée au péché pour en corriger le déréglement, soit un amour directement opposé à celuy qui voudroit joüir de tout ce qui n'est point Dieu, & que si nous sommes pécheurs tout autant que nous aimons comme nôtre fin quelqu'autre chose que Dieu, nous soyons justes à proportion que nous aimerons au contraire Dieu comme nôtre veritable fin & nôtre souverain bien. En effet, si l'on y fait réflexion, on trouvera que l'amour de la verité, de la sagesse & de la justice est directement opposé à tous les déréglemens du péché. Car il y a dans tout péché du mensonge opposé à la verité, du désordre opposé à la sagesse, & de l'injustice contraire à la justice, que l'amour de la verité de la sagesse & de la justice condamne nécessairement & corrige immanquaquablement. Or quand on veut posséder Dieu par le motif de trouver nôtre bonheur dans sa seule connoissance & son amour, on aime la vérité, la sagesse & la justice.

1. En aimant Dieu comme sa fin unique & son souverain bien, on aime la vérité, parce qu'on est alors ennemi du mensonge & de l'illusion du péché qui nous fait aimer comme un bien solide, ce qui n'a qu'une vaine & fausse apparence de bien.

2. En aimant Dieu comme sa fin & son unique bien, on aime la sagesse qui établit l'ordre en toutes choses : car alors on rapporte tout à Dieu, & on n'est plus attaché aux Créatures pour en joüir, mais on les fait servir au dessein qu'on a d'aller à Dieu.

3. Enfin en aimant Dieu comme sa fin & son unique bien, on aime la justice qui veut que nous ne soyons pas les esclaves des objets de nos passions, & que nous soyons assujettis à Dieu seul comme à nôtre souverain bien pour nous rendre indépendans de tout le reste.

Afin de renfermer en peu de mots toute la force de cette preuve, je raisonne ainsi. Un amour qui détruit l'illusion du péché en nous faisant aimer Dieu seul comme un bien solide, qui détruit le désordre du péché en nous détachant des Créatures pour nous attacher à Dieu seul, & qui détruit l'injustice du péché, en un mot qui nous fait aimer Dieu comme vérité, comme sagesse, & comme justice, est sans doute l'amour de Charité justifiante. Or nous venons de voir que tous ces admirables caractéres conviennent directement à l'amour

par

par lequel on veut posséder Dieu comme sa fin & son unique bien par le motif de trouver nôtre bonheur en luy seul. Vous direz peut être qu'ils conviennent encore plus parfaitement à l'amour de bienveillance & de reconnoissance qu'on peut avoir pour Dieu ; mais cela est tres-faux, car l'amour de bienveillance & de reconnoissance, n'est pas directement opposé au déréglement du péché, & n'en détruit pas immédiatement l'affection, comme l'amour d'union par lequel on desire posséder Dieu seul, comme sa fin & son unique bien, par le motif de trouver nôtre bonheur dans sa connoissance & son amour.

TROISIEME PRINCIPE,

Sur l'Amour de Charité.

Tout amour par lequel nous glorifions Dieu de la maniére la plus parfaite dont il soit possible à une Créature intelligente de le glorifier, est un amour parfait & de pure charité.

Or desirer de posséder Dieu par le motif de trouver en luy seul la perfection de nôtre nature & nôtre souverain bonheur, c'est le glorifier de la maniére la plus parfaite dont il soit possible à une Créature intelligente de le glorifier. Je le prouve ainsi. Rendre à toutes les perfections de Dieu, l'hommage le plus glorieux

rieux & le plus honorable qu'il nous soit possible de luy rendre, c'est le glorifier aussi parfaitement qu'on le peut.

Or je soûtiens que par l'amour dont il est question, on rend à toutes les perfections de Dieu l'hommage le plus glorieux & le plus honorable qu'il nous soit possible de leur rendre. Car cet amour renferme. 1. Le jugement le plus avantageux qu'on puisse porter de ses divines perfections. 2. La préférence la plus honorable dont Dieu pût estre glorifié par une Créature. 3. Le dévoüement le plus complet & le plus glorieux qu'une Créature puisse faire à Dieu.

Je dis en premier lieu, qu'en desirant de posséder Dieu seul comme nôtre fin & nôtre unique bien, par le motif de trouver nôtre bonheur dans la connoissance & l'amour de ses divines perfections, cet amour renferme le jugement le plus avantageux & le plus honorable qu'on puisse porter de ses perfections. Car juger que les perfections de Dieu sont si grandes en elles-mêmes, que la seule contemplation & le seul amour de ses divines perfections, puisse rassasier l'étenduë de nos desirs qui sont presque infinis & dont la vaste capacité ne sçauroit estre remplie par la possession de tous les biens du monde, c'est-là porter le jugement le plus glorieux des perfections de Dieu, & le plus honorable à sa Divine Majesté qu'on en puisse faire. Or il est évident qu'on porte ce jugement des perfections de Dieu quand on desire de le posséder comme sa fin & son unique bien pour trouver son bonheur dans sa connoissance & son amour.

I

Je

Je dis en second lieu, que ce même amour renferme la préférence la plus parfaite & la plus glorieuse pour Dieu, dont une Créature soit capable. Nous le prouverons au long dans le 5. Principe qui suivra ; je remarqueray seulement icy que l'Ame étant libre de rechercher son bonheur ou dans elle même, ou dans les autres Créatures, ou dans Dieu même, si elle reconnoît que ni sa propre nature, ni toutes les autres Créatures n'ont point assez de perfections pour la rendre heureuse, mais que Dieu seul est le bien souverainement convenable à sa nature par ses infinies perfections, & que par cette reconnoissance elle préfére la recherche de la possession de Dieu à tous les biens du Monde, en sorte qu'elle ne cherche point son bonheur ni dans elle-même, ni dans aucune autre Créature, mais dans la seule connoissance & le seul amour de Dieu, à qui elle se rapporte toute entiére comme à sa fin, cette préférence est certainement la plus parfaite & la plus glorieuse à Dieu dont une Créature soit capable. Je ne m'arreste pas à prouver que le desir de posséder Dieu seul comme nôtre fin & nôtre unique bien par le motif de trouver nôtre bonheur dans la connoissance & l'amour de ses divines perfections, renferme cette préférence si glorieuse à Dieu : car cela saute aux yeux.

Enfin je dis que l'amour dont il s'agit, renferme le dévoüement le plus complet & le plus glorieux qu'une Créature puisse faire à Dieu. Car se devoüer à Dieu comme Créature à son Créateur & à son premier Principe, se dévoüer à Dieu comme un Néant, qui manque de tout

à

à un Etre infiniment parfait qui est la plénitude & la source de tout bien, se devoüer à Dieu comme au Tout-Puissant de la bonté & de la misericorde duquel on attend tout, se devoüer à Dieu, comme un Vassal à son Souverain Seigneur, comme un Sujet à son Maître, comme un Prisonnier delivré & racheté à son Sauveur, comme un Enfant à son Pére, comme une Epouse à son Epoux, en un mot se devoüer tellement à Dieu, comme à l'unique Etre parfait & à nôtre souverain bien, qu'on se rapporte soy-mesme & toutes choses à luy comme à nôtre fin, c'est le devoüement le plus complet & le plus glorieux qu'une Creature puisse faire à Dieu. Or quand on desire véritablement de posseder Dieu, comme sa fin & son unique bien par le motif de trouver nôtre bonheur dans sa connoissance & son amour, on se dévoüé en mesme tems à Dieu en toutes ces maniéres, puis qu'alors on tend uniquement vers luy par toutes les affections de son Cœur en le considérant sous la qualité de fin & de souverain bien, qui comprend eminemment toutes les autres qualitez dont nous venons de parler.

Concluons donc que par le desir de posseder Dieu seul pour trouver nôtre bonheur dans sa connoissance & son amour, on le glorifie de la manière la plus parfaite dont il soit possible à une Créature intelligéte de le glorifier. Ainsi c'est une fausse prétention de s'imaginer qu'on glorifie plus Dieu par un amour de simple bienveillance ou de reconnoissance, que par cet amour d'union qui tend à la possession de Dieu. Pour vous en convaincre, remarquez que le desir sincére

cére de posséder Dieu seul renferme l'amour de bienveillance, le plus parfait qui soit possible. Car comme une chaste Epouse ne peut aimer son Mary (qui seroit dans l'abondance de toutes sortes de biens) d'un amour de bienveillance plus parfait, qu'en se voulant elle-même toute entiére pour son époux, & que cet amour est beaucoup plus glorieux à son Epoux, que tout autre par lequel elle luy desireroit des biens distingués d'elle, il n'y a point aussi d'amour de bienveillance à l'égard de Dieu plus parfait, que celuy par lequel nous nous voulons uniquement pour Dieu, & nous-nous rapportons entiérement à luy avec tout ce qui est en nôtre pouvoir. Or en desirant de posséder Dieu seul comme nôtre fin & nôtre unique bien, nous-nous voulons uniquement pour Dieu, & nous-nous rapportons à luy avec tout ce qui est en nôtre pouvoir. J'ose assûrer que tout autre amour de simple bienveillance, par lequel on desire à Dieu toute sorte de gloire accidentelle qui luy soit rendue par des Créatures distinguées de nous, n'est point si glorieuse ni si agréable à Dieu, que le desir de le posséder, par lequel nous-nous voulons nous-mesmes uniquement pour Dieu.

QUA-

QUATRIE'ME PRINCIPE,

Sur l'Amour de Charité.

L'Amour de Dieu commandé dans le premier Précepte du Décalogue, que nôtre Seigneur Jesus-Christ a renouvellé, est indubitablement un amour de Charité parfaite.

APPLICATION DE CE PRINCIPE,

Au desir de posséder Dieu seul, par le motif de trouver nôtre bonheur dans sa connoissance & son Amour.

JE soûtiens que l'amour de Dieu, commandé dans le premier Précepte du Décalogue, est celuy qui nous fait desirer la possession de Dieu, comme nôtre unique fin & nôtre souverain bien.

Pour s'en convaincre il suffit d'examiner attentivement les paroles de ce premier Précepte, & du 2. semblable au premier, par lequel nostre Seigneur Jesus-Christ nous a obligé d'aimer nôtre Prochain comme nous-mesmes.

Voici les paroles du premier Précepte. * *Vous aimerés le Seigneur vôtre Dieu, de tout vôtre Cœur, & toute vôtre Ame, & de toutes vos forces.*

* Deuteron.

forces. Ces admirables paroles qui comprennent en substance tout ce que Dieu demande de nous, marquent clairement & l'objet que nous devons aimer, & le motif qui doit nous le faire aimer, & la maniére dont nous le devons aimer.

On y voit d'abord que l'objet que nous devons aimer est Dieu même; C'est à dire l'Etre infiniment parfait. La qualité de Seigneur & celle de nôtre Dieu contiennent évidemment le motif qui doit nous porter à aimer Dieu de tout nôtre Cœur & de toute nôtre Ame. Tâchons-donc de bien pénétrer dans la signification de ces termes, *le Seigneur nôtre Dieu*. Le mot de Seigneur emporte dans son idée un rapport à des sujets. Ainsi, le Seigneur par excellence est le souverain Maître de toutes les Créatures, c'est le Créateur du Ciel & de la Terre, c'est luy qui a un souverain domaine, sur toutes choses, & à la puissance duquel rien ne peut résister. Il paroît par-là que cette auguste qualité, *le Seigneur* par excellence, *Dominus*, renferme l'idée de Créateur & de premier Principe de toutes choses, de Maître absolu de toutes les Créatures & de Tout-puissant. Quand Dieu nous commande donc de l'aimer comme le Seigneur: par-là il nous commande de l'aimer comme le Créateur du Ciel & de la Terre, comme le souverain Maître de toutes les Créatures & comme le Tout-puissant à qui rien ne sçauroit résister. Mais la qualité d'être nôtre Dieu, marque encore des rapports bien plus particuliers à nôtre égard. Nous venons de voir que la qualité de Seigneur marque les rapports généraux que Dieu a avec toutes ses Créatures. Examinons les rapports plus particuliers que ces aimables paroles, *Nôtre Dieu*, renferment. Quand Dieu nous dit, *Je suis vôtre Dieu, aimés moy comme vôtre Dieu, Ego sum Dominus Deus tuus*, c'est comme s'il nous disoit. Je veux être à vous, je veux que vous me possédiez, je veux être moy-même vôtre bonheur & vôtre recompense, mais je veux aussi que vous soyés à moy, puisque je veux bien être à vous, je veux que vous n'ayez point d'autre fin que moy ; aimez-moy donc comme vôtre Dieu. Car je suis vôtre Dieu puisque vous avés tout reçû de moy. Je suis vôtre Dieu puisque je prens un soin particulier de vous, je suis vôtre Dieu puisqu'il n'y a que moy qui puisse être vôtre souverain bien & vôtre bonheur. Aimez-moy donc comme vôtre Dieu. *Ego sum Dominus Deus tuus, diliges me ex toto corde tuo.* On peut voir dans le dernier Chap. du Deuteronome de quelle manière Moïse excite le Peuple d'Israël à aimer Dieu, en le leur représentant comme le Créateur du Ciel & de la Terre, qui n'ayant point besoin d'eux, les aimoit cependant assez pour s'attacher à eux & les protéger d'une façon toute particuliére. Cela supposé, je raisonne ainsi. Le premier Commandement nous oblige d'aimer Dieu sous la qualité qu'il a d'être le Seigneur nôtre Dieu. Or aimer Dieu comme le Seigneur, c'est l'aimer comme le premier Principe & le Créateur, comme le Tout puissant, comme le souverain Maître de toutes choses. Et l'aimer comme nôtre Dieu, c'est l'aimer comme voulant être à nous, comme

nôtre fin, comme nôtre bonheur & nôtre propre recompense. Par conséquent aimer Dieu comme son Principe, comme sa fin, comme son bonheur, c'est l'aimer comme son Seigneur & son Dieu ; en un mot c'est l'aimer comme il nous commande de l'aimer. Si ce n'est pas-là un amour de charité, certainement il n'y en a point. Il doit donc passer pour constant que le premier Commandement nous donne pour motif de nostre amour, ce que Dieu nous est, je veux dire les rapports de convenance que ses perfections ont à nostre égard. C'est pourquoy nous ne pouvons assez admirer la sagesse de Dieu, dans le desir invincible qu'il nous a donné d'estre heureux, & dans le commandement qu'il nous fait de l'aimer. Sa sagesse qui est le principe de l'ordre, n'a point pû nous faire pour une autre fin que luy-mesme, afin de nous obliger de tendre à cette fin, il a d'abord imprimé dans nostre nature une inclination nécessaire & un desir invincible d'estre heureux, qui nous porte vers Dieu même confusément, comme sous l'idée de l'amas de tout bien. Car la béatitude dont il nous a imprimé le desir, n'est autre chose que l'amas de tout bien convenable à nostre nature, & c'est Dieu même qui renferme en soy tous les biens : ainsi aimer la béatitude, c'est à dire l'amas de tout bien convenable à nostre nature, c'est confusément aimer Dieu. Et comme il est juste que nous n'aimions pas seulement Dieu confusément & par un amour nécessaire. Mais que nous l'aimions encore distinctement & par un amour libre ; Dieu nous a donné les lumiéres pour
le

le connoiſtre diſtinctement, il a ajoûté les lumieres de la Foy aux lumieres de la Nature, & nous a revélé qu'il étoit le ſeul vray Dieu dans lequel nous pouvions trouver noſtre bonheur & que nous eſtions obligez d'aimer. Pour nous témoigner davantage ſon amour, il ne s'eſt pas contenté de nous avertir que nous devions l'aimer, il nous en a fait un commandement exprés, & comme eſtant l'Auteur de noſtre nature, il ſçait qu'il nous a donné un deſir ſi invincible d'être heureux, que nous ne pouvons aimer aucun objet, qu'entant qu'il nous eſt convenable & que par la force du deſir d'être heureux, en nous faiſant le commandement de l'aimer il nous repréſente ſes perfections ſous les rapports de convenance, qui ſont capables de faire la plus forte impreſſion ſur nos cœurs, & de le rendre plus aimable à noſtre égard. Il ſe contente de nous dire pour nous exciter à l'aimer, *qu'il eſt le Seigneur noſtre Dieu*. Mais il n'y a que le langage d'un Dieu qui puiſſe renfermer en ſi peu de mots tant de rapports admirables de convenance, de ſes divines perfections à l'égard de noſtre Nature, & tant de motifs puiſſans pour nous porter à l'aimer. Nous avons déja veu que ce ſeul mot *le Seigneur*, renferme les rapports de Créateur & de premier Principe à ſes effets, les rapports de Maître abſolu à ſes Sujets, & les rapports d'une Toute-puiſſance à qui rien ne peut reſiſter, & qui peut rendre parfaitement heureux ceux qu'il luy plaiſt. Nous avons vû que ces deux autres petits mots, *vôtre Dieu*, renferment les rapports de Bienfaicteur que la Nature bienfaifante de Dieu a à notre égard, les rapports de la tendreſſe d'un Pére ou d'une Mére à l'égard de ſes Enfans, les rapports d'un Epoux paſſionné qui veut ſe donner à une Epouſe comme ſon bonheur & comme ſa recompenſe, ſans exiger autre choſe de cette Epouſe, ſinon qu'elle veuille de ſon côté ſe donner à luy ſeul. Je ne ſçaurois encore une fois me laſſer d'admirer la ſageſſe de Dieu, dans ces divines paroles, *vous aimerez le Seigneur votre Dieu*, qui renferment en ſi peu de mots tant de veritez capables de faire tendre des Cœurs de pierre, & de nous embraſer d'amour pour notre Dieu. Aimons donc Dieu comme notre Créateur & notre Conſervateur, aimons-le comme le ſouverain Seigneur, aimons-le comme le Tout-puiſſant, aimons-le comme le Bienfaiteur de qui nous avons tout reçû, aimons-le comme notre Pére qui a pour nous une tendreſſe de Mére, aimons-le comme notre Sauveur & notre Rédempteur, aimons-le comme le Divin Epoux de nos Ames, aimons-le comme notre ſouverain Bien, aimons-le comme notre unique Fin, en un mot aimons-le comme notre Dieu qui veut ſe donner à nous pour nous rendre heureux en le poſſedant. Faites-moy la grace, ô mon Dieu, de vous aimer tous les jours de ma vie pour ces aimables qualitez par leſquelles vous nous excités vous-mêmes à vous aimer. Au reſte, ne craignons point de gâter cet amour par ce motif de nous rendre heureux. Car ce deſir eſt un fidelle guide que Dieu nous a donné luy-même pour nous conduire à luy; & il ne manquera pas de nous

laiſſer

Amour de Dieu. 129

laisser entre les bras de nôtre Dieu, si nous voulons nous en servir pour tendre vers luy de toutes les affections de nôtre cœur. *Quemadmodum sæpe fit, ut is qui commendatus sit alicui, pluris eum faciat, cui commendatus sit, quam idem à quo sit: sic minime mirum est,* [*] *primò nos sapientiæ commendari ab initiis Naturæ, pòst autem, ipsam sapientiam nobis cariorem fieri, quam illa sint à quibus ad hanc venerimus.* Pour faire une juste application de cette excellente comparaison de Ciceron à ce que nous venons de dire, il n'y a qu'à substituer dans le Passage, le mot de Dieu, en la place de celuy de la Sagesse, & l'idée du desir de nôtre béatitude, en la place de ce que Ciceron y appelle les principes de la Nature, *Initia Naturæ*, car il entend effectivement par ces mots, le desir naturel d'estre heureux.

Il ne paroît pas moins évidemment par le deuxiéme Commandement, qui est semblable au premier, *simile huic*, dit N. S. qui nous ordonne d'aimer nôtre prochain comme nous-mêmes, qu'aimer Dieu par le desir qu'on a de le possëder, c'est l'aimer d'un amour de Charité parfaite. Car ce commandement qui nous oblige d'aimer nostre Prochain comme nous mêmes, suppose visiblement un amour de nous mêmes qui doit être la régle de l'amour du Prochain. Il est vray qu'il n'y a personne qui ne s'aime, mais il est encore aussi vray qu'il y en a trés peu qui s'aiment comme il faut, & qui sachent même comment il faut s'aimer. Car tous ceux qui sont entêtés de ces faux biens du Monde qui

flateur

---

[*] *Cic. Lib. 3. de fin bon. & mal.*

flatent la passion, s'aiment trés-mal, puis qu'au lieu de chercher un bonheur solide & véritable, ils courent au précipice & s'engagent dans un abîme de maux. Cependant le Fils de Dieu suppose un amour de nous-mêmes parfaitement réglé, pour servir de régle à l'amour du Prochain, & puisque ni nôtre raison, ni le sentiment de nôtre cœur ne sont point capables de nous en donner l'idée, il faut bien qu'elle soit marquée dans l'Ecriture, afin que nous ayons une régle fixe & constante de l'amour que nous devons au prochain. Je ne sçay pas si quelqu'un plus habile & plus éclairé a trouvé cette idée de l'amour que nous devons avoir pour nous mêmes, marquée en d'autres endroits de l'Ecriture. Pour moy, je ne la voi point ailleurs que dans ce premier Commandement qui nous ordonne d'aimer Dieu de tout nôtre cœur. Mais si c'est le premier Commandement qui nous apprend comment nous devons nous aimer nous mêmes, il ne peut pas s'entendre d'un amour de bienveillance, parce qu'en aimant Dieu de cette sorte d'amour nous ne nous aimons pas. Il faut donc que l'amour dont ce Commandement parle si fortement & avec tant d'expressions redoublées, soit précisément celui qui desire la possession de Dieu, afin qu'en aimant Dieu nous-nous aimions nous-mêmes, puisque s'aimer n'est autre chose que vouloir se procurer du bien. Et suivant cette ouverture, il n'y a rien de plus naturel & de plus juste que l'explication du deuxième Commandement qui le fait dépendre du premier, comme il faut nécessairement qu'il en dépen-

Amour de Dieu. 131

dépende. On vous commande d'aimer Dieu de tout vôtre cœur &c. aimant Dieu de tout vôtre cœur vous defirez & vous vous procurez le véritable bien, & par conséquent vous vous aimez vous même d'un amour trés réglé, tres-juste & trés raisonnable. Defirez à vôtre Prochain & tâchez de luy procurer le même avantage pour l'aimer comme vous mêmes. Voilà le sens le plus naturel qu'on puisse donner au deuxiéme Commandement.

S. Augustin qui suppose comme nous un amour de soy-mesme, juste & raisonnable pour servir de régle à l'amour du Prochain, & qui n'a point trouvé cette idée d'amour de soy-mesme marquée en d'autres endroits de l'Ecriture que dans le premier Commandement de l'amour de Dieu, a suivi cette ouverture & a raisonné de la mesme manière sur les deux Commandemens de la double Charité envers Dieu & envers le Prochain. Voicy comme il s'en explique en son Epitre 52. à Macedonius. *Ainsi, quoy que l'homme doive aimer Dieu, s'aimer soy-même, & aimer son prochain, on ne luy a pas donné pour cela trois Commandemens & on a dit que la Loy & les Prophetes étoient renfermez, non en ces trois, mais en ces deux Commandemens, c'est à dire en celuy d'aimer Dieu de tout son Cœur, de toute son Ame, & de tout son esprit, & dans celuy d'aimer son prochain comme soy-même; pour nous faire entendre qu'il n'y a point d'autre manière de s'aimer soy-même que d'aimer Dieu: Car pour celuy qui s'aime autrement, il faut plûtôt dire qu'il se hait, parce que tombant dans l'iniquité il est privé de la lumière*

de

de la justice & se détournant de Dieu, qui est un bien sans comparaison plus grand & plus excellent, il se tourne vers soy-même, ou vers d'autres sujets qui sont au dessous de luy, & qui ne sont que pauvreté & misere, d'où il luy arrive ce que l'Ecriture a dit trés-véritablement, que celui qui aime l'iniquité hait son Ame. C'est pourquoy, quoy que l'on ne s'aime soy-même qu'en aimant Dieu, aprés avoir donné un précepte de l'amour de Dieu, il n'étoit pas besoin d'en donner un autre pour commander de s'aimer soy-même. Cela n'a besoin ni de glose ni de réflexion. S. Augustin a trouvé constamment l'amour de soy-même dans le Commandement de l'amour de Dieu, & a crû qu'en aimant Dieu, comme ce Commandement l'ordonne si positivement, on s'aimoit soy-même comme on doit, & comme le Fils de Dieu l'a supposé, quand il a commandé, ensuite l'amour du prochain ; or il est évident qu'en aimant Dieu on ne s'aime soy-mesme qu'autant que l'on desire & que l'on fait tous ses efforts pour se procurer la possession de Dieu, parce que s'aimer, c'est se vouloir & se procurer du bien. S. Augustin a suivi la mesme idée & raisonné sur les mesmes principes en une infinité d'autres endroits dont il est bon de citer ici quelques-uns pour convaincre les plus opiniâtres du sentiment de ce Pére. Dans le Chap. 26. des mœurs de l'Eglise, il assûre qu'il n'y a que celui qui aime Dieu, qui sache s'aimer soy-mesme ; ,, car ,, celuy-là, dit-il, s'aime trés-bien qui travaille ,, soigneusement pour se procurer la joüissance ,, du véritable & souverain bien, & si ce bien ,, n'est autre que Dieu, comme tout ce que
,, nous

„ nous avons dit le montre clairement, qui
„ peut douter que celuy qui aime Dieu ne s'ai-
„ me soy mesme ? Dans le Discours huitiéme
 sur le Pseaume 118. „ Afin que l'homme sâ-
„ che aimer son prochain, il faut auparavant
„ qu'en aimant Dieu il s'aime soy-mesme: *ut*
sciat homo diligere proximum sicut seipsum, prius
debet diligendo Deum, diligere seipsum. Dans le
Traité 83. sur S. Jean; „ Ceux là s'aiment vé-
„ ritablement dont l'amour ne tend qu'à pos-
„ der Dieu, ainsi pour s'aimer ils aiment Dieu
&c.

Si tout amour de soy-même étoit une imperfection, comme nos Adversaires se l'imaginent, plus on avanceroit dans la perfection,
moins on s'aimeroit soy-même: ainsi comme
l'amour de nous-mêmes doit être la régle de
l'amour que nous sommes obligez d'avoir pour
nôtre Prochain, plus on seroit parfait, moins
on auroit d'obligation d'aimer son Prochain,
de sorte que quand on seroit parvenu à ne se
plus aimer soy-même, on n'auroit plus d'obligation d'aimer son Prochain.

Pour achever de nous convaincre que le motif d'aimer Dieu, afin de trouver en luy seul
nôtre bonheur, est le motif d'un parfait amour,
il suffit de faire attention sur les motifs d'aimer
Dieu, que l'Ecriture sainte apporte en cent endroits, lors qu'elle exprime ce qu'il y a de plus
parfait dans la vertu.

Moyse aimoit Dieu sans doute d'un amour
parfait lors qu'estant devenu grand il renonça,
comme dit * l'Apôtre S. Paul, par la foy à la

qualité

* *Ad Heb.* 11. v. 24.

qualité de Fils de la Fille de Pharaon, & qu'il aima mieux estre affligé avec le Peuple de Dieu que de joüir du plaisir si court qui se trouve dans le péché, jugeant que l'ignominie de J. C. étoit un plus grand trésor que toutes les Richesses de l'Egypte. Cependant le mesme Apôtre si expérimenté luy mesme dans l'amour de Dieu, tesmoigne que Moyse fit cette action héroïque parce qu'il envisageoit la recompense, *aspiciebat enim in remunerationem*.

Qui peut se vanter d'aimer Dieu plus parfaitement que le S. Roy David? On n'a qu'à lire ses Psaumes, on y trouvera en cent endroits qu'ils s'excitoit à aimer Dieu par le motif de son bonheur & des misericordes de Dieu à nôtre égard. Par exemple, il n'expose que ce motif dans le Pseaume 83. qui commence par ces paroles. *Quam dilecta Tabernacula tua, Domine Virtutum* &c. Que vos Tabernacles sont aimables, ô Seigneur Dieu des Puissances, mon Ame ne fait que desirer & languir après le Ciel. Il assûre peu de versets après, que parce qu'il vaut mieux passer un jour dans le Ciel, que d'en passer mille dans les plus superbes Palais, il aimeroit mieux avoir la derniére place dans la Maison du Seigneur que d'habiter dans les Tabernacles des Pécheurs; & dans le Pseaume 73. il dit à Dieu, ,, Qu'ay-je dans le Ciel, ,, & qu'ay-je desiré de vous sur la Terre? Vous ,, êtes le Dieu de mon cœur, & Dieu est mon ,, partage à jamais. On voit par ces paroles combien, il desiroit ardemment la possession de Dieu. Enfin dans le Pseaume 118. il témoigne qu'il a porté son cœur à garder les Commandemens de Dieu à cause de la recompense. *Inclinavi Cor meum ad faciendas justificationes tuas, propter retributionem.* Or pouvons-nous croire que David ait voulu exprimer dans ses Pseaumes des sentimens bas, imparfaits & purement mercénaires?

Nôtre Seigneur Jesus-Christ commande luy-mesme à ses Disciples en S. Matth. Chap. 5. de se réjoüir au milieu des persécutions, parce qu'une très-grande recompense leur est reservée dans le Ciel. Il faut donc bien que cette joye excitée par la vertu de la recompense, qui est Dieu mesme, ne soit pas un sentiment charnel qui vienne d'un amour intéressé. Quand ce mesme Sauveur dit dans l'Evangile, * „ Que „ Dieu a tant aimé le monde qu'il luy a don- „ né son Fils unique. Et que S. Jean le Disciple de l'amour nous crie, * „ Aimons Dieu „ parce qu'il nous a aimez le premier & qu'il „ a envoyé son Fils pour estre le Sauveur du „ Monde; peut-on dire que ces motifs dans lesquels l'intérêt de nôtre bonheur se trouve, ne soient pas des motifs du vray & parfait amour de Dieu? Enfin nous voyons par tout que l'Ecriture parle d'agir en vûë des recompenses que Dieu propose, qu'elle attribuë cette conduite aux plus grands Sts. de l'Ancien & du Nouveau Testament, & nous ne voyons point qu'elle la blâme jamais ni qu'elle en marque l'imperfection. Comment pouvons-nous donc nous empêcher d'estimer comme parfait ce motif qui ne porte qu'à Dieu seul?

* *Jean* 3.
* 2 *Jean* 4. v. 10.

CINQUIE'ME PRINCIPE,

Sur l'Amour de Charité.

IL n'y a pas de doute que ce ne soit le propre caractére de la Charité, de nous faire aimer Dieu plus que nous mêmes & plus que toutes les choses du Monde; ainsi aimer Dieu plus que soy-même & que toutes les choses du Monde, c'est l'aimer d'un pur amour de Charité.

APPLICATION DE CE PRINCIPE,

Au desir de Posséder Dieu par le motif de trouver son bonheur en luy seul.

Quand on desire véritablement de posséder Dieu, en sorte qu'on ne cherche son bonheur & sa perfection que dans la connoissance & dans l'amour de son Dieu, on aime Dieu plus que soy-même & plus que toutes les choses du Monde, quoy que ce soit par le motif de trouver en luy nôtre souverain bonheur.

Avant que de prouver cette verité, il est nécessaire d'expliquer en quel sens on doit nécessairement aimer Dieu plus que soy même & plus que toutes les choses du Monde, pour l'aimer d'un amour parfait de charité.

Comme il y a deux sortes d'amours, à sçavoir un amour de bienveillance par lequel nous desirons un bien à quelqu'un distingué de nous, & un amour d'union, qui nous fait desirer la possession de quelque objet ; on peut concevoir qu'on doit aimer Dieu plus que soy-même, ou parce que nous devons luy souhaitter un plus grand bien qu'à nous-mêmes, ou seulement parce que nous devons plûtôt desirer de le posseder comme l'objet & la premiere cause de nôtre souveraine béatitude & perfection, que de chercher dans nous mêmes ou dans toutes les autres choses du monde l'objet & la cause de nôtre béatitude.

* Il est certain que nous ne pouvons pas aimer Dieu plus que nous-mêmes dans le premier sens, c'est à dire qu'il nous est impossible de vouloir à Dieu un plus grand bien que celuy que nous desirons à nous-mêmes, quand nous souhaittons d'estre heureux dans la possession de Dieu. Car le plus grand bien que nous puissions raisonnablement desirer à Dieu, n'est qu'une gloire accidentelle dont il n'a aucunement besoin ; or nulle gloire accidentelle qu'on peut desirer à Dieu n'est un plus grand bien que la possession de Dieu mesme, par laquelle Dieu est infiniment glorifié de la maniére la plus parfaite dont ses Créatures puissent le glorifier. L'amour parfait ne consiste donc point dans un amour de bienveillance par lequel nous desirons à Dieu un plus grand bien qu'à nous mesmes, puisque nous ne pou-

vons

* On doit néanmoins estimer infiniment Dieu plus que nous-mesmes, & que toutes les choses du Monde.

vons pas desirer à Dieu un bien qui soit plus grand que celuy que nous desirons à nous-mesmes, quand nous desirons la possession de Dieu.

C'est pourquoy on n'est obligé d'aimer Dieu plus que soy-mesme, que d'un amour d'union & de joüissance; or on aime Dieu plus que soy-mesme de cette sorte, quand bien loin de nous regarder nous-mesmes ou quelques Créatures que ce soit, comme l'objet de nôtre bonheur & de nostre complaisance; nous ne recherchons au contraire nostre bonheur, que dans la possession de Dieu seul, & nous ne mettons nostre complaisance que dans sa connoissance & son amour.

Il y a deux maniéres différentes dont on peut aimer Dieu plus que soy-mesme dans ce dernier sens; Car on doit aimer Dieu plus que soy-mesme, ou en sorte qu'aprés avoir comparé les perfections aimables de Dieu avec les qualitez que nous pouvons trouver aimables dans nous-mesmes & dans toutes les Créatures, nous-nous déterminons à aimer plûtôt Dieu comme nostre fin & nostre souverain bien, qu'à nous aimer nous-mesmes ou les autres Créatures, comme l'objet de nostre bonheur; ou bien on peut aimer Dieu plus que soy-mesme & plus que toutes les autres Créatures, en nous attachant effectivement à luy seul comme à nostre fin & à nostre souverain bien, sans néantmoins faire une comparaison expresse de Dieu avec nous-mesmes ni avec toutes les Créatures. La premiére préférence de Dieu à nous mesmes & à toutes les Créatures, est une pré-

Amour de Dieu.

préférence de comparaison explicite, c'est à dire qui suppose une comparaison expresse de Dieu avec nous mesmes & avec toutes les Créatures; Mais la seconde est une préférence effective sans comparaison explicite. Tous les Théologiens conviennent qu'il suffit pour accomplir le précepte de la Charité qui nous oblige d'aimer Dieu par dessus toutes choses de l'aimer par une préférence effective sans une comparaison expresse avec les attraits de toutes les Créatures qui peuvent nous les rendre aimables. Car il n'est pas moralement possible de comparer les perfections aimables de Dieu avec tous les attraits de toutes les autres Créatures sans en excepter aucune, & quand cela seroit possible, il ne seroit point du tout à propos de se représenter les charmes & les attraits de toutes les Créatures pour leur opposer & pour en faire triompher l'amour de Dieu; Il est vray néantmoins qu'il arrive quelquefois certaines conjonctures fâcheuses où l'on se trouve réduit à la nécessité de préférer Dieu à la Créature par une comparaison expresse. Mais outre que ces conjonctures sont rares, c'est que même dans ces occasions on ne préfére Dieu par une comparaison expresse qu'à un seul objet particulier dont on est obligé de se priver pour ne pas manquer de fidélité à Dieu.

On peut objecter contre la nécessité d'aimer Dieu plus que toutes choses dans le sens que nous venons de marquer, qu'ordinairement les gens de bien même sont touchez plus vivement de la perte de certains biens sensibles que de celle des biens spirituels qui nous attachent à

K 3 Dieu,

Dieu, d'où il s'enfuivroit que si pour être juste il falloit aimer Dieu plus que tous les autres objets, il n'y auroit presque point de justes dans ce Monde. Mais il est aisé de prévenir cet inconvenient, il ne faut que marquer la différence qu'il y a entre les mouvemens de la partie inférieure, c'est à dire entre les passions de l'Appetit sensitif, & les amours ou les inclinations de l'Appetit raisonnable, c'est à dire de la Volonté. Ces mouvemens ou passions sensibles qui viennent de l'impression des objets sensibles sont, la Tristesse qui serre le cœur, la Joye qui l'épanoüit, la Crainte qui le glace, la Colére qui l'enflame, & autres semblables. Il est certain que nous ressentons bien plus vivement ces émotions qui viennent de l'impression des objets sensibles, que de simples desirs ou de simples aversions de la Volonté qui n'ont pour objet que des choses spirituelles qui ne font point d'impression sur nos sens. Or quand les Théologiens asserent, suivant la sainte Ecriture, que l'amour de Dieu doit être plus fort & plus grand que tout autre amour, cela s'entend de tout autre amour raisonnable, & ils ne comparent l'amour de Dieu avec tous les autres amours que dans la Volonté. Ainsi pourvû qu'il soit le plus fort, l'homme est juste quelques violentes & quelques vives que soient les passions de la partie sensible.

Il nous reste encore à remarquer qu'on peut aimer Dieu plus que soy-même, & plus que toutes les Créatures distinguées de nous, ou en sorte que la charité régne toute seule dans le cœur sans partage & sans mélange d'affections

tions étrangeres, ou enforte qu'il y ait toûjours dans le cœur un fond de cupidité qui demeure habituellement avec la charité dominante. Il est constant que dans cette vie la charité n'est jamais parfaite jusqu'au point de régner toute seule dans le cœur, sans partage & sans mélange d'affections étrangeres (exceptés la sainte Vierge) ou du moins cela n'arrive que trés-rarement à des Ames de la plus éminente sainteté dans certains momens passagers de ravissemens & dextases d'amour, dans lesquels toute la force de la cupidité est entiérement suspenduë; mais il suffit pour aimer Dieu par-dessus toutes choses d'un amour qui nous rende justes, qu'il y ait en nous un plus grand fond de charité permanente que de toute autre affection, ensorte que la charité soit la plus forte dans nôtre cœur. S. Augustin enseigne clairement cette vérité en plusieurs endroits, & sur tout au Sermon 17, *de Verbis Apostoli*. Il n'y a rien de si raisonnable que cette Doctrine, qui fait consister nôtre justice non pas dans un état de charité parfaite jusqu'à l'exclusion de toute cupidité, mais dans un état seulement de charité dominante & habituellement plus forte que toute la cupidité, conformément à ces paroles du Fils de Dieu en S. Matth. Chap. 10. ,, Celuy qui ,, aime son Pére ou sa Mére plus que moy, ,, n'est pas digne de moy; & celuy qui aime ,, son Fils ou sa Fille plus que moy, n'est pas digne de moy.

Il est donc nécessaire pour bien entendre le Commandement qui nous oblige d'aimer Dieu de tout nôtre cœur, de tout nôtre Esprit de

toute

toute nôtre Ame & de toutes nos forces, de diſtinguer deux totalités d'amour fort différentes, dont l'une nous eſt commandée & l'autre ne le peut pas être en cette vie. Il y a une totalité d'amour habituelle qui exclut généralement tout amour étranger, de ſorte que l'homme ne ſentant & n'ayant point en effet d'autre inclination que celle d'aller à Dieu, de luy obéïr & de luy plaire, eût de l'indifférence, ou même du dégoût pour tout le reſte, l'autre totalité qui eſt quelque choſe de moins ne va pas juſqu'à bannir du cœur toutes les affections charnelles & terreſtres, mais ſeulement à les combattre en toutes choſes & à n'en ſuivre jamais le penchant, pour agir toûjours par le principe & par le mouvement de la Charité. Cette derniére totalité d'amour eſt du moins commandée, mais on ne peut pas dire qu'il nous ſoit commandé d'avoir le cœur dégagé de toute cupidité. Cette perfection de la charité conſommée fait le bonheur & la recompenſe de l'autre vie, aprés laquelle tous les Sts. ont ſoûpiré icy bas, ſans y pouvoir arriver, tandis qu'ils ont été dans ce corps de mort, dont l'Apôtre demandoit d'être delivré par la grace de J. C. S. Auguſtin établit ces principes en pluſieurs endroits ; on peut voir principalement ſon dernier Ch. du Livre *de l'Eſprit & de la Lettre*, où il parle au long de la totalité d'amour qui nous eſt commandée par le premier précepte du Décalogue. Il s'enſuit évidemment de toutes les remarques importantes que nous venons de faire, que pour aimer Dieu par deſſus toutes choſes d'un véritable amour de cha charité, il n'est point nécessaire ny de souhaiter à Dieu un plus grand bien qu'à nous mesmes ny de l'aimer d'un amour qui soit sensiblement le plus fort, c'est-à-dire qui excite dans la partie inférieure des mouvemens plus vifs & plus sensibles que ceux que l'amour de quelque autre objet y excite peut-être, ny de comparer les perfections aimables de Dieu, avec les attraits de toutes les Créatures pour leur préférer Dieu, ni que l'amour de Dieu régne tout seul dans nôtre Cœur sans partage ni mélange d'aucunes affections étrangeres: Mais il suffit certainement que l'amour de Dieu domine tellement dans nôtre Cœur, que nous n'établissions nôtre fin dernière dans la joüissance d'aucune Créature, que nous ne recherchions que Dieu seul comme nôtre fin & nôtre souverain bonheur, & que nous l'estimions infiniment plus que nous-mesmes & que toutes les choses du Monde.

Cela supposé, il est clair qu'on aime Dieu plus que soy-mesme & plus que toutes les choses du Monde, dans ce dernier sens qui est le seul commandé comme nécessaire dans cette vie, quand on desire véritablement de posséder Dieu & qu'on ne recherche que luy par le motif de trouver nôtre bonheur dans sa connoissance & son amour. Car de bonne foy, quand on ne fait point de soy-mesme ni d'aucune autre Créature l'objet de son bonheur ni de sa complaisance, & qu'au contraire on regarde Dieu seul comme l'objet de son bonheur, comme sa fin, & son unique bien, dans lequel seul on veut prendre sa complaisance, il est vray de dire qu'on estime effectivement Dieu plus que tou-

toutes les Créatures, & qu'on l'aime alors plus que foy-mefme & plus que tous les biens du Monde; puifque fon amour domine tellement alors dans nôtre Cœur, que nous n'établiſſons point nôtre fin derniére dans la jouïſſance d'aucune Créature, mais dans la poſſeſſion de Dieu ſeul. Or quand on defire véritablement de poſſéder Dieu, & que l'on ne recherche que luy par le motif de trouver nôtre bonheur dans fa connoiſſance & fon amour, il eſt vray de dire qu'on ne fait point de foy-mefme ni d'aucune autre Créature l'objet de fon bonheur ni de fa complaifance, & qu'au contraire on regarde Dieu ſeul comme l'objet & la cauſe de fon bonheur, comme fa fin, comme fon unique bien dans lequel ſeul on veut prendre fa complaifance. On l'aime donc alors plus que foy-mefme & plus que toutes les Créatures, par conféquent on l'aime d'un véritable amour de charité; ce que j'avois à prouver.

Mais, direz-vous, quand on aime Dieu par le motif de fon bonheur, quoy qu'on ne le cherche qu'en Dieu ſeul, on rapporte néanmoins Dieu à foy-même & à fon propre bonheur, comme à la fin, ce qui eſt contre l'ordre. Il faut remarquer qu'on peut rapporter Dieu à foy-même & à fon propre intérêt, ou parce qu'on rapporte la poſſeſſion de Dieu à foy-même comme au fujet auquel nous defirons la poſſeſſion de Dieu, ou parce qu'on rapporte Dieu à foy-même (ou à quelqu'autre bien créé que nous defirons) comme à l'objet de fa complaifance & à la fin derniére de fon amour. Il eſt vray que quand on aime Dieu par le motif

tif de trouver son bonheur dans luy seul, on rapporte la possession de Dieu à soy-mesme comme au sujet prochain auquel on desire la possession de Dieu : mais premiérement cela n'empesche pas que Dieu ne soit comme le sujet éloigné & le dernier auquel nous-nous rapportons nous-mêmes avec tout nôtre bonheur formel. En second lieu, il est très-faux qu'alors on rapporte Dieu à soy-mesme comme à l'objet de sa complaisance & à la fin derniére de son amour, puis qu'au contraire par cet amour on se rapporte directement soy-mesme à Dieu seul comme au seul objet & à la véritable cause de nôtre béatitude, quoy que sous un autre égard, on rapporte la possession de Dieu à soy-mesme comme au sujet prochain auquel on desire cette heureuse possession de Dieu. Il s'ensuit de la évidemment, que quand on aime Dieu par le motif de trouver nôtre bonheur dans sa seule possession on ne fait point Dieu ny l'instrument, ny le moyen, mais seulement l'objet de son bonheur. Car on ne rapporte point Dieu par cet amour à aucun autre objet distingué de luy. Vous pouvez relire les éclaircissemens par lesquels nous avons répondu à une semblable difficulté contre l'amour d'Amitié, dans le dernier Chapitre du Livre précédent. Je me contenteray ici pour achever de réduire en poudre l'objection de nos Adversaires, de faire contr'eux le raisonnement suivant.

Rapporter la possession de Dieu à soy-même seulement comme au sujet prochain auquel on desire cette possession, ensorte qu'on se rapporte

porte soy-mesme par son propre bonheur formel, à Dieu seul comme au seul objet & à la premiére cause de nôtre béatitude, c'est aimer Dieu d'un amour parfaitement conforme à l'ordre immuable, c'est l'aimer d'un amour qui fait nôtre parfaite justice, c'est glorifier Dieu de la maniére la plus parfaite dont il soit possible à toute simple Créature Intelligente de le glorifier ; c'est satisfaire au grand commandement qui nous oblige d'aimer le Seigneur nôtre Dieu de tout nôtre Cœur, & de toute nôtre Ame, enfin c'est aimer véritablement Dieu plus que nous-mêmes & plus que toutes les Créatures. Or quand on desire de posséder Dieu seul afin de trouver nôtre bonheur dans sa connoissance & son amour, & qu'on ne recherche effectivement que luy comme l'objet de nôtre bonheur, comme nôtre souverain bien, & comme nôtre fin, on rapporte seulement la possession de Dieu à soy-mesme comme au sujet pour lequel on la desire, ensorte néantmoins qu'on se rapporte soy-mesme tout entier par son propre bonheur formel (c'est à dire par la connoissance & l'amour par lequel on posséde Dieu) à Dieu seul comme au seul objet & à la premiére cause de nôtre béatitude. Par conséquent on l'aime alors d'un amour parfaitement conforme à l'ordre immuable & à la volonté de Dieu, d'un amour qui fait nôtre parfaite justice, d'un amour qui glorifie Dieu de la maniére la plus parfaite dont il soit possible à une Créature intelligente de le glorifier, d'un amour qui satisfait au grand commandement de la Loy ; d'un amour qui préfére

fére Dieu à nous-mêmes & à toutes les Créatures, enfin d'un amour de charité pure & desinteressée, qui n'a pour motif aucun intérêt qui ait quelqu'autre objet que Dieu mesme. On défie tous nos Aversaires de pouvoir répondre solidement à cette Demonstration.

CHAPITRE V.

S. Augustin a enseigné par tout dans ses Ouvrages, que le desir de posséder Dieu seul comme sa fin & sa recompense, étoit un Amour gratuit, parfait & desinteressé.

IL ne faut que lire avec un peu d'attention ce que S. Augustin a écrit en tant d'endroits de ses Ouvrages sur l'amour de Dieu, pour reconnoître qu'il a toûjours enseigné que l'amour chaste, l'amour gratuit & desinteressé n'est que le desir de posséder Dieu à cause de luy-mesme, & non point à cause de tous les autres biens distinguez de luy qu'on en pourroit attendre; pourvû que ce soit Dieu précisément qui soit l'objet de nôtre amour, pourvû que ce soit luy & que ce ne soit point toute autre chose que luy dont on veüille joüir, pourvû que luy seul ait des attraits & des charmes qui touchent le cœur (comme les faux biens du Monde, qui sont les honneurs, les richesses

&

& les plaisirs sensuels, en ont pour toucher les Ambitieux, les Avares & les Voluptueux) si autres agrémens, sans autres avantages, & sans autre satisfaction, on aime Dieu purement & sans intérêt, selon St. Augustin. On peut voir de quelle maniére il s'explique sur ce verset du Pseaume 53. *Voluntariè sacrificabo tibi*, sur le Pseaume 72, sur le Pseaume 134. & en deux cens autres endroits dont les principaux sont entre les mains de tout le Monde. C'est pourquoy je ne les rapporteray point ici, je diray seulement que ce qui fait plus d'impression sur mon Esprit & ce qui doit achever de convaincre tout Esprit raisonnable du vray sentiment de St. Augustin, c'est que tous ses principes sur l'amour conduisent nécessairement à dire, que le desir de posséder Dieu pour trouver nôtre bonheur en luy seul, est un amour chaste, gratuit & desinteressé. Il ne sera pas inutile que je m'arrête un peu à parcourir tous ces principes sur l'amour.

Premiérement il a établi comme un principe indubitable, que nous ne pouvons aimer aucun objet distingué de nous, qu'ensuite de l'amour que nous avons de nous-mesmes, c'est à dire du desir nécessaire que nous avons de nous rendre heureux. Voicy ses paroles, que nous avons déja rapportées ailleurs; *Amores omnes & dilectiones prius sunt in hominibus de se, & sic de aliâ re quam diligunt; si diligis aurum, prius te diligis, & sic aurum, quia si mortuus fueris, nullus erit qui aurum possideat. Ergo dilectio unicuique à se incipit & non potest nisi à se incipere & nemo monetur ut se diligat.* St. Augustin assûre dans ce Paſſage, que tout amour vient de l'amour de nous-mêmes, c'est à dire de l'inclination naturelle & néceſſaire que nous avons d'être heureux. Pour le prouver, il propoſe l'amour qu'on a pour l'or & les richeſſes. Quand on aime l'or, dit-il, c'est ſoy-meſme qu'on aime d'abord, il veut dire, c'est de ſoy-meſme dont on deſire le bonheur, c'est à ſoy-meſme à qui on veut du bien, & par le deſir qu'on a de ſon bonheur on aime l'or. Marque de cela, c'est que quand on est mort, comme les richeſſes ne peuvent plus contribuër à nôtre bonheur, on ne les aime plus. Voilà conſtamment la penſée de St. Auguſtin, dans le Paſſage que nous venons d'apporter de luy. Il paroît par-là que ce Père n'a pas pû croire que ce même principe n'eût pas lieu à l'égard de l'amour de Dieu, puiſqu'il aſſure en termes exprés qu'il est impoſſible que nous aimions aucun objet, autrement qu'en conſéquence de l'amour que nous avons pour nous-meſmes, c'est à dire du deſir que nous avons de nous rendre heureux, *Ergo dilectio unicuique à ſe incipit & non poteſt niſi à ſe incipere.*

En ſecond lieu S. Auguſtin a toûjours conçû la charité parfaite comme l'amour de l'ordre, qui conſiſte à eſtimer chaque choſe comme elle doit être eſtimée, & à l'aimer ſelon ſon mérite & ſon degré de perfection. Or il est conſtant qu'il a enſeigné en une infinité d'endroits qu'un amour qui ne deſiroit que la poſſeſſion de Dieu, comme eſtant ſa fin & ſa recompenſe par luy-même, étoit parfaitement dans l'ordre.

3. Un autre principe de St. Auguſtin ſur la cha-

charité, c'est que l'amour de la vérité, de la sagesse, & de la justice, est le véritable amour justifiant qui fait la vie des justes ; & par conséquent la véritable charité. Or il n'est pas moins constant qu'il a crû qu'en aimant Dieu seul comme sa fin & son souverain bien par le desir de le posséder, on aimoit la vérité, la sagesse, & la justice dans le sens que nous avons expliqué cy-dessus.

4. Il appelle en cent endroits différens amour chaste & gratuit, ou desintéressé, l'amour qui cherche Dieu mesme pour recompense, sans en attendre d'autre que luy-mesme. * Le cœur dit-il, sur le Pseaume 72. ,, est devenu chaste, on ,, commence à aimer Dieu gratuitement, on ne ,, luy demande point d'autre recompense. Quoy ,, donc, ne faut-il attendre de Dieu aucune re- ,, compense ? Il n'en faut point attendre d'autre ,, que luy-même, la recompense qu'il faut at-
,, ten-

* Factum est cor castum gratis jam amatur Deus: non ab illo petitur aliud præmium. . . . . . Quid ergo nullum præmium Dei ? Nullum Præter ipsum; præmium Dei ipse Deus est : Hoc amat, hoc diligit, si aliud dilexerit non erit castus amor.

In Psal. 53. Laudetur voluntate, ametur charitate; gratuitum si est quod laudatur & quod amatur. Quid est gratuitum ? Ipse propter se, non propter aliud, si enim laudas Deum ut det tibi aliquid aliud, jam non gratis amas Deum.

In Psal. 134. Hoc est gratis amare, non quasi proposita acceptatione mercedis, quia ipsa merces tua summa Deus, ipse erit quem gratis diligis, & sic amare debes ut ipsum pro mercede desirare non desinas ; qui solus te satiet.

„tendre de Dieu, c'est Dieu même ; c'est ce „qu'un Cœur chaste chérit, c'est ce qu'il aime, „s'il aimoit autre chose son amour ne seroit pas chaste. Voyez les autres Passages citez au bas de la Page précédente.„

5. St. Augustin fait souvent allusion à l'amour conjugal qui fait les chastes Epouses, pour expliquer, l'amour chaste & desintéressé que nos Ames doivent avoir pour Dieu, qui est leur Epoux. C'est suivant cette idée qu'il explique par tout la crainte chaste qui est un effet de la charité, & qu'il exhorte ses Auditeurs sur le Ps. 53. à aimer Dieu pour luy-mesme, comme ils veulent estre aimés de leurs Femmes à cause d'eux-mesmes, & non pas à cause de leur bien ou de leurs Charges honorables. Or une honneste femme a un amour chaste pour son Mary, quand elle n'aime que luy, quand elle n'a d'attache que pour sa personne quoy qu'elle veuille trés-fort le voir, le posséder, demeurer auprés de luy, & qu'elle ne souffre son absence qu'avec une trés-grande peine. Ainsi les Ames qui sont charmées des beautez & des bontez de Dieu, qui desirent ardemment de le voir, qui veulent de toute l'étenduë de leur Cœur posséder cet unique bien qui a tant d'attraits pour elles, qui ne conçoivent pas qu'elles puissent jamais avoir de joye jusqu'à ce qu'elles en joüissent, sont de chastes & de véritables Epouses, selon St. Augustin, qui brûlent pour Dieu d'un feu le plus pur que la chasteté puisse allumer dans nos Cœurs.

6. S. Augustin a toûjours supposé un amour de nous-mesmes qui étoit parfaitement dans
l'or-

l'ordre, & qui devoit être la régle de celuy que nôtre Seigneur nous commande d'avoir pour le Prochain. Or il assure en cinquante endroits que cet amour de nous-mesmes conforme à l'ordre, nous est commandé dans le premier Précepte qui nous oblige d'aimer le Seigneur nôtre Dieu, de tout nôtre Cœur & de toute nôtre Ame, ,, Car s'aimer, comme on doit, dit ,, ce Pére, c'est se procurer la joüissance du vé- ,, ritable & souverain bien, qui est Dieu même, ,, ainsi il n'y a que celuy qui aime Dieu, en desi- ,, rant de le posséder & d'estre uni à luy, qui ,, sçache s'aimer soy-mesme. Il s'ensuit évidemment de ce principe, que le premier Commandement, suivant la pensée de St. Augustin, doit s'entendre d'un amour d'union qui nous fasse desirer de posséder Dieu comme nôtre souverain bien, car autrement en aimant Dieu, on ne s'aimeroit pas soy-mesme, comme le prétend St. Augustin, puisque s'aimer soi-mesme, c'est se vouloir & se procurer du bien.

7. Enfin, St. Augustin a fait plusieurs hypothéses impossibles pour exprimer jusqu'où peut aller la pureté & le desinteressement de l'amour, qui font connoître clairement quel estoit son sentiment sur l'amour pur & desinteressé. Dans le Sermon 162. autrefois le 18. *de Verbis Apostoli Ch.* 8. il y fait la supposition impossible que Dieu ne vît pas le pécheur, & que le crime en fût impuni, pour donner l'idée de la vraye cause qu'on doit avoir de fuir le péché, qui est le vray & parfait amour. Dans le mesme Sermon Ch. 10. il continue sa supposition par la comparaison d'une Femme qui ordonneroit quelque chose

chose à celuy qui l'aimeroit, & qui ne le menaceroit point d'autre peine si il luy desobéïssoit, sinon qu'elle ne voudroit plus jamais le voir. Il fait encore de semblables hypothéses impossibles sur le Pf. 127. Or dans tous ces endroits il pousse seulement ses hypothéses impossibles jusqu'à dire ; Quand vôtre crime seroit impuni, quand avec une abondance eternelle & assûrée de tous les biens de la Terre, vous n'auriez à craindre que de perdre la veuë de Dieu, vous devriez luy demeurer toûjours attachez. Mais il ne va pas plus loin, & il n'en vient point jusqu'à dire, quand vous devriez perdre la veuë de sa face, ou qu'il voudroit vous damner, il faudroit encore l'aimer : parce que sans cette précision, il sent qu'il a poussé l'amour à être chaste, pur, sincere, gratuit, desinteressé, autant qu'il peut l'être, dez-là qu'il l'a porté à ne desirer que Dieu seul pour sa recompense. Il s'ensuit de là évidemment que St. Augustin n'a point reconnu d'amour de Dieu plus parfait, plus chaste, ni plus desinteressé, que celuy qui ne nous fait desirer que de posseder Dieu seul afin de trouver nôtre bonheur dans sa connoissance & son amour.

Aprés tant de preuves si claires, je ne sçaurois assez m'étonner qu'il y ait encore des Théologiens qui disent avoir lû St. Augustin, & qui soûtiennent néanmoins avec opiniâtreté que St. Augustin, n'a pas reconnu pour amour de charité parfaite, celuy qui a pour motif le desir de posseder Dieu seul, comme nôtre fin & nôtre souverain bien, pour y trouver nôtre bonheur. Cet exemple fait voir combien les faustes préventions aveuglent, & qu'on ne sçauroit avoir trop soin de se dépouiller de tous préjugez ou du moins d'en bien examiner le fondement, avant que de juger du sentiment des Péres sur quelque question controversée.

J'excuserois ces Théologiens s'ils avoient quelques fortes raisons tirées de St. Augustin, qui pussent avec quelque apparence contrebalancer les preuves que nous avons apportées du sentiment de ce Pére. Mais leurs réponses & les raisons qu'ils en tirent par de mauvaises conséquences sont si foibles, qu'elles font pitié. Quand on leur objecte deux cens Passages de St. Augustin, dans lesquels ce Pére appelle amour gratuit & desintéressé, amour chaste, amour filial, le desir qu'on a de posseder Dieu seul comme sa recompense & son souverain bien pour ne trouver nôtre bonheur que dans lui seul; ils répondent que St. Augustin n'appelle pas cet amour chaste, filial, gratuit & desintéressé, comme s'il étoit tel absolument & parfaitement, mais qu'il l'appelle seulement chaste, gratuit & desintéressé, en le comparant & le considérant par rapport à l'amour charnel des Juifs, c'est à dire à l'amour des biens temporels. Ils n'ont rien de plus solide à répondre: mais il est constant par tous les principes de St. Augustin, que nous avons proposé, que ce Pére n'a jamais reconnu d'amour de Dieu, plus gratuit ni plus desintéressé, ni plus chaste, ni plus parfait que celuy dont il s'agit. C'est donc sans aucun fondement qu'ils osent dire que St. Augustin, n'y parle pas d'un amour parfaitement chaste & gratuit ou desintéressé. Nous leur faisons voir

deux

Amour de Dieu.

deux cens Passages de St. Augustin, où ce Pére reconnoît cet amour pour être un amour chaste, filial & gratuit, qu'ils nous en produisent donc d'autres où St. Augustin ait reconnu un amour de Dieu plus chaste, & plus desintéressé. Mais ils sont dans l'impossibilité de le faire, & on les défie tous ensemble d'en pouvoir trouver aucun contraire.

Ils rapportent à la vérité plusieurs Passages où St. Augustin dit qu'on doit aimer Dieu pour luy-mesme ; ils en proposent encore d'autres où il assûre que nous devons aimer Dieu, plus que nous-mêmes. Mais n'aime-t'on pas Dieu pour luy-même, quand il est tellement l'objet de nôtre amour, qu'on ne l'aime pour aucune fin distinguée de luy ? N'aime t'on pas Dieu plus que soy-même, quand on l'estime infiniment plus que soy-mesme, & qu'au lieu de chercher nôtre bonheur dans nous-mesmes en faisant de nous-mêmes l'objet de nôtre amour & de nôtre complaisance, nous cherchons uniquement dans Dieu nôtre bonheur ? Or quand on desire de posséder Dieu seul &c. on ne l'aime pour aucune fin distinguée de luy, nous l'estimons infiniment plus que nous-mêmes, & l'aimons aussi effectivement plus que nous mesmes. Par conséquent tous les Passages où St. Augustin dit qu'on doit aimer Dieu pour luy-mesme, & plus que nous mêmes ne sont point opposés au sentiment que nous luy attribuons.

Je ne sçache qu'un seul Passage de St. Augustin qu'ils puissent nous objecter avec quelque apparence de raison. C'est sur ce verset du Ps. 137. n. 2. *Confitebor tibi Domine in toto corde meo,*

L 3

il explique de cette sorte ces paroles, en pouſ-ſant l'amour pur juſqu'à ſa plus grande perfection. ,, Mon Dieu que la flâme de vôtre ,, amour brûle tout mon Cœur : qu'elle ne laiſſe ,, rien en moy qui ſoit pour moy ; rien qui me ,, permette de me regarder moy-meſme, *nihil in me relinquatur mihi, nec quo reſpiciam ad me ipſam* : ,, mais que je brûle que je me conſu-,, me tout entier pour vous ; que tout moy-,, meſme vous aime & que je ſois tout amour ,, comme étant enflammé par vous. *Tunc diligam te tanquam inflammatus à te.* Il paroît par ce Paſſage, diront peut-être nos Averſaires, que St. Auguſtin admettoit un amour pur qui ne laiſſoit rien en nous pour nous, & qui ne nous permettoit pas de nous regarder nous-meſmes. Or l'amour de Dieu qui a pour motif le deſir d'eſtre heureux en luy ſeul, fait que nous-nous regardons toûjours nous-meſmes puiſque nous aimons Dieu pour nôtre propre avantage & pour être heureux, ainſi ce bonheur étant pour nous, tout amour qui a nôtre bonheur pour motif, laiſſe donc en nous quelque choſe qui eſt pour nous, & par conſéquent n'eſt pas l'amour parfaitement pur & deſintéreſſé, dont St. Auguſtin parle dans ce Paſſage.

Il eſt aiſé d'éclaircir le véritable ſens de St. Auguſtin en remarquant deux différens amours qu'on peut avoir pour ſoy-meſme : il y a un amour de ſoy par lequel nous ſommes nous-mêmes l'objet de nôtre amour & de nôtre complaiſance, & il y a un amour de ſoy qui n'eſt autre choſe que le deſir invincible de ſon bon-heur ; ainſi on peut vouloir quelque choſe pour

ſoy

foy comme pour l'objet de sa complaisance & de son amour, ou bien pour soy comme pour le sujet à qui nous desirons le bonheur.

Le premier amour de soy est criminel, mais le second est nécessaire & vient de Dieu. Cela supposé, voicy le véritable sens des paroles de St. Augustin qu'on nous objecte: il demande à Dieu, ne laissez rien en moy qui soit pour moy, *nihil in me relinquatur mihi*, c'est à dire ne laissez rien en moy distingué de vous, qui soit l'objet de ma complaisance & de mon amour; n'y laissez rien qui me permette de me regarder moy-mesme, *neque respiciam ad me ipsam*, c'est à dire qui me fasse arrester mes regards sur moy-mesme comme sur l'objet de ma complaisance. Mais faites qu'il n'y ait rien en moy pour moy, c'est à dire qui ne tende vers vous comme vers le seul objet de mon amour ; faites que rien ne me permette de me regarder moy-mesme, c'est à dire, faites que tout moy-mesme soit occupé à vous regarder, à vous contempler, & à vous aimer comme mon souverain bien. Il paroist par cette explication qui est trés-conforme aux principes de St. Augustin, que ce Pére n'a prétendu exclure de l'amour pur, que l'amour de soy, qui a soy-mesme, ou quelques autres choses distinguées de Dieu pour l'objet de sa complaisance & de ses desirs, mais il n'a point prétendu exclure l'amour de soy, qui n'est que le desir de nôtre bonheur & qui nous fait vouloir la possession de Dieu pour nous-mêmes comme pour le sujet, à qui nous voulons ce divin objet, afin qu'il nous rende heureux ; or l'amour de Dieu qui a pour motif le desir d'être heureux en Dieu seul, nous fait regarder Dieu comme l'objet de nôtre amour & nous empêche de nous regarder nous-mêmes ou tout autre bien créé comme l'objet de nôtre complaisance, ainsi il est vray de dire que cet l'amour ne laisse rien en nous qui ne soit pour Dieu, c'est à dire qui ne soit rapporté à Dieu comme à l'unique objet de nos desirs.

Nos Aversaires nous objectent encore plusieurs Passages de St. Augustin, dans ses Livres sur la Trinité, & en quelques autres endroits, où ce Pére parlant de la vertu, dit que ce n'est point précisément par le motif de la recompense qu'on doit aimer à pratiquer la vertu & s'abstenir des vices contraires: il suppose mesme que si, par impossible, l'Ame n'étoit point immortelle, & qu'il n'y eût aucune recompense à attendre de Dieu en l'autre vie, nous devrions néanmoins aimer la vertu pour elle-mesme, & nous abstenir par son amour des vices qui y sont opposez. C'est-là certainement le veritable sentiment de St. Augustin dans le dernier Chapitre du 6. Livre de ses Confessions, où aprés avoir rapporté que disputant avec Alipius & Nebridius de la fin des bons & des méchans, il leur témoignoit, qu'il auroit préferé les sentimens d'Epicure à ceux de tous les Philosophes, s'il eût pû perdre la créance qu'il avoit de l'immortalité de l'Ame, qui sera traitée selon le mérite de ses actions, aprés sa séparation d'avec le corps, ce qu'Epicure n'a point voulu croire; il condamne ensuite cette pensée comme venant du fond de sa misére, laquelle luy faisant mettre le souverain bonheur de l'homme dans le plaisir l'empé-
choit

choit d'apperçevoir la lumiére toute pure de cette Beauté céleste qui mérite seule d'estre aimée pour elle-mesme & sans aucun intérest d'aucune autre recompense. *Nesciens id ipsum ad magnam miseriam pertinere, quod ita demersus & cæcus cogitare non possem lumen honestatis, & gratis amplectendæ Pulchritudinis.* Je tombe d'accord que tout ce que je viens de rapporter de l'opinion de S. Augustin sur la vertu, est trés-véritable. Car je suis homme de bonne foy. Mais voyons les conséquences que nos Aversaires en tirent. S. Augustin, disent-ils, a sans doute reconnu un amour de Dieu aussi pur & aussi desintéressé, que l'amour qu'il assure que l'on doit avoir pour la vertu; si pur & si desintéressé, que quand mesme, par impossible, l'Ame ne seroit pas immortelle, & qu'elle n'auroit aucune recompense à attendre de Dieu, elle devroit néantmoins aimer la Vertu pour elle-mesme & par son amour éviter tous les Vices qui y sont opposez. Par conséquent il a aussi reconnu un amour de Dieu si pur & si desintéressé, que quand même l'Ame ne seroit pas immortelle, quand même elle n'auroit aucune recompense à attendre de luy, & quelle ne devroit jamais le posséder, elle ne laisseroit pas de l'aimer en cette vie, & de haïr tous les péchés pour son amour. Ne sensuit-il pas de là évidemment qu'il y a, selon S. Augustin, un amour de Dieu bien plus pur & plus desintéressé que celuy qui n'a pour motif que de le posséder afin d'être heureux ? Je commence par accorder à nos Aversaires que S. Augustin a effectivement admis un amour de Dieu aussi pur & aussi desintéressé que l'amour qu'il aſſûre que l'ô doit avoir pour la vertu, quand même, par une ſuppoſition impoſſible, nôtre Ame ne ſeroit pas immortelle, & qu'elle n'auroit aucune recompenſe à attendre de Dieu dans l'autre vie. Je ſuis encore de ſi bon accommodement, que j'offre à nôtre averſe Partie de ne plus parler de tant de Paſſages ſi clairs de S. Auguſtin, dans leſquels il appelle amour chaſte, amour gratuit ou deſintereſſé, le deſir qu'on a de poſſeder Dieu ſeul; & de juger de part & d'autre du ſentiment que ce Pére a eû ſur le pur amour de Dieu par ſon opinion ſur l'amour pur & deſintereſſé qu'on devoit avoir pour la vertu. Voilà juſqu'où je puis pouſſer ma condeſcendance en leur faveur, mais je ne puis pas m'empêcher de leur déclarer qu'ils n'entendent point le véritable ſentiment de S. Auguſtin ſur l'amour de la vertu, & que bien loin de nous être contraire, il eſt plûtôt une preuve évidente qu'il n'y a point d'amour de Dieu p'us pur ni plus deſintereſſé, que le deſir de poſſeder Dieu ſeul pour y trouver nôtre ſouverain bonheur. Nous en allons donner une démonſtration de la derniére évidence.

Il eſt conſtant que quand S. Auguſtin a dit que la vertu étoit ſi aimable par elle-même, que quand même, par impoſſible, nôtre Ame ne ſeroit pas immortelle, & qu'elle n'auroit aucune recompenſe à attendre de Dieu, elle n'en devroit pas moins aimer la vertu, & haïr le vice, il eſt certain dis-je, que S. Auguſtin ſuit à la lettre le noble ſentiment des Stoïciens ſur la vertu. Car tout le Monde ſçait que ces Philoſophes mettoient la fin derniére de l'homme me dans la vertu, & qu'ils faisoient profession de la dire aimable par elle même, sans attendre aucune recompense de Dieu, ny toute autre sorte de recompense distinguée de la vertu même. Il est donc nécessaire pour connoître le véritable sentiment de S. Augustin sur l'amour de la vertu, de connoître à fond le sentiment qu'en avoient les Stoïciens, car sans cela on ne peut juger qu'en aveugle de l'opinion de S. Augustin. C'est pourquoy il est important de nous arrêter icy à examiner en quoy consistoit l'amour pur & desinteressé que les Stoïciens faisoient profession d'avoir pour la vertu, & quel étoit le véritable motif de cet amour. Par là il sera facile de juger du véritable sentiment de saint Augustin sur l'amour pur & desinteressé de la vertu, dans la supposition impossible que nôtre Ame ne fût pas immortelle.

Les Stoïciens admettoient pour premier principe de la Morale, aussi bien que tous les autres Philosophes, que nous avons naturellement une inclination nécessaire qui nous porte à rechercher l'état convenable de nôtre nature, c'est à dire nôtre bonheur, & à aimer les objets que nous connoissons y pouvoir contribüer. Pour en estre convaincu il sufit de lire le 3. Livre de Ciceron *de fin. bon. & mal.* où il fait parler sur la vertu Caton fameux Stoïcien, qui commence à y suposer le principe, dont nous venons de parler, comme indubitable.

Voicy maintenant les raisons que les Stoïciens avoient en suposant ce principe, de faire

con-

consister la derniére fin de l'homme dans la vertu. Le bon sens leur dictoit qu'il falloit reconnoître pour la fin derniére de l'homme, le bien qui étoit le plus convenable à la nature de l'homme, & le plus capable de la perfectionner, en la rendant solidement heureuse. Jusqu'ici ils étoient d'accord avec tous les autres Philosophes; Or aprés avoir sérieusement examiné l'excellence & la grandeur de nôtre Ame, aprés avoir reconnu par une infinité d'expériences qu'elle aimoit naturellement l'ordre & la droiture; & qu'elle ne pouvoit être parfaite ni heureuse en aimant le désordre; croyant d'un autre costé avec la plûpart des autres Philosophes, que Dieu ne se mettoit point en peine de nôtre bonheur ni de nôtre perfection, ils ne concevoient aucun bien qui méritât mieux d'être regardé comme la fin derniére de l'homme, que la vertu qui renferme seule l'ordre & la droiture. Ainsi les Stoïciens croïoient qu'il n'y avoit que la vertu, l'ordre & la droiture qui fût le véritable bien d'une Nature intelligente, & qu'il n'y avoit que le vice & le désordre qui fût son véritable mal. Ils regardoient donc la vertu comme le seul bien qui pouvoit faire la perfection de nostre Nature, & ils étoient persuadés que ce n'étoit que dans la vertu même qu'on pouvoit joüir de la tranquilité & d'une parfaite satisfaction, dans laquelle seule consistoit tout le bonheur dont nous avions un desir naturel si invincible. . . . . . .
v v . . . . *Semita certè tranquilla per virtutem patet unica vitæ*; & que la difformité du vice se faisant sentir à l'Ame malgré qu'elle en ait, par le trouble & le désor-

désordre qu'elle y cause, & répandant ainsi son amertume sur tous les plaisirs criminels, luy fait avoüer que sans la vertu & l'innocence, la vie est insupportable. C'est ce que Cotta exprime fort bien dans Ciceron, lors qu'ayant montré par l'exemple de Denis, Tyran de Syracuse, qui faisoit remarquer par moquerie dans la navigation favorable qu'il avoit eüe, combien les Dieux étoient favorables aux Sacrileges, tel qu'il se reconnoissoit luy même, *Videtisne, inquit, Amici, quam bona à Diis Immortalibus navigatio Sacrilegis detur*; aprés, dis-je, avoir montré par cet exemple que, *ad prosperam fortunam adversamve qualis aut quemadmodum vixeris nihil interest*: il ajoûte, *invisa in hoc loco versatur, oratio, videtur enim autoritatem afferre peccandi; & recte videretur, nisi & virtutis & vitiorum sine ullà divinâ consideratione grave esset conscientiæ pondus*. Il faut avoüer que les Stoïciens se trompoient lourdement en croyant que la vertu séparée de Dieu pût être la perfection de nostre nature & nostre bonheur : mais aprés tout, on ne pouvoit pas par les seules lumiéres de la raison, mieux parler qu'ils ont fait & de nostre Ame & de la vertu.

Suivant ces principes, ils faisoient profession d'aimer la vertu par elle même sans l'espérance d'en recevoir de Dieu la recompense, & même d'aucun autre avantage distingué de la vertu; ils reconnoissoient néanmoins toûjours que la perfection de nostre Nature & son plus solide bonheur étoit essentiellement attaché à la vertu. Ainsi quand ils aimoient la vertu à cause d'elle-même, sans la rapporter à aucun autre objet,
ils

ils ne l'aimoient ainsi dans la vérité que parce qu'ils envisageoient la perfection de leur Ame & leur plus solide bonheur essentiellement attachés à la vertu, & toutes les recompenses qu'ils excluoient du motif de l'amour de la vertu, n'étoient que les recompenses de la vertu. D'où il s'ensuit évidemment que l'amour si pur & si desintéressé, que les Stoïciens faisoient profession d'avoir pour la vertu en elle-même ; consistoit en ce qu'ils l'aimoient entant qu'elle étoit convenable par elle même à la nature de leur Ame, entant qu'elle faisoit par elle-même leur plus grande perfection & leur plus solide bonheur. Ils aimoient donc la vertu pour elle même, parce qu'ils ne l'aimoient point pour aucune recompense ni pour aucun autre objet distingué de la vertu, mais ils se regardoient néanmoins comme le sujet auquel ils desiroient la perfection & le bonheur que la vertu apportoit par elle-même. Voilà le véritable sentiment des Stoïciens, suivant lequel S. Augustin regardant aussi la vertu qui renferme l'ordre & la droiture, comme la perfection de nôtre Ame, comme ce qui étoit le plus capable de nous faire goûter la tranquilité & la plus solide satisfaction dans laquelle consiste le bonheur de cette vie, il a eu raison de dire que la vertu étoit si aimable que ce ne devoit point être par le moyen des recompenses distinguées d'elle, qu'on devoit la pratiquer. De sorte que si, par impossible, l'Ame n'étoit pas immortelle, & qu'elle n'eût aucune recompense à attendre de Dieu, on n'en devroit pas moins aimer la vertu par elle-même, & éviter les vices,

vices. Car quand même l'Ame feroit mortelle, du moins pendant qu'elle vit elle defire d'être heureufe. Or, felon la conftitution de fa nature, elle ne pourroit trouver fon bonheur & fa perfection que dans la vertu & dans l'ordre; elle trouveroit immanquablement beaucoup de troubles, de chagrin, d'inquiétude & d'amertume dans le vice & dans le défordre. Par conféquent, quand même elle feroit mortelle, elle devroit toûjours aimer la vertu à caufe de fes propres attraits, & haïr le vice. Par la même raifon dans les Principes du Chriftianifme, quand même l'Ame feroit mortelle, elle devroit néanmoins n'aimer que Dieu & ne s'attacher qu'à luy pendant toute fa vie, fe conformer à fa volonté, parce qu'en aimant les Créatures elle fe raviliroit honteufement & n'y trouveroit que mifére & que malheur; au lieu que dans l'amour même de Dieu elle trouveroit fa perfection, une folide joïe & fon bonheur, autant qu'elle feroit capable d'en avoir dans cet état.

Tout ce que nous venons de dire fait voir évidemment, que l'amour pur & defintereffé que S. Auguftin vouloit qu'on eût pour la vertu, quand même, par impoffible, l'Ame ne feroit pas immortelle, eft un amour qui exclut feulement le motif de toute recompenfe diftinguée de la vertu, de mefme que l'amour dont les Stoïciens faifoient profeffion à l'égard de la vertu, excluoit auffi toutes ces fortes de recompenfes, mais qu'il n'excluoit point le motif des recompenfes effentiellement attachées à la vertu mefme, puifqu'il fuivoit fur ce fujet le fentiment

ment des Stoïciens, qui n'ont certainement jamais exclus de l'amour de la vertu & de l'ordre, le motif d'y trouver la perfection de nôtre Ame & nôtre solide bonheur. De là je fais ce raisonnement contre nos Aversaires.

S. Augustin & tous les autres Péres de l'Eglise n'ont point reconnu d'amour de Dieu qui fût plus pur ni plus desintéressé, que l'amour que les Stoïciens faisoient profession d'avoir pour la vertu à cause d'elle-même, sans avoir en vûë aucune recompense distinguée de la vertu. Or il est certain, comme nous l'avons démontré, que l'amour si pur & si desintéressé que les Stoïciens faisoient profession d'avoir pour la vertu à cause d'elle-même, n'excluoit point le motif d'y trouver la perfection de nôtre Ame, & son bonheur solide, mais seulement le motif de toutes sortes de recompenses distinguées de la vertu. Par conséquent l'amour de Dieu le plus pur & le plus desintéressé que S. Augustin & les autres Péres ont reconnu, n'exclut point le motif de trouver dans la possession de Dieu seul la perfection de nôtre Nature & nôtre souverain bonheur. En effet, l'amour pur & desintéressé ne peut point exclure un motif qui est parfaitement conforme à l'ordre, & par lequel une Créature intelligente glorifie Dieu de la maniére la plus parfaite dont elle soit capable de le glorifier. Or nous avons démontré ci-dessus que l'amour de Dieu qui avoit ce motif, étoit tel.

CHA-

CHAPITRE VI.

Qu'il n'y a point de véritable Amour d'Amitié ni de bienveillance à l'égard de Dieu qui soit distingué de l'Amour d'union, par lequel on desire de le posseder, & que toute la perfection de l'amour de bienveillance qu'on peut avoir pour Dieu, dépend nécessairement du desir qu'on a de le posseder. D'où il s'ensuit que la perfection du pur Amour ne dépend proprement que de la perfection du desir qu'on a de posseder Dieu.

Quand on desire quelque bien à une personne distinguée de nous, c'est ce qu'on appelle l'aimer d'un amour de bienveillance; & quand on desire d'y estre uni pour la posseder & pour en jouïr, c'est ce qu'on appelle l'aimer d'un amour d'union.

L'amour de bienveillance qu'on peut avoir pour des Créatures est d'une nature bien differente de celuy qu'on peut avoir pour Dieu. Car les Créatures manquant chacune en particulier d'une infinité de biens, nous pouvons leur procurer, ou du moins leur souhaitter des biens effectifs qu'elles n'avoient pas: Au contraire Dieu

trou-

trouvant en luy la plenitude de toutes sortes de perfections, de gloire & de bonheur, est essentiellement incapable de recevoir des Créatures ni honneur ni service qui ajoûte quelque chose à sa gloire & à la félicité qu'il possède essentiellement de toute éternité. Ainsi, comme de nôtre fonds nous n'avons que le néant & que Dieu n'a besoin de rien, nous sommes dans l'impuissance de lui procurer aucun avantage effectif. S'il nous ordonne de l'aimer & de le servir, ce n'est que pour nôtre bien & nullement pour aucune satisfaction qui luy en revienne : *Le Seigneur est grand & il n'a point besoin de mes biens*, dit le Prophete Royal. Il n'y a que luy qui soit véritablement grand, parce qu'il n'y a que luy qui n'ait besoin & qui ne puisse mesme recevoir de personne. Ce seroit donc une impieté, ou du moins une bêtise, de souhaiter quelques biens à Dieu, comme s'ils luy manquoient & qu'il en eût besoin. C'est pourquoi saint Augustin expliquant l'Oraison Dominicale dans son Sermon 56. à ceux des Catéchumenes qu'on apelloit *Competentes*, leur dit pour leur donner une juste idée de la grandeur de Dieu, „ Quand vous „ faites des priéres à Dieu vous ne priez pas „ Dieu pour Dieu, mais c'est pour vous que „ vous le priez. Lorsqu'il explique ensuite ces Demandes du *Pater*, que vôtre Nom soit santifié, que vôtre Royaume arrive, que vôtre volonté soit faite en la Terre comme au Ciel, il leur fait comprendre en leur donnant la véritable intelligence de ces Demandes, que ce n'est pas à Dieu mais à eux-mêmes à qui ils souhaitent du bien par tous ces desirs. Hugues

de

Amour de Dieu.

de S. Victor, fidéle Disciple de S. Augustin, qui étoit contemporain de S. Bernard, a suivi cette excellente Doctrine en traitant de la charité. Il parle de l'amour de bienveillance dans les termes suivans. ,, Pensez-vous qu'on vous ,, commande d'aimer vôtre Dieu pour luy fai-,, re ou luy desirer quelque bien & non pas ,, pour le desirer, luy qui est votre bien ? Vous ,, ne l'aimez pas pour son bien, mais pour le ,, votre, & vous l'aimés parce qu'il est luy-,, même votre bien, car vous ne l'aimés pas ,, pour vôtre bien, afin que vôtre bien vienne ,, de luy, mais afin qu'il le soit luy-même. Et un peu aprés il se fait faire cette objection à laquelle il répond comme on va voir. ,, Quoi-,, que je ne puisse luy rien donner, je fais ce ,, que je puis & je luy desire du bien. Quel ,, bien pouvés vous lui desirer, puisque vous ,, ne sauriés trouver aucun bien hors de luy ? ,, il est luy seul tout le bien (d'où il tire cette consequence) ,, quand donc vous aimez Dieu ,, vous l'aimez pour vous, & c'est vôtre bien ,, que vous aimez, & vous l'aimez pour vôtre ,, bien, parce qu'il est luy mesme vôtre bien ,, que vous aimez. Quand vous aimez la jus-,, tice, pour qui l'aimez vous? Pour elle, ou ,, pour vous? Quand vous aimez la sagesse, la ,, vérité & la bonté, pour qui les aimez-vous? ,, Pour elle ou pour vous? La lumiére mesme ,, si douce & si agréable aux yeux, quand vous ,, l'aimez, pour qui l'aimez vous? C'est pour ,, vos yeux ou pour vous-mesme; il en est ain-,, si de vôtre Dieu. Quand vous l'aimez, ,, comprenez qu'il est luy-mesme vôtre Dieu.

M 2 ,,Or

,, Or qu'est-ce qu'aimer, si ce n'est desirer, vou-
,, loir avoir, posséder & joüir?

Quoi que Dieu ne manque de rien, & que ce soit luy faire injure que de luy souhaiter quelque bien, comme s'il en avoit besoin, nous devons cependant par un sentiment d'amitié trés-raisonnable & une juste reconnoissance, faire tout nôtre possible pour luy plaire, luy obéïr en toutes choses, & souhaiter aussi qu'il soit obeï, loüé & adoré dans le Monde; si nostre amour n'est point capable de luy procurer aucun surcroît ni de gloire ni de bonheur, il ne peut pas au moins s'empescher de témoigner son zéle & son empressement; il se fera mesme une joye de ce que Dieu est si grand, si parfait & si heureux par luy-mesme, que toutes les Créatures sont incapables d'y rien ajoûter. Voilà en quel sens on peut avoir un amour de bienveillance & de reconnoissance pour Dieu. Mais je soûtiens que cet amour, s'il est véritable, ne peut point estre un amour distingué de l'amour d'union, c'est à dire du desir de posséder Dieu, & que ce n'est qu'une suite ou comme une proprieté essentiellement attachée à cet amour d'union. Car l'objet de l'amour de bienveillance n'est autre que de glorifier Dieu. Or nous ne pouvons pas glorifier Dieu d'une maniére plus parfaite, comme nous l'avons déja fait voir ci-dessus, qu'en desirant de tout nostre cœur de le posséder pour trouver en luy seul nostre bonheur, puisque par cet amour nous rendons à sa grandeur, à sa puissance & à sa bonté l'hommage le plus glorieux que nous puissions luy rendre: & si nous ne
glo-

glorifions pas nous-mêmes Dieu en cette manière, en vain desirons nous que tout le Monde le glorifie. C'est un sacrifice qui ne nous coûte rien que de desirer qu'il soit glorifié par tout le Monde, mais se faire violence pour ne s'attacher à aucune chose de la Terre, ne desirer que la possession de Dieu pour trouver en luy seul la perfection de nostre Nature & nostre bonheur, se donner tout entier à Dieu comme à son Créateur, son Seigneur, son Roy, son Epoux, son Sauveur & à la première Cause de sa félicité, c'est le vray sacrifice par lequel seul nous rendons un hommage glorieux à Dieu. Sans cela, tous les autres desirs de glorifier Dieu ne sont que de vaines spéculations d'une Imagination vive, dont les plus grands pécheurs mesme sont capables. Il faut donc établir pour un principe constant, qu'il n'y a point d'amour de bienveillance plus parfait, que celuy qui nous faisant desirer de tout nostre cœur la possession de Dieu, fait que nous-nous voulons uniquement pour Dieu afin d'estre abîmez, dans sa connoissance & son amour. Il s'ensuit de-là évidemment que la perfection de l'amour de Dieu, qu'on appelle amour de bienveillance & de reconnoissance, dépend nécessairement de la perfection ou desir qu'on a de le posséder. On voit par là combien grande est l'illusion de plusieurs Mystiques de ces derniers siécles, qui ne s'occupent dans leurs plus sublimes contemplations qu'à faire mille desirs pour la gloire de Dieu, qui sont souvent chimériques & ridicules, rejettant tous les desirs de posséder Dieu pour trouver en luy nôtre bonheur, comme des desirs impurs, intéressez mercénaires & indignes de Dieu, & faisant consister toute la perfection de l'amour dans des desirs vagues de procurer sa gloire. Car ils ont pour principe, que l'amour pur & généreux ne doit point se soucier de rien recevoir de Dieu, qu'il doit être dans une égale indifférence d'en recevoir soit bonheur soit malheur, & qu'il doit plûtôt donner à Dieu en ne cherchant que sa gloire : comme si la gloire de Dieu consistoit à recevoir quelque chose de nous & non pas à nous donner. Nous avons suffisamment fait voir jusqu'ici la fausseté de ces Principes, qui tendent à rüiner les plus solides Maximes de la Religion.

CHAPITRE VII.

Explication véritable de ces paroles de S. Paul, Charitas non quærit quæ sua sunt, *La Charité ne cherche point ses propres intérêts.*

UNe des propriétez & des principaux caractères que St. Paul, attribuë à la charité dans le 13. Chap. de la Premiere Epître aux Corinthiens, c'est que la charité ne cherche point ses propres intérêts, *Charitas non quærit quæ qua sunt*. Ainsi, il est constant que la charité doit être un amour desintéressé. Tous les Théologiens conviennent unanimement en ce point. Mais la difficulté est de sçavoir ce qu'on doit entendre par le propre intérêt que la charité exclut. Les hommes ont distingué de tout tems deux sortes d'intérêt; l'un vicieux & déréglé & qui n'est point dans l'ordre, ou du moins purement mercénaire qui est tout à fait distingué de la vertu, & un autre honnête & inséparable de la vertu mesme à laquelle il est essentiellement attaché. Or il est constant que dans la maniére ordinaire de parler, les hommes ont toûjours pris les mots de *propre intérêt*, en mauvaise part, pour l'intérêt vicieux & déréglé opposé à la vertu, ou du moins pour l'intérêt purement mercénaire qui est tout à fait distingué de la vertu, & ils n'ont point donné le nom de propre intérêt à celui qui est inséparablement attaché à la vertu mesme, parce qu'ils ont jugé qu'il n'y avoit rien de plus loüable, ni de plus honneste que de ne point rechercher d'autre intérêt que celui qu'on trouve à pratiquer la vertu. Ainsi, jamais on ne s'est avisé de blâmer un homme comme s'il agissoit pour son propre intérest, quand il ne cherche qu'à pratiquer la justice, la misericorde, la temperance & les autres vertus, sans autre intérest que celuy qu'il trouve dans ces vertus mesmes. Mais ils ont dit au-contraire, qu'un homme ne recherchoit que son propre intérest quand il n'agissoit que pour s'enrichir par toutes sortes de voyes, ou pour contenter son ambition, ou pour joüir des voluptez. La remarque que je viens de faire n'est

pas

pas nouvelle ; car je l'ai trouvée dans le 8. Chapitre du 9. Livre d'Aristote sur les Mœurs, *De Moribus, sive de Ethica*. Ce Philosophe a écrit dans cet endroit un Chapitre tout entier de l'amour de soi-mesme, *de Philautia*, où il distingue trés-judicieusement le propre intérest distingué de la vertu, que les hommes ont coutume de prendre en mauvaise part, d'avec l'intérest qui se trouve toûjours dans la vertu mesme. Ceux qui voudront prendre la peine de lire tout ce Chapitre 8. seront bien païez de leur peine ; car ils y trouveront de fort belles choses sur l'amour de soi-même & sur la notion qu'on doit avoir du propre intérest.

Il faut donc distinguer aussi 2. sortes d'intérest par rapport à la charité, il y a un intérest vicieux & déréglé qui n'est point dans l'ordre, ou du moins purement mercenaire qui est tellement distingué de la charité qu'il lui est directement opposé, & il y a un autre intérest tres honneste essentiellement attaché à la charité mesme. Or il faudroit avoir perdu l'esprit pour dire que la charité exclud l'intérest essentiellement renfermé dans elle-mesme. Car il est aussi impossible que la charité exclue le veritable intérest essentiellement attaché à elle-mesme par l'ordre de Dieu, comme il est impossible que la charité soit opposée à elle-mesme. Il s'ensuit de là évidemment que la charité exclut seulement tout intérest vicieux & déréglé contraire à l'ordre, & la vuë de tout intérest purement mercénaire qui est entiérement distingué de la charité ; ainsi le propre intérest opposé à la charité est cette espéce d'Intérest dont je viens de parler

parler que les hommes ont pris de tout tems en mauvaise part.

Il est aisé suivant ces principes d'expliquer le véritable sens de ce fameux passage de St. Paul, *La Charité ne cherche point ses intérêts propres.* 1. Selon la remarque d'Estius & des plus sçavans Interpretes, St. Paul attribuë dans ce Chapitre à la Charité ce qui convient aux Personnes qui ont la charité. Ainsi quand cet Apôtre dit que la Charité ne cherche point ses propres interest, c'est comme s'il disoit que ceux qui ont la Charité ne recherchent point leur propre interest. 2. Cet Apôtre oppose en cet endroit les intérests vicieux & déréglés qui sont contraires à la volonté de Dieu & à sa gloire, aux intérests parfaitement loüables qui sont inséparablement attachez à la gloire de Dieu & à l'accomplissement de sa volonté. Ainsi il a voulu dire que ceux qui ont la charité ne recherchent point les intérests vicieux & déréglez qui ont eux-mêmes ou quelqu'autre faux bien de la Terre pour objet & pour fin, mais qu'ils ne cherchent que les véritables intérests essentiellement attachez à la gloire de Dieu & à l'accomplissement de sa volonté. Voicy donc la véritable idée que nous devons avoir d'un amour desintéressé & d'un amour intéressé. Tout amour qui n'a point pour motif l'espérance de quelque intérêt entiérement distingué de l'objet aimé est un amour pur & desintéressé de l'objet aimé; & tout amour au contraire qui a pour motif l'espérance de quelque intérêt entiérement distingué de l'objet aimé, est un amour intéressé & purement mercenaire. Mais, direz vous, qu'importe à l'amour que l'intérest qui nous fait aimer un objet soit distingué de cet objet, ou qu'il n'en soit pas distingué ; ne peut on pas appeller amour intéressé tout amour qui a quelque intérest pour motif, soit que cet intérest soit distingué de l'objet aimé soit qu'il n'en soit pas distingué? Je repons qu'il importe beaucoup, puisque l'amour qui a pour motif quelque intérest distingué de l'objet aimé, & l'amour qui a pour motif un intérest essentiellement attaché à l'objet aimé, différent évidemment d'espece. Car quand on aime un objet pour quelque intérest distingué de luy, on n'aime pas cet objet pour lui-même parce qu'on ne l'aime que comme un moien pour parvenir à l'intérest distingué de luy, qui est la fin de cet amour ; au lieu que quand on aime un objet par le motif de quelque intérest inseparablement attaché à cet objet dont il n'est aucunement distingué, on aime cet objet en lui-mesme, de sorte qu'il est la fin de nôtre amour. J'avouë qu'on peut absolument parlant & dans une rigueur metaphysique, appeller amour intéressé tout amour qui a quelque intérest pour motif, pourvû qu'on tombe d'accord que l'amour d'un objet qui a pour motif quelque intérest inséparablement attaché à cet objet est trés-différent & distingué d'espece de l'amour qui a pour motif quelque intérest distingué de l'objet aimé. Mais il faut remarquer que les hommes dans le langage ordinaire prenant le mot d'intérest & d'intéressé en mauvaise part, on ne doit appeller amour intéressé, suivant la maniere ordinaire de parler, que l'amour qui a pour motif quelque intérest distingué de l'objet aimé parce qu'il n'y

Amour de Dieu.

à que cette espéce d'amour qu'ils regardent comme mercenaire. On ne s'avise point de dire, par exemple, qu'un homme aime son Ami pour son propre intérêt, quand il l'aime sans aucun autre interest que la satisfaction qu'il trouve à l'aimer & à lui rendre toutes sortes de bons services. Mais on dit qu'un homme en aime un autre pour son propre interest, c'est à dire d'un amour interessé quand il a pour motif de parvenir par son credit & sa faveur ou a des richesses, ou à des Emplois honorables. On voit donc bien que les hommes ne prennent l'amour interessé qu'en mauvaise part, pour tout amour qui a pour motif quelque interest distingué de l'objet aimé. Voilà pourquoi comme l'amour qui a pour son motif quelque interest inseparablement attaché à l'objet aimé, est opposé à l'amour qui a pour motif quelque interest tout à fait different & distingué de l'objet aimé, & qu'il n'y a que cette derniére espece d'interest qui empesche qu'on n'aime un objet pour luy-mesme, on a raison de laisser le nom d'amour interessé à cette derniere sorte d'amour & d'appeller, par opposition à celuy-là, amour desinteressé, l'amour qui fait aimer un objet entant qu'il nous est convenable immediatement par lui-même.

La charité est donc veritablement desinteressée, parce qu'elle exclut l'esperance de tout interest distingué d'elle mesme & de la gloire de Dieu: or le desir de posséder Dieu, qui n'a point d'autre motif que de trouver nôtre bonheur dans sa connoissance & son amour, exclut non seulement tout interest vicieux & déréglé, mais il exclut encore tout interest purement mercenaire qui

est

est distingué de la possession de Dieu & de sa gloire; car cet amour ne renferme point d'autre interest que celui qui est inséparablement attaché à l'amour de Dieu, & qui a par consequent la possession de Dieu mesme pour objet, & sa gloire pour fin naturelle. Ainsi il est vrai de dire que celuy qui agit par cet amour ne cherche point ses propres interests, *non quærit quæ sua sunt*, puisqu'il ne cherche aucun interêt distingué de Dieu & de sa gloire; car l'interêt de nôtre propre bonheur ayant alors Dieu mesme pour objet & se rapportant à sa gloire, se trouve tellement confondu avec l'intérest de la gloire de Dieu qu'il en est inséparable.

CHAPITRE VIII.

Qu'il y a un faux desir du Ciel & de la possession de Dieu, qu'il faut prendre garde de confondre avec le desir véritable & sincére de posséder Dieu pour luy-même.

A Prés avoir fait l'apologie de l'amour qui nous fait desirer sincérement la possession de Dieu seul, pour trouver nôtre bonheur dans sa connoissance & son amour, il est nécessaire d'avertir qu'il y a un faux desir du Ciel & de la possession de Dieu, qu'il faut bien prendre garde de confondre avec le desir véritable & sincere

sincere de posséder Dieu pour lui-mesme. Car l'un vient de la charité, & l'autre n'est qu'une illusion dangereuse de la cupidité qui nous fait prendre souvent les ténébres pour la lumiere.

Il est certain que l'amour de la felicité en general, s'il y en a un distingué de toutes les inclinations particulieres, n'a rien de commun avec la charité ; parce que venant du fond de la Nature, il se trouve également dans les bons & dans les méchans, tout aussi agissant dans les uns que dans les autres, faisant commettre à ceux-ci les plus grands crimes, comme il porte les autres à pratiquer la vertu. Mais il y a un autre amour de la béatitude qui pourroit bien plûtôt nous tromper, que celui dont nous venons de parler, & qu'on pourroit prendre pour une véritable charité, comme nous verrons dans la suite, que bien des gens s'y trompent. Tous les hommes voulant être heureux, & la Foi apprenant aux Chrestiens qu'ils ne le peuvent être que dans le Ciel, où ils posséderont Dieu, l'expérience d'un autre côté les convainquant que l'homme ne sçauroit trouver son parfait bonheur dans les Créatures, ils concluent naturellement qu'il faut donc faire tous les efforts pour aller en Paradis & pour joüir de Dieu. Tous ceux qui font ce raisonnement, & qui aprés s'être fortement convaincus de la nécessité absoluë qu'il y a de se procurer ce bonheur, faisant toutes les réfléxions possibles pour en exciter & pour en augmenter le desir, croyent de bonne foy que c'est un veritable desir de charité, & qu'ils ne sçauroient mieux faire que

de

de l'entretenir & de le fortifier tout autant qu'ils pourront. Cependant il est aisé de les détromper de cette illusion, parce qu'il n'y a rien en tout cela qu'un fond d'inclination naturelle jointe aux lumiéres de la Foy ; car il n'y a point d'homme qui ne veüille naturellement être heureux, & qui étant persuadé par la Foy qu'il n'y a point d'autre bonheur pour lui que la possession de Dieu, ne soit obligé de conclurre qu'il faut donc viser là. Mais l'Apôtre nous dit que la Foy mesme la plus excellente n'est rien sans la charité, il faut donc avoüer qu'il y a une différence infinie entre la véritable charité & ce desir d'aller en Paradis, que la Nature éclairée des lumiéres de la Foy produit nécessairement dans tous les Chrestiens, dans les Pécheurs, aussi bien que dans les Justes, pour peu qu'ils y fassent de réfléxion.

Désirer précisément la félicité que l'on doit trouver dans la possession de Dieu, ou que l'on regarde comme une suite nécessaire de la possession de Dieu, n'est pas aimer Dieu pour lui-mesme, il s'en faut tout. On aime Dieu quand on trouve en lui-mesme quelque charme ou quelque attrait conforme à la disposition de son cœur, au lieu que ceux dont nous parlons, c'est à dire tant de Chrestiens qui n'ont point de charité, ne trouvant en Dieu rien d'aimable par lui-mesme n'étant point sensibles aux attraits de la vérité, de la sagesse & de la justice, étant mêmes insensibles aux bontez & aux douceurs de sa misericorde, veulent pourtant le posséder, parce qu'ils ont compris qu'ils ne pouvoient être heureux autrement. C'est un raisonnement fondé

Amour de Dieu. 181

dé sur l'inclination naturelle, sur l'expérience & sur les lumieres de la Foy, qui tire cette conséquence. Mais ceux qui aiment n'ont point besoin de raisonnement ni de réfléxion, ils sentent bien qu'ils ne sçauroient être que malheureux s'ils sont privez de l'objet de leur amour, comme cela paroît dans ces paroles de St. Augustin au Livre 13. de ses Confessions, Ch. 8. qui expriment si vivement & si naturellement l'ardeur de la charité. „ Tout ce que „ je sçais, c'est que par tout ailleurs qu'en vous „ je ne trouve que du dégoût & de la misére, „ non-seulement hors de moi-mesme, mais „ aussi dans moi-mesme, & que toute abon„ dance qui n'est pas vous, est pour moi une „ véritable indigence.

Mais, direz-vous, comment un homme peut-il s'imaginer qu'il sera heureux en possédant Dieu, s'il ne l'aime point, comme nous assûrons que cela n'arrive que trop souvent ? Car vouloir estre heureux & vouloir estre content, c'est la mesme chose. Or vouloir estre content, c'est vouloir posséder ce que l'on aime. Peut-on vouloir posséder un objet qu'on n'aime point ? Pour démêler cette difficulté, il faut remarquer qu'on peut aimer un objet ou d'un amour de concupiscence purement mercénaire, ensorte qu'on ne l'aime point pour lui-mesme, mais pour quelqu'autre objet distingué de lui, (ce mesme qu'on aime une médecine pour la santé) ou d'un amour desintéressé par lequel on l'aime pour lui-mesme. Il est vrai qu'un homme peut s'imaginer qu'il sera heureux en possédant un objet qu'il n'aime point pour lui-mesme

d'un

d'un amour desinteressé ; mais il est du moins nécessaire qu'il aime cet objet d'un amour de concupiscence purement mercénaire, qui n'est proprement que l'amour d'un autre objet, à cause duquel il aime ce premier comme un moyen pour obtenir celui qui est véritablement l'objet & la fin de son amour. Cela supposé, il est facile de comprendre que quand des gens se sont bien mis dans la tête que Dieu seul peut les rendre heureux, l'objet de leur passion dominante se cachant sous l'idée confuse du Paradis & de la possession de Dieu, leur fait desirer le Ciel & la possession de Dieu, en qui l'on a figuré quelque chose de semblable à l'objet de sa Passion dominante, ou du moins je ne sçai quoi qui la satisfera, qui causera un plaisir, une joye & un contentement semblable à celui que causeroit l'objet même de la Passion si l'on en jouïssoit ; d'où vient qu'au lieu d'étouffer la Passion & de la combattre, on veut la porter jusques en Paradis pour la satisfaire. Cela paroit surprenant, mais il n'est que trop ordinaire & trop vrai : si l'Esprit envisageoit l'objet de la passion sous sa forme naturelle, comme les richesses, les plaisirs des sens, ou les honneurs du Monde, il ne les prendroit pas pour le souverain bien ; & si les passions se montroient sans se déguiser il ne pourroit s'empêcher de les condamner ; mais quand la cupidité les a déguisées & qu'elle a caché la turpitude de leur objet sous cette idée confuse du Paradis & de la possession de Dieu conçûe par une fausse idée, il ne s'en défie point, peut-être même qu'il est bien aise de favoriser une erreur qui flatte sa Passion, parce

ce qu'il est naturellement d'intelligence avec elle. On s'entretient avec plaisir de ces grands projets & de ces belles espérances d'aller à Dieu pour y trouver un bonheur accompli, & cette chasse en idée est d'autant plus de nôtre goût, qu'elle ne trouble point la fausse Paix où la Passion nous endort. St. Augustin découvre cette illusion en plusieurs endroits, mais il la combat principalement sur le Pseaume 110. où ce Pere parlant du N. Testament dit les paroles suivantes. ,, Qui que vous soyez qui voulez
,, en être héritier, je ne veux pas que vous-
,, vous abusiez par une imagination charnelle
,, de Terre qui coule de miel & de lait, de bel-
,, les Maisons de Campagne, de jardins plan-
,, tez d'arbres qui donnent du couvert & du
,, fruit, ni que vous entreteniez le desir de rien
,, posséder de semblable à ce que les yeux de
,, l'avarice ont accoûtumé de desirer dans ce
,, Monde; car l'avarice étant la racine de tous
,, les maux, il faut luy faire la guerre pour la
,, détruire dans cette vie, & non pas remettre à
,, la contenter dans l'autre. Nous voyons dans l'Evangile un exemple effectif trés-bien marqué, & trés-bien circonstantié d'une semblable illusion, quand deux des Apôtres demandent ou font demander au Fils de Dieu les deux premiéres places dans son Royaume, selon St. Mathieu; *Dic ut sedeant hi duo Filii mei, unus ad dexteram tuam & unus ad sinistram in Regno tuo*; ou dans sa gloire selon St. Marc; *Da nobis ut unus ad dexteram tuam, & alius ad sinistram tuam sedeamus in Gloria tua.* Il est évident que c'étoit l'ambition qui les faisoit parler. Mais cette am-

bition ne leur faisoit pas desirer de fausses Grandeurs dans le Monde, elle portoit ses prétentions bien plus loin, elle alloit chercher jusques dans la Gloire & dans le Royaume des Cieux de quoy se satisfaire. Il faut donc reconnoître que ces deux Apôtres au-lieu de combattre, de reprimer & de mortifier une passion criminelle, l'entretenoient dans l'espérance de la satisfaire dans le Ciel.

Il est donc nécessaire que le desir de posséder Dieu pour être véritable & sincere, n'ait point d'autre objet ni d'autre fin que Dieu, & que ce soient les attraits & les charmes qu'on trouve dans la connoissance & l'amour de Dieu même qui nous portent à l'aimer de sorte qu'on haïsse veritablement le mensonge, l'illusion, le désordre, & l'injustice qui se rencontrent dans l'amour des Créatures. C'est pourquoy toutes les fois que l'objet qui est la fin du desir que nous avons de posséder Dieu ou d'aller au Ciel, n'est pas Dieu même, mais que c'est l'objet de quelque Passion dominante cachée & deguisée sous l'idée confuse du Ciel & de la possession de Dieu, nous n'avons point un desir véritable & sincére de posséder Dieu pour luy-même, & nous ne l'aimons tout au plus que d'un amour de concupiscence purement mercénaire.

CHAPITRE IX.

Réponse aux objections tirées des Saints Péres par lesquelles on prétend prouver que l'Amour de Charité, autrement l'Amour pur & desintéressé, doit avoir pour motif la bonté absoluë de Dieu, avec exclusion de tout rapport de convenance à nôtre égard, & du desir de nôtre propre béatitude.

MOn dessein n'est point de rapporter icy tous les Passages des Péres qu'on peut nous objecter, parce que je crains d'abuser trop de la patience du Lecteur, & que d'ailleurs cela n'est nullement nécessaire aprés les Principes que nous avons établis, pour convaincre tout Esprit raisonnable, que ceux qui nous les objectent ne les entendent pas. On peut réduire toutes les objections des Péres qu'on a coutume de faire contre nôtre sentiment, à deux Chefs principaux.

Le premier Chef d'objections est fondé sur l'hypothése impossible que plusieurs Péres ont faite, qu'on pût séparer le Salut Eternel de la connoissance & de l'amour de Dieu. Or dans cette hypothése, ils disent que pour aimer Dieu d'un amour pur & desintéressé, il faudroit pré-

N 2 *téres*

férer la connoissance & l'amour de Dieu au salut éternel.

Le second genre d'objections est tiré de la fameuse distinction des Esclaves, des Mercénaires, & des Enfans, qui a esté reconnuë par tous les Saints Péres, & de plusieurs expressions par lesquelles ils mettent au rang des Mercénaires ceux qui servent Dieu à cause des recompenses mesme de l'autre vie. Nous allons faire voir démonstrativement qu'ils n'ont rien dit qui ne soit trés-vray dans nôtre sentiment, & qu'ainsi ils ne nous sont point du tout contraires.

ARTICLE PREMIER.

Réponse à l'objection tirée de l'hypothése que Saint Clement d'Alexandrie, St. Chrysostome, Théodoret & quelques autres Péres ont faite, en supposant par impossible, que le salut pût être séparé de l'amour & de la connoissance de Dieu.

Plusieurs Saints-Péres de l'Eglise, pour faire concevoir jusqu'à quelle pureté & quel desintéressement devoit aller l'amour de charité parfaite qu'on doit avoir pour Dieu, ont dit qu'en supposant par impossible, que le salut éternel pût être séparé de la connoissance & de l'amour de Dieu, si une Ame à qui on proposeroit

poseroit lequel elle aimeroit le mieux, ou du salut éternel sans l'amour de Dieu, ou de l'amour de Dieu sans le salut, si une Ame, dis-je, préféroit l'amour de Dieu au salut éternel aimant mieux estre privée du salut que de l'amour de Dieu, c'est alors que cet Ame aimeroit Dieu d'un amour parfaitement pur & desinteressé; Or, disent nos Adversaires, le motif de cet amour pur exclut évidemment le desir de nôtre bonheur, & ne considére Dieu qu'en luy-même, sans aucun rapport à nous ni à nôtre bonheur.

Pour bien comprendre la véritable pensée des Saints Péres, qui ont fait l'hypothése qu'on nous objecte, il est nécessaire de rapporter leurs paroles, & de les expliquer par eux-mesmes. Je vais commencer par St. Clement d'Aléxandrie, ensuite nous passerons à St. Chrysostome & aux autres Péres qui l'ont suivi.

Voici les paroles de la fameuse objection, tirée du Livre quatriéme des Stromates de S. Clement. * „ J'ose dire que le parfait Spirituel qui ne recherche à connoître & aimer Dieu que
„ pour la connoissance & l'amour de Dieu
„ même, ne s'attache pas à connoître & ai-
„ mer Dieu par l'espérance du salut... S'il
„ arrive donc qu'il fût interrogé par une ma-
„ niére de supposition impossible lequel des
„ deux il choisiroit, ou la connoissance subli-
„ me de Dieu jointe à une charité parfaite (ce
qu'il appelle *Gnose*, τὴν γνῶσιν, comme une chose

qui

* Lib. 4. Strom. p. 385. *Je cite les Pages de S. Clement selon l'Edition faite en 1616. Lugduni Batavorum.*

qui surpasse la foy par la charité, & est desirable par elle-mesme] d'où il conclut que la premiere bonne œuvre de l'homme parfait est de faire toûjours le bien par une habitude constante, & agissant, non pas pour la gloire & la reputation ni pour aucune recompense, qui luy vienne ou des hommes ou de Dieu.

Afin d'avoir la véritable intelligence de ces paroles, il est nécessaire de sçavoir tout le corps de la Doctrine que St. Clement enseigne en divers endroits des sept Livres des *Stromates* sur l'état de perfection qu'il appelle *Gnose*, & sur la charité qu'il y comprend. J'ay lû avec beaucoup d'attention tous ces Livres de suite sans aucun préjugé pour m'instruire par moy-mesme de son véritable sentiment sur l'amour de Dieu. Voicy les remarques que j'y ay faites & qui éclairciront parfaitement le célébre Passage qu'on nous objecte.

Quoy que St. Clement d'Alexandrie traite de plusieurs choses fort différentes dans ces Livres qu'il a intitulez *Stromates*, c'est à dire Tapisseries, à cause de la variété des choses qu'il y traite. Néanmoins son principal dessein sur tout dans le 4. le 5. le 6. & le 7. Livre a esté de faire un excellent portrait d'un homme parfait à l'égard de Dieu & des hommes. Il a sans doute voulu imiter Platon qui a employé tout son bel esprit à faire le portrait d'une Republique parfaite, & les Stoiciens qui faisoient de la vertu de leurs Sages le plus beau portrait du Monde. Il faut avouer qu'il y a bien reüssi ; car il n'est pas possible de donner un idée plus noble de la plus sublime perfection, sans tomber

dans

dans l'excez, comme nos nouveaux Mystiques, que celle qu'il en donne, ni de proposer un Modéle plus accompli que son *Gnostique*. Il fait consister la perfection dans ce qu'il appelle *Gnose*, ou ἐπιστήμη; nous n'avons aucun terme ni en Latin, ni en François, qui puisse exprimer par un seul mot ce qu'il a entendu par là. Mais il fait connoître clairement en cent endroits, que ce qu'il appelle *Gnose*, est une connoissance sublime de Dieu, jointe à une charité parfaite. Je me souviens que dans un endroit il apporte l'Etymologie du mot ἐπιστήμη, dont il se sert souvent pour signifier cette connoissance de Dieu dans lequel il met la perfection, & il dit que ce mot vient du Verbe Grec ἵστημι, ou du mot ςάσις, *sto*, *statio*, & qu'ainsi la connoissance de Dieu, dont il parle, est une connoissance qui se repose d'une maniére stable dans la contemplation de Dieu, *quæ in Deo stat*. Il est donc constant que St. Clement, faisoit consister la souveraine perfection à laquelle on pouvoit parvenir sur la Terre, dans la connoissance sublime de Dieu jointe à la Charité parfaite. Voilà ce qu'il appelle *Gnose*, & il appelle *Gnostique* le parfait spirituel qui y est arrivé. Or plus j'examine attentivement les choses admirables qu'il dit de son *Gnostique*, plus je reconnois qu'il n'a fait qu'imiter ce que les Stoiciens disoient de leurs Sages qui mettoient leur fin derniére dans la vertu, & qu'il attribuë à son *Gnostique* le même amour desintéressé pour Dieu, que les Stoiciens attribüoient à leurs Sages pour la vertu. J'en vais faire un parallele exact qui démontrera évidemment ce que j'avance, & qui fera connoître les veritables Principes de St. Clement sur l'amour de Dieu.

1. Il est constant que les Stoïciens ne reconnoissoient pour le véritable & souverain bien que la vertu, qu'ils disoient aprés Platon, faire elle seule toute la beauté, toute la perfection & tout le bonheur de l'Ame. S. Clement d'Aléxandrie dit luy-même dans le cinquiéme Livre des Stromates, que c'estoit-là le sentiment des Stoïciens. *Porro solum bonum est id quod honestum est, norunt barbara Philosophia, & virtutem sufficere ad felicitatem. Dicebat enim Plato virtutem esse Animæ pulchritudinem, contra autem vitium animæ turpitudinem. Atque etiam Antipater quidam Stoicus tribus quos scripsit Libris, quod ex sententiâ Platonis, solum honestum est bonum, probat etiam quod ex ejus sententiâ sit sufficiens virtus ad beatitudinem.* Or S. Clement fait consister la plus grande perfection de l'homme dans la connoissance & l'amour de Dieu, qu'il prétend faire toute la beauté, toute la perfection & le véritable bonheur de l'Ame, comme nous l'allons bien-tôt voir.

2. de mesme que les Stoïciens disoient que la vertu étoit aimable par elle même, qu'elle avoit des attraits & des charmes qui suffisoient pour rendre heureux ceux qui la possédoient; qu'elle portoit son payement & la recompense avec elle même, & qu'on ne devoit point la rechercher pour aucune recompense distinguée d'elle même, S. Clement d'Aléxandrie dit les mêmes choses à la lettre de la connoissance de Dieu, jointe à une charité parfaite; Nous l'allons prouver par plusieurs passages exprés de ce

Pére,

père, dans lesquels on verra clairement qu'il s'exclut du motif de cette perfection que les avantages & toutes sortes de recompenses qui en sont réellement distinguées. * *Ex bonis autem, suntus illa quidem per se esse eligenda & expetenda, ut cognitionem (nihil enim aliud ex ipsa veneramur cum assueverit, nisi solummodo, ut ea adsit & in perpetuo simus complatione & ad ipsam & propter ipsam decertemus) alia autem propter alia, ut solem & propter evitationem supplicii quæ ex ea proficiscitur, & utilitatem quæ capitur ex remuneratione..... Suscipiamus ergo cognitionem, non ea quæ eveniunt cupientes, sed propter hoc ipsum solum, nempe ut cognoscamus eam amplectentes, prima enim utilitas est habitus cognitionis, innoxias præbens voluptates, per exaltationem autem dicam esse lætitiam quæ est reputatio virtutis ex veritate, per quamdam exhilarationem & diffusionem Animi.* On n'a qu'à substituer dans ce passage le mot de *virtutem* vertu, en la place de celuy de *cognitionem*, & on croira que c'est un Stoïcien qui parle. Il est important de faire réflexion sur la preuve qu'il apporte pour faire voir, que la connoissance & l'amour de Dieu est un bié aimable & desirable pour luy-même, & à cause de luy-même, c'est, dit-il, que nous ne cherchons point d'autre avantage dans la connoissance & l'amour de Dieu qui soit différent de sa présence; tout ce que nous demandons, c'est que nous en jouïssions, mais il n'en est pas de même de tous les autres biens dont on desire les uns à cause des autres, *alia autem propter alia*; par exemple, dit-il, on embrasse la Foy pour éviter les supplices

* *Lib. 6. Strom. p. 477.*

de l'Enfer, & pour obtenir les recompenses qu'elle nous promet. Ainsi on ne recherche pas la Foy à cause d'elle-même.... Embrassons donc la connoissance & l'amour de Dieu, continue-t-il, sans avoir en veuë les avantages distinguez de cette perfection qui peuvent nous en revenir. *Non ea quæ eveniunt cupientes*; mais n'ayant en veuë seulement que de connoître Dieu & de joüir de son amour. Ne croyez pas qu'il ait exclus de l'amour parfait la veuë du solide bonheur & de la joye essentiellement attachée à la connoissance & à l'amour de Dieu; car il prouve que nous devons ne rechercher que la connoissance & l'amour de Dieu à cause de luy-même, parce que le premier & le principal de tous les avantages est essentiellement renfermé dans cette connoissance & cet amour de Dieu, qui cause dans nôtre Ame des plaisirs purs & sans mélange par une solide joye, *prima enim utilitas est habitus cognitionis, innoxias præbens voluptates per exultationem &c.* Il témoigne aussi clairement dans un autre passage du 4. Livre * des Stromates, que les actions de bien qui sont dans l'ordre, renferment une trés-grande satisfaction; * *Quod autem conducit ei quod est magis principale, id est magis eligendum, est autem omnium principale. Sic ergo existenti videntur revera honesta esse jucundissima & ex se præbere cum quem desiderat fructum, nempe divinam tranquilitatem.* Voicy encore deux Passages trés-importans qui font voir qu'il admettoit le même amour desinteressé pour Dieu, que

* P. 389.

* *La Version commune de ce Passage est fautive dans les Editions; il faut consulter le Grec.*

que les Stoïciens pour la vertu, en n'excluant de cet amour, comme les Stoïciens, que l'espérance de toutes sortes d'avantages distinguez de la connoissance & de l'amour de Dieu. J'ai remarqué le 1er. dans le 4. Liv.*des Stromates. Le voici. *Qui autem nudæ vocationi quatenus vocatus est obedit, is neque propter timorem neque propter voluptatem tendit ad cognitionem; non enim considerat an aliquod utile lucrum vel delectatio, extrinsecus consequatur, sed tractus à dilectione ejus qui est verè amatoris & ad id quod fieri oportet adductus, pius est Dei cultor; unde si per hipothesim à Deo acceperit potestatem faciendi ea quæ sunt prohibita citra ullam pœnam; neque si propterea Beatorum bona acceptarum cum esse ei promissum fuerit: Sed nec si persuasum habuerit fore ut Deum lateant ea quæ gerit (quod quidem fieri non potest), in animum unquam esse inducturum ut aliquid agat præter rectam rationem, cum id quod verè est honestum & ex seipso diligendum & eâ ratione expetendum amandumque semel elegerit.* Faites bien attention à ces paroles, *non enim considerat an aliquod lucrum vel delectatio extrinsecus consequatur*; & à ces autres, *sed tractus à dilectione ejus qui est verè amatoris &c.* L'hipothése qu'il fait ensuite par impossible, prouve seulement ce qu'il vient d'avancer, à sçavoir que la connoissance & l'amour de Dieu ne doit point être recherché en veuë d'aucune recompense qui en soit distinguée ni par la crainte d'aucune peine distinguée de sa privation, & qu'un Chrétien parfait qui aime véritablement Dieu, trouve tant de charmes à le connoître & à l'aimer en se rendant conforme à sa volonté, que quand même, par impossible, il auroit reçeu de Dieu la permission de

* p. 382.

commettre les crimes qu'il défend sans en devoir être puni, ou que Dieu ne dût point luy donner aucune recompense distinguée de son amour pour ne les point commettre, ou que Dieu ne connust point ce qu'il feroit, cependant il ne voudroit jamais rien faire contre la droite raison ni rien qui fût contraire à l'amour de son Dieu, qu'il auroit choisi d'aimer à cause de luy même. Tout cela s'ensuit des principes des Stoïciens sur l'amour desintéressé de la vertu, & est entièrement conforme à nôtre sentiment. Un autre Passage que j'ai remarqué dans le 7. Liv. des Strom.* N'est pas moins important pour connoître à fond les principes de S. Clement sur l'amour de Dieu.

Neque vero metu majorum minora tolerant, ut reliqui : neque timentes ne vituperentur ab iis qui sont ejusdem loci & sententiæ, in confessione persistunt vocationis, sed propter suam in Deo charitatem lubentes parent vocationi, nullum aliud sibi scopum proponentes, nisi ut Deo placeant non autem propter præmia laborum. Nam alii quidem propter gloriæ cupiditatem : alii vero quod vitent aliud gravius supplicium. Alii vero propter quasdam lætitias & voluptates post mortem futuras, patiuntur : pueri sane in Fide, beati quidem, sed qui nondum sunt viri in eâ quæ est erga Deum Charitate, sicut is qui est cognitione præditus. Sunt enim, sunt quemadmodum Gymnicis certaminibus, ita etiam in Ecclesiâ, Coronæ Victorum, & Puerorum. Caritas autem ipsa propter se est eligenda & expetenda, non propter

* p. 530.
* Il parle des Martyrs courageux : & il appelle Martyrs tous ceux qui rendent tesmoignage à la verité de la Religion, par leur Charité.

ter aliquid aliud. Il est clair que dans ce Passage, S. Clement exclut seulement de l'amour pur le motif qui feroit agir en vûë, ou d'éviter les supplices, ou par la crainte du jugement des hommes, ou pour s'attirer de la reputation, ou pour quelque sorte de plaisir de l'autre vie ; *alii vero propter quasdam lætitias & voluptates post mortem futuras.* Mais il suppose que l'amour parfait renferme toûjours en luy-même une satisfaction & une joye intérieure de l'Ame ; car il témoigne que cete charité parfaite fait qu'on obéït avec joye à la volonté de Dieu : *sed propter suam in Deum Charitatem inhærentes parent vocati sui* ; & que la charité doit estre recherchée à cause d'elle même & non pas à cause d'aucune chose distinguée d'elle ; *Charitas ipsa propter se est eligenda & expetenda, non propter aliud.* Les Stoïciens disoient la mesme chose de la vertu ; or dés-le moment qu'on recherche l'amour de Dieu à cause de luy-même, & que ce n'est point pour aucune recompense ni aucune sorte d'avantage distingué de luy même, c'est à dire qui ait un autre objet, *non propter aliud*, cet amour est parfaitement dans l'ordre & a pour fin naturelle la gloire de Dieu. Ainsi il est vray de dire qu'alors on ne se propose aucune fin distinguée de la gloire de Dieu, & que le desir par lequel on veut posséder luy seul comme sa fin & son souverain bien renferme nécessairement le desir de luy plaire. *Nullum alium sibi scopum proponentes nisi ut Deo placeant.* Faites attention à ces paroles *nullum alium*, & qu'on satisfait à cette condition, selon S. Clement, dés le moment que *charitas expetitur propter se, non propter aliud.*

3. S.

3. S. Clement d'Alexandrie a reconnu que le parfait Spirituel agissoit pour le bien, & pour l'utilité renfermée dans le bien, quoy qu'il n'agît pas en veuë des plaisirs des Sens distinguez du bien. Ces paroles sont fort remarquables ; * *Cum sint ergo tres fines cujusvis actionis, propter id quidem quod est bonum & utile (Καὶ τὸ συμφέρον) omnia operatur. Voluptatis autem causâ aliquid agere illis relinqui qui vulgarem sequuntur.* Il fait aussi considérer Dieu par son Gnostique sous toutes ses perfections qui ont le plus de rapport à nôtre bonheur, & qui sont les plus capables de nous exciter à desirer de le posséder. * *Quamobrem*, dit-il, *qui est animo verè regio & cognitione præditus, is cum & Deum piè colat..... persuasum habet eum qui est solus Deus esse honorandum; venerandum, magnificum, beneficentiam omnem complectentem Principem & Auctorem bonorum, malorum autem non esse Causam.* C'est ainsi que les Stoïciens vouloient qu'on considérât la vertu, & ils n'excluoient pas du motif de son amour la veuë de la félicité qui y étoit renfermée, mais seulement tous les autres avantages distinguez d'elle même.

4. Tout le monde sçait que les Stoïciens attribuoient l'impatibilité, *Apatheia*, c'est à dire l'exemption de Passions à leurs Sages qui n'aimoient que la vertu, qu'ils les disoient entiérement indifférens pour toutes les autres choses du Monde, & que leur vertu les rendoit indépendans de tous les accidens fâcheux de la Fortune. S. Cle-

---

* *Lib. 7. Strom. P. 523.*
* *Lib. 7. Strom. P. 511.*

Clement dans son 6. Livre des Stromates attribué aussi à son Gnostique une espéce d'impassibilité en quelque façon, & une entiére indifférence pour tous les biens & les maux Terrestres. Il y assûre entr'autres que le Gnostique parfait ne ressent plus ni des mouvemens de joye ni de douleur des biens ou des maux sensibles, & il en apporte cette belle raison. ,, Car il ne se peut ,, pas faire *dit-il*, que celuy qui est desja con- ,, sommé dans l'exercice de la charité, & qui ,, goûte continuellement sans pouvoir se rassa- ,, sier, le plaisir ineffable de l'Ame, & de la ,, connoissance de Dieu, se plaise aux choses ,, abjectes & méprisables de ce Monde. * *Fieri enim non potest, ut qui tam semel est consummatus per charitatem & inexplebilem contemplationis delectationem aternè & insatiabiliter percipit, eáque fruitur, parvis & humilibus quibusdam & abjectis delectetur.* Il est important de remarquer ici deux choses, la premiere que la connoissance & l'amour de Dieu font goûter dez icy bas, selon Saint Clement d'Alexandrie, des plaisirs trés-solides, dont on ne sçauroit assez se rassasier. La seconde, c'est que voilà le principe & la cause de l'indifférence que St. Clement attribuë à son Gnostique. Car il dit qu'il ne se peut pas faire qu'un homme qui trouve dans la connoissance & l'amour de son Dieu, auquel il est intimement uni, des charmes & des plaisirs ravissans, dont il ne sçauroit assez se rassasier, ait encore du goût pour les biens méprisables de ce Monde, ou qu'il soit sensible aux fâcheux accidens de la Fortune; si les faux Mystiques de nos jours

* *Lib. Strom. P.* 469.

jours s'estoient contentez d'admettre une espéce d'impassibilité, & une indifférence telle que St. Clement attribuë à son parfait Spirituel, ils n'auroient rien dit que de fort raisonnable, mais ils ont porté l'indifférence jusqu'à un excez qu'on peut appeller extravagance, car ils ont voulu supprimer dans l'état parfait toutes les demandes & les desirs de son salut. Ce qui est expressément contraire à St. Clement. Je ne rapporteray que deux de ces Passages qui suffisent pour le démontrer. ,, Le * parfait Spirituel, *dit-il*, qui est ,, continuellement uni à Dieu par sa charité, & ,, qui est devenu familier avec luy, le prie donc. *Orat ergo, is qui est cognitione præditus, etiam cogitatione omni bonâ per charitatem Deo conjunctus & familiaris effectus.* Mais que luy demande-t-il? Le voicy. ,, Il luy demande la remis- ,, sion de ses péchez, de n'en faire plus, d'ac- ,, complir tout le bien, d'y persévérer, de n'en ,, point déchoir, y croître, d'entendre toute la ,, dispensation de Dieu, afin d'avoir le cœur pur ,, & d'être initié au Mystére de la vision de face à face. Il s'exprime encore ainsi dans le 7. Livre. * *Hæc autem sunt prædictæ cognitionis animæ, quas assimilavit Evangelium Virginibus sanctificatis quæ Dominum expectans... Jamque accendunt lumen ad rerum contemplationem prædictæ Virgines, dicentes: ô Domine jam tandem desideramus te recipere; secundum ea quæ tu mandasti viximus.... quani brevi provixja quique pelimus; precamur autem æqualia &c.*

Il est évident par le paralelle que nous venons

* *Lib. 6. Strom p. 479.*
* *Le 7. Strom p. 733.*

nous de faire que S. Clement attribuë précisément à son Gnostique le même amour desintéressé pour Dieu à cause de luy-même, que les Stoïciens attribuoient à leurs Sages pour la vertu à cause d'elle même, & qu'il a seulement exclus du motif de cet amour toute sorte d'intérêt & d'avantages qui en sont réellement distinguez, de même que les Stoïciens excluoient du motif de l'amour qu'on devoit avoir pour la vertu, toutes sortes de recompenses distinguées de la vertu. La célèbre hipothése par impossible confirme tout ce que je viens de dire: Car elle prouve seulement, comme nous l'allons voir, que pour aimer Dieu parfaitement, il ne faut avoir en veüe aucune recompense distinguée de sa connoissance & de son amour. Mais avant que d'entrer dans l'explication de cette hipothése, j'ay quelques remarques à faire sur le salut, qui acheveront d'éclaircir le sentiment de S. Clement sur l'amour parfait.

On ne peut pas nier qu'on ne conçoive ordinairement le salut éternel, comme l'assemblage & l'amas tous les biens qui font la béatitude du Ciel, selon la définition de Boëce : ainsi le salut éternel comprend non seulement le bonheur qui est essentiellement attaché à la connoissance & à l'amour de Dieu, mais encore plusieurs autres biens distinguez de la connoissance & de l'amour de Dieu, tels que sont tous les plaisirs dont le corps joüira, ses qualitez glorieuses, & cette joye inexprimable que les Saints ressentent en faisant refléxion sur leur bonheur. Or quoy que l'assemblage de tous ces biens ne fasse qu'une même béatitude dans le Ciel, & qu'il soit impossible dans le fond de séparer la connoissance & l'amour de Dieu des autres biens qui font la béatitude du Ciel. Cependant S. Clement d'Alexandrie & plusieurs Péres qui avoient l'esprit fort pénétrant, concevant que ce n'étoit point aimer Dieu purement pour luy-même, que de l'aimer uniquement par l'espérance des biens de l'autre vie, distinguez de la connoissance & de son amour, ont supposé par impossible, que la connoissance & l'amour de Dieu pussent être séparez dans le Ciel, de tous les autres biens distinguez de Dieu qui ne sont qu'une même béatitude avec la connoissance & son amour, afin de faire comprendre plus clairement que l'amour de Dieu pour être pur & desintéressé ne doit avoir en veuë aucune récompense distinguée de la connoissance & de son amour; & parce qu'ils sçavoient que la plûpart des Chrêtiens qui sont grossiers & fort-charnels, s'imaginent que le bonheur de l'autre vie ne consiste pas tant dans la connoissance & l'amour de Dieu que dans les plaisirs ineffables de tous les sens dont on y joüira, dans les qualitez glorieuses du Corps, & la joye inexplicable qu'on y ressentira en faisant reflexion sur son bonheur; S. Clement, & les autres Peres qui l'ont suivi, pour mieux faire concevoir que l'amour pur & desintéressé ne devoit avoir en veuë aucune récompense distinguée de la connoissance & de l'amour de Dieu, en supposant par impossible qu'on pût séparer dans le bonheur du Ciel la connoissance & l'amour de Dieu de tous les autres biens qui n'y sont qu'une même béatitude, ils laissent

Amour de Dieu.

le nom de salut éternel aux autres biens du Ciel distinguez de la connoissance & de l'amour de Dieu, pour s'accommoder à l'idée du Vulgaire, dont l'imagination ne peut pas concevoir que le bonheur du Ciel consiste principalement à connoître & à aimer Dieu ; & ils ne craignent point d'assûrer que pour aimer Dieu purement sans un esprit de Mercénaire, il faut être dans la disposition de préférer la connoissance & l'amour de Dieu au salut éternel, c'est à dire à tous les biens du Ciel distinguez de la connoissance & de l'amour de Dieu, si par impossible ils en pouvoient être séparez.

Cela supposé, nous allons marquer le véritable sens du célébre Passage de S. Clement qu'on nous objecte.

Vingt ou vingt-cinq lignes devant l'hipothése impossible dont il s'agit, S. Clement commence à dire que c'est le propre caractère du parfait Spirituel de faire le bien, ni par la crainte ni par l'espérance de l'honneur ou des recompenses qu'on espére qui en reviendront, mais seulement par l'amour de Dieu même. *Solùm autem quæ propter Charitatem sit beneficentia, propter ipsum honestum & expetenda ei qui est gnostico præclara.* (Les Stoïciens disoient la même chose de la vertu) Il ajoûte ensuite pour confirmer ce qu'il venoit de dire, les paroles suivantes. ,, Nous lisons que Dieu a ,, dit à son fils, demandez moy toutes les Na- ,, tions pour vôtre héritage, & je vous les don- ,, neray, afin qu'étant vôtre heritage elles vous ,, adorent & vous possèdent. C'est là le sens

de S. Clement, qui est fort obscur en cet endroit. ,, O que cette demande est véritable-
,, ment digne du souverain Roy ! Elle nous
,, apprend que les hommes doivent demander
,, leur salut sans avoir en veuë aucune re-
,, compense, sinon d'être les héritiers qui pos-
,, sèdent Dieu même. Car ce n'est pas le
,, propre du parfait Spirituel de desirer la con-
,, noissance & l'amour par lequel on possède
,, Dieu, pour quelqu'autre avantage, comme
,, pour faire cecy, ou empêcher cela. Mais
,, il ne veut point connoître & aimer Dieu
,, pour une autre fin que pour sa connoissan-
,, ce & son amour même, car j'ose dire que
,, celuy qui ne cherche à connoître & aimer
,, Dieu que pour la connoissance & l'amour de
,, Dieu même ne s'attache pas à le connoître
,, & l'aimer par l'espérance du salut, c'est-à-
,, dire d'aucun bonheur de l'autre vie distin-
,, gué de son amour. *Jam vero ex persona Dei*
Domino dictum est: Pete à me & dabo tibi Gen-
tes hereditatem tuam. Petitio maxime regia
quæ docet hominum salutem petendam esse sine
mercede, ut nos simus haeredes & possideamus
Dominum. Contra enim alicujus usus gratiam
nempe ut hoc fiat vel illud non fiat, eam quæ circa
Deum versatur desiderare scientiam, non est pro-
prium ejus qui est cognitione præditus: causa au-
tem contemplationis & sufficit ipsa cognitio; au-
sim enim dicere non eo quod velit salvus esse eligit
cognitionem, qui persequatur cognitionem propter
ipsam divinam scientiam. J'ay representé le véritable sens de ces paroles sans nous attacher
trop à la lettre. Quatre lignes après il fait la

célécélèbre hipothése en ces termes. *S'il arrive que le parfait Spirituel fût interrogé par une manière de supposition impossible, lequel des deux il choisiroit, ou la connoissance & l'amour de Dieu* (qu'il appelle Gnose) *ou le salut éternel,* [il donne là le nom de salut Eternel aux biens de l'autre vie distinguez de la connoissance & de l'amour de Dieu afin de s'accommoder à l'idée grossiére que le Vulgaire se forme du Paradis,] *si ces deux choses se pouvoient séparer, au lieu qu'elles sont inséparables; sans hésiter il prendroit la perfection* τῶν γνῶσιν *qui consiste dans la connoissance & l'amour de Dieu, comme une chose qui surpassant la foy par la Charité est desirable par elle même.* D'où il conclut, *que la premiére bonne œuvre de l'homme parfait est de faire toûjours le bien par une habitude constante, en agissant, non pas pour la gloire ou la reputation, ni pour aucune recompense qui luy vienne ou des hommes ou de Dieu.*

S. Clement assûre dans ce Passage que si par impossible on séparoit la connoissance & l'amour de Dieu dont on jouït dans le Ciel, d'avec les autres biens du Ciel, ausquels il donne le nom de salut éternel pour s'accommoder à l'idée grossiére que la plûpart des Chrétiens se forment du Paradis, le parfait Spirituel préféreroit la connoissance & l'amour de Dieu à tous les autres biens de l'autre vie qui en sont distinguez, & que le Vulgaire conçoit ordinairement comme la félicité éternelle. Par cette supposition il fait concevoir clairement selon son dessein, que l'amour de Dieu pour être pur & desintéressé ne doit avoir pour motif aucune recompense distinguée de la connoissance & de l'amour de Dieu-même. Il n'y a rien de si raisonnable & de plus conforme au bon sens que cette hipothése en l'entendant ainsi: mais il ne faut pas s'imaginer que S. Clement en séparant par impossible la connoissance & l'amour de Dieu des autres biens de l'autre vie, ausquels il donne le nom de salut éternel, pour la raison que j'ay dite, ait prétendu dans cette hipothése séparer de la connoissance & de l'amour de Dieu la tranquilité, la satisfaction, & la joye ineffable que la connoissance & l'amour de Dieu renferme essentiellement.

Car 1. son dessein est seulement de faire voir que l'amour pur & desinteressé ne doit avoir pour motif aucune recompense distinguée de la perfection qu'il fait consister dans une connoissance sublime de Dieu jointe à une charité trés pure; il n'a point dû exclure par consequent le bonheur essentiellement attaché à la connoissance & à l'amour de Dieu, parce que ce bonheur ayant Dieu même pour objet n'est point distingué de sa connoissance & de son amour.

2. S. Clement reconnoît dans le même Livre que le parfait Spirituel ne doit point à la verité mettre sa fin dans soy-même, mais il assûre qu'il doit avoir toûjours pour fin de se rendre heureux en possédant Dieu & en joüissant de son amitié. Voicy ses paroles. * *Is ergo qui & cognitione præditus, nunquam finem habebit positum in Amari, sed in eo quod sit semper faux & bonus & requies Dei Amicus.* Il est évident par ce Passage, que S. Clement a crû que d'avoir

* *Lib. 4. Strom. P. 562.*

continuellement pour fin & pour motif de le rendre heureux en possédant Dieu mesme & en joüissant de son amitié, ce ne n'estoit pas une chose opposée à la perfection de son Gnostique, & par conséquent il n'a point dû exclure, selon ses propres principes, de la connoissance & de l'amour de Dieu, le bonheur solide qui y est essentiellement attaché.

3. Il est constant par le parallele que nous avons fait, que S. Clement d'Aléxandrie a admis le même amour pur & desinteressé à l'égard de Dieu que les Stoïciens admettoient à l'égard de la vertu. Or quoy que les Stoïciens ayent crû qu'en mettant la vertu d'un costé, & de l'autre tous les avantages distinguez d'elle qu'on en pouvoit retirer ou qui pouvoient l'accompagner, la vertu étoit préférable, ils ont toûjours supposé que la vertu renfermoit un solide bonheur inséparable d'elle même, & c'étoit à cause de cela qu'ils la croyoient préférable à tous les autres avantages imaginables distinguez d'elle. Ainsi la véritable raison pourquoy la connoissance & l'amour de Dieu sont préférables, suivant les principes de S. Clement, à tous les autres biens du Ciel, ausquels ils donne le nom de salut éternel, suivant l'idée grossière du Vulgaire, c'est que sans la connoissance & l'amour de Dieu, l'Ame ne peut estre que malheureuse, quand mesme elle joüiroit de toutes autres autres sortes de biens imaginables ; & au contraire dés le moment qu'elle possède son Dieu en le connoissant & l'aimant de tout son cœur, elle est essentiellement heureuse, quand mes-

me elle seroit privée de tous les autres biens qui accompagnent cet amour dans le Ciel, & quand mesme, comme le supposent S. Chrisostome, Théodoret & plusieurs autres, cette Ame ressentiroit à l'occasion du Corps auquel elle seroit unie, tous les suplices de l'Enfer, à l'exception de la privation de la connoissance & de l'amour de son Dieu. La cause prochaine de cette grande générosité de l'amour parfait de Dieu, vient dans le fond du bonheur qui y est essentiellement attaché, & qui surpasse tous les autres biens. Ecoutez comment saint Chrisostome parle de ce bonheur renfermé dans l'amour mesme. * *Amemus igitur Christum, ut amare quidem per est: hoc enim magna certè merces, hoc Cœlorum Regnum, & voluptas, & deliciæ & gloria & honor, lumen & beatitudo infinita &c.* Ste. Catherine de Gennes sentant dans un transport la douceur inexprimable qu'on trouve à aimer Dieu disoit les paroles suivantes, qui font voir la véritable cause de la générosité de l'amour le plus pur & le plus desintereßé. * „ L'amour pur
„ non seulement ne peut endurer, mais ne
„ peut pas mesme comprendre quelle chose
„ c'est que peine ou tourment tant de l'Enfer
„ qui est déja fait que de tous ceux que Dieu
„ pourroit faire; & encore qu'il fût possible de
„ sentir toutes les peines des Démons & de
„ toutes les Ames damnées, je ne pourrois
„ pourtant dire que ce fussent peines, tant le
„ pur amour y feroit trouver de bonheur
parce

---

* *Chrisostome 5. in Rom*
* *Vie de Sainte Catherine de Gennes Ch. 28.*

,, parce qu'il ôte tout moyen & puissance de voir
,, ou sentir autre chose que luy-même.

4. C'est la chose du monde la plus absurde & la plus contraire au bon sens que de supposer qu'en séparant par impossible de la connoissance & de l'amour de Dieu, toute sorte de bonheur de contentement & de satisfaction de l'Ame; ensorte même, comme le supposent nos Adversaires, qu'elle n'y ressentît que du dégoût & un état malheureux, elle dût cependant préférer la connoissance & l'amour de Dieu à tous les autres biens dans lesquels elle trouveroit beaucoup de goût & de satisfaction. Prétendre que ce soit-là le sens de la célébre hypothése de S. Clement, & des autres Saints Péres, c'est en bon François leur faire dire une extravagance à laquelle ils n'ont jamais pensé, & vouloir faire agir l'Ame d'une maniére contraire à la constitution de sa nature. Car nous avons démontré par des preuves évidentes, qu'il étoit impossible à l'Ame d'aimer aucun objet autrement que par la force du désir invincible qu'elle a d'être heureuse & qu'il n'y avoit point d'autre motif prochain de son amour du côté de l'objet que la convenance de cet objet à son égard. D'où il s'ensuit évidemment que si même par impossible on sépare de la connoissance & de l'amour de Dieu, toute sorte de bonheur, de contentement & de satisfaction de l'Ame, ensorte que l'Ame ne trouve plus aucun goût, aucun attrait, ni aucun bonheur à aimer Dieu, il luy sera aussi impossible de l'aimer que si on luy ôtoit sa volonté. Je dis bien plus, si par impossible elle ne trouvoit que du dégoût & un malheur perpétuel dans la

con-

connoissance & l'amour de Dieu, il luy seroit aussi impossible dans cet état de ne pas haïr Dieu, comme cela est impossible aux Damnez. Pour bien entendre l'hypothése par impossible que St. Chrysostome, Théodoret & quelques autres anciens Pères ont faite aussi aprés St. Clement, vous n'avez qu'à lire le second Article de nos éclaircissemens sur le neuviéme Livre de Saint François de Sales, dans la quatriéme Addition qui suit.

Fin du second Livre.

A D-

ADDITIONS
IMPORTANTES
Au second Livre.

PREMIERE ADDITION.

COmme l'autorité d'Aristote est d'un grand poids dans les Ecoles pour tout ce qui dépend de la raison & du bon sens, je crois ne devoir pas ômettre que ce Philosophe concevoit qu'on aimoit un objet & un bien pour lui-même, dès le moment qu'on ne l'aimoit point pour aucun avantage distingué de cet objet qui nous en revient, quoi qu'on l'aimât à cause du plaisir & de la satisfaction, qu'on trouvoit dans cet objet en lui-même. Il enseigne clairement cette vérité dans le premier Livre des Mœurs, *de Moribus, sive Ethici*, Chap. 7. Il y prouve que la fin derniére & le souverain bien de l'homme consiste principalement dans la contemplation des veritez sublimes qui regardent les choses Divines & Humaines, parce qu'il n'y a aucun bien dans le Monde, qui donne des plaisirs plus solides, plus véritables & plus stables que cette contemplation des veritez sublimes qu'il appelle Sagesse. *Videtur itaque sapientia mirabiles quasdam tum sinceritate, tum stabilitate voluptates continere.* Or aprés avoir ainsi reconnu que la Sagesse qui est, selon lui, la contemplation de toutes les véritez sublimes, renferme en elle-même les plaisirs les plus solides, les plus purs & les plus stables du Monde, il assûre 4. ou 5. lignes aprés, que ce seul bonheur qui consiste dans la Sagesse doit être aimé pour lui-même par les Sages; & afin de prouver qu'ils l'aiment pour elle-même, nonobstant tant de plaisirs si solides & si purs qu'il venoit de dire qu'on y trouvoit, il ajoûte pour raison, qu'on ne retire de cette contemplation sublime des véritez aucun avantage qui soit distingué d'elle-même, *Videtur autem ea sola beatitudo propter se adipi. Nihil enim ex eâ redit præter contemplationem.* Voilà tout juste nôtre sentiment sur le véritable bonheur qui consiste à posseder Dieu par la connoissance & l'amour; de même qu'Aristote dit que la contemplation des véritez sublimes, qu'il appelle Sagesse, contient des plaisirs les plus purs & les plus solides; nous disons aussi que la possession de Dieu, qui n'est autre que le bonheur de le connoître & de l'aimer contient des plaisirs ineffables, & de mesme qu'ensuite Aristote, ne laisse pas de dire qu'on aimoit cette Sagesse pour elle mesme, parce qu'on ne l'aimoit

moit pour aucun avantage diftingué de la contemplation des veritez fublimes qu'il appelle Sageffe. * *Videtur itaque sapientia mirabiles quasdam, tum sinceritate, tum stabilitate voluptates continere. Videtur autem ea sola beatitudo propter se diligi. Nihil enim ex ea redit præter contemplationem.* Nous difons auffi qu'on ne laiffe pas d'aimer Dieu, pour lui-mefme quoi qu'on l'aime à caufe du plaifir, de la fatisfaction & de la complaifance, qu'on trouve à l'aimer, parce que ce plaifir & cette complaifance, n'ont pas un objet diftingué de Dieu même, mais font effentiellement attachez à fa connoiffance & à fon amour.

SECONDE ADDITION,

On Rapporte un Extrait du Traité de Morale du Pére Malbranche, dont le fentiment fur l'Amour de Dieu eft tout à fait conforme à ce que nous en avons enfeigné.

» * JE fçai bien, *dit-il*, que plufieurs Per-
» fonnes condamnent la crainte de l'En-
» fer comme un motif d'amour propre,
» qui ne peut produire rien de bon, mo'n néan-
» moins que j'ay pris comme étant le plus vif &
            » le

---

* *De Moribus l. 10. c. 7.*
* *Dans un Traité de Morale imprimé à Cologne, Part. I. Chap. 8, 12, 14. P. 139. & les fuivantes.*

„ le plus ordinaire, pour s'exciter à faire les cho-
„ ses qui peuvent nous conduire à la justifica-
„ tion, je sçai, dis-je, qu'ils rejettent ce motif
„ comme inutile & approuvent au contraire
„ l'espérance de la recompense éternelle com-
„ me un motif saint & raisonnable, & dont les
„ plus gens de bien s'animent à la vertu, selon
„ ces paroles de David toûjours si rempli d'ar-
„ deur & de charité. *Inclinavi cor meum ad faciendas justificationes tuas in æternum propter retributionem.* „ Cependant vouloir être heu-
„ reux, ou ne vouloir pas être malheureux c'est
„ la mesme chose, rien n'est plus facile à com-
„ prendre ; la crainte de la douleur, le desir du
„ plaisir ne sont l'un & l'autre que des mouve-
„ mens d'amour propre, mais l'amour propre
„ en lui-même n'est pas mauvais ; Dieu le pro-
„ duit sans cesse en nous, il nous porte invinci-
„ blement au bien, & par ce même mouvement
„ il nous détourne invinciblement du mal.
„ Nous ne pouvons point nous empêcher de
„ souhaiter d'être heureux & par conséquent de
„ n'être point malheureux. Ainsi la crainte de
„ l'Enfer ou l'esperance du Paradis, sont deux
„ motifs égaux aussi bons l'un que l'autre, si ce
„ n'est que celuy de la crainte de l'Enfer, a cet
„ avantage sur l'autre, que c'est le plus vif le
„ plus fort, le plus efficace, parce qu'ordinai-
„ rement, toutes choses égales, on craint plus
„ la douleur qu'on ne souhaite les plaisirs. Cha-
„ cun

* *La crainte de l'Enfer, prise pour la crainte d'être malheureux en perdant la connoissance & l'amour de son Dieu, est une crainte filiale qui est un effet de la cha-rité.*

„ on peut sur cela se consulter soi-même. Et
„ qu'on ne dise pas que la recompense éternelle
„ renferme la vuë de Dieu, & que c'est par cette
„ raison-là que l'espérance de la recompense est
„ un bon motif ; car il en est de même de la
„ crainte, l'Enfer de son costé exclut la veuë de
„ Dieu, & la crainte de ne point posséder Dieu
„ est la même chose que le desir ou l'espérance
„ de le posséder. Ainsi soit qu'on compare la
„ douleur au plaisir, Dieu perdu avec Dieu
„ possedé, la crainte est aussi bonne que le desir
„ ou l'espérance, mais de plus elle a cet avan-
„ tage qu'elle est propre à réveiller les plus assou-
„ pis & les plus stupides, & c'est pour cela que
„ l'Ecriture & les Péres se servent à tous momens
„ de ce motif. Car enfin, on devroit y prendre
„ garde, ce n'est point proprement le motif qui
„ régle le cœur, c'est l'amour de l'ordre ; tout
„ motif est fondé sur l'amour propre, sur le de-
„ sir immuable d'être heureux, sur le mouve-
„ ment que Dieu imprime sans cesse en nous
„ pour le bonheur, en un mot sur la volonté
„ propre ; car nous ne pouvons aimer que par
„ nostre volonté, & celuy qui brûleroit d'ardeur
„ de joüir de la présence de Dieu, pour con-
„ templer ses perfections & avoir part à la féli-
„ cité des saints seroit toûjours digne de l'En-
„ fer, s'il avoit le Cœur déréglé & refusoit de
„ sacrifier à l'ordre sa passion dominante ; & au
„ contraire celuy qui seroit indifférent, si cela
„ se pouvoit ainsi, pour le bonheur Eternel,
„ mais d'ailleurs rempli de charité, ou de l'a-
„ mour de l'ordre qui renferme la charité ou
„ l'amour de Dieu sur toutes choses, seroit
„ juste

„ juſte & ſolidement vertueux, parce que la
„ vraye vertu, la conformité avec la volonté de
„ Dieu conſiſte préciſement dans l'amour habi-
„ tuel & dominant de la Loy eternelle & divine
„ de l'ordre immuable.
„ * 15. L'homme doit aimer Dieu non ſeule-
„ ment plus que la vie préſente, mais plus que
„ ſon être propre, l'ordre le demande ainſi;
„ mais il ne peut eſtre excité à cet amour que par
„ l'amour naturel & invincible qu'il a pour le
„ bonheur, il ne peut aimer que par l'amour
„ du bien, que par ſa volonté; l'homme ne peut
„ trouver ſon bonheur en luy-même, il ne peut
„ le trouver qu'en Dieu, puiſqu'il n'y a que Dieu
„ capable d'agir en luy & de le rendre heureux,
„ de plus il vaut mieux n'eſtre point que d'eſtre
„ malheureux, il vaut donc mieux n'être point
„ que d'être mal avec Dieu : il faut donc aimer
„ Dieu plus que ſoi-même & luy rendre une
„ exacte obéïſſance. * Il y a de la différence
„ entre les motifs & la fin, on s'excite par les mo-
„ tifs à agir pour la fin ; c'eſt le dernier des cri-
„ mes que de mettre ſa fin dans ſoi-même, il
„ faut tout faire pour Dieu : mais nous devons
„ chercher dans l'amour invincible que Dieu
„ nous donne pour le bonheur des motifs qui
„ nous faſſent aimer l'ordre. Car enfin, Dieu
„ eſtant juſte on ne peut être heureux ſi l'on n'eſt
„ ſoûmis à l'ordre ; que ces motifs ſoient de
„ crainte ou d'eſperance, il n'importe, pourveu
„ qu'ils nous animent & qu'ils nous ſoûtiennent;
„ les meilleurs ſont les plus vifs & les plus
„ forts,

* *Page* 141.
* *Remarque importante.*

„forts, les plus solides & les plus durables.

„Il y a des personnes qui se font mille suppo-
„sitions extravagantes, & qui faute d'avoir une
„idée juste de Dieu supposeront, par exemple,
„que Dieu ait eû dessein de les rendre éternelle-
„ment malheureux. Ils se croient dans cette
„supposition obligez d'aimer plus que toutes
„choses ce Phantosme de leur Imagination: &
„& cela les embarasse extrémement. Car le
„moien d'aimer Dieu, lors qu'on s'ôte tous les
„motifs raisonnables de l'aimer, ou plûtost lors
„qu'au lieu de luy on présente à l'esprit une
„Idole terrible & qui n'a rien d'aimable? * Dieu
„veut qu'on l'aime tel qu'il est, & non
„pas tel qu'il est impossible qu'il soit. Il
„faut aimer l'Etre infiniment parfait, & non pas
„un Phantosme épouventable, un Dieu injuste,
„un Dieu puissant à la verité, absolu Souverain
„tel que les hommes souhaitent d'être, mais sans
„sagesse & sans bonté, qualitez qu'ils n'estiment
„guére: car le Principe de ces imaginations ex-
„travagantes qui font peur à ceux qui les for-
„ment, c'est que les hommes jugent de Dieu,
„par le sentiment intérieur qu'ils ont d'eux-
„mêmes, & pensent sans réflexion que Dieu
„peut former des desseins qu'ils se sentent ca-
„pables de prendre. Mais qu'ils n'aient rien à
„craindre, s'il y avoit un Dieu tel qu'ils se l'i-
„maginent, le vray Dieu jaloux de sa gloire nous
„deffendroit de l'adorer & de l'aimer, & qu'ils
„tâchent de se convaincre qu'il y a peut être plus
„de danger d'offenser Dieu lors qu'on luy donne
„une forme si horrible que de méprisser ce Phan-
„tosme. Il faut sans cesse chercher des motifs

* *Beau Principe.*   P   qui

„ qui conſervent & qui augmentent en nous l'a-
„ mour de Dieu, tels que ſont les menaces & les
„ promeſſes qui ſe rapportent à l'ordre immua-
„ ble, motifs propres pour des Créatures qui
„ veulent invinciblement être heureuſes & dont
„ auſſi l'Ecriture eſt remplie, & ne pas retran-
„ cher ces juſtes motifs, ni rendre odieux le Prin-
„ cipe de tout bien. Car enfin, la raiſon pour
„ laquelle les Démons ne peuvent plus aimer
„ Dieu, c'eſt qu'effectivement ils n'ont plus
„ maintenant par leur faute, aucun motif de l'ai-
„ mer, c'eſt qu'il eſt arrêté, & ils le ſçavent,
„ que Dieu ne ſera jamais bon à leur égard. Car
„ comme on ne peut aimer que le bien, que ce
„ qui eſt capable de rendre heureux, ils n'ont
„ plus aucun motif d'aimer Dieu, mais ils en
„ ont de le haïr de toutes leurs forces, comme la
„ cauſe véritable mais trés-juſte des maux qu'ils
„ ſouffrent; ils ne peuvent aimer Dieu, & ils y ſont
„ obligez parce que l'ordre le demande, l'ordre
„ dis-je, Loi indiſpenſable de toutes les intelli-
„ gences, en quelque état qu'elles puiſſent être,
„ heureuſes ou malheureuſes. Ainſi, comme
„ ils méritent ce qu'ils endurent ils ſont déréglés
„ & ſeront incorrigibles dans leur malice pendant
„ toute l'éternité. Tout ceci n'eſt que pour faire
„ comprendre que tout ce qui peut nous faire ai-
„ mer Dieu, recourir à Jeſus-Chriſt, vivre dans
„ l'ordre, ne peut être mauvais & ne doit point
„ être rejetté. On peut encore conſulter ce que
le Pére Malbranche dit de l'amour dans ſon
meſme Traité de Morale, Part. 1. Ch. 3. n. 10.
P. 43. juſqu'à la 53. & dans la ſeconde Partie,
Chap. 15. Page 240 & 241. vers le bas, & 242.

Ibi-

Ibidem Chap. 17. n. 6. P. 262. & 263. Ibidem Ch. 27. n. 3. P. 414. jusqu'au bas de la P. 418.

Je dois la découverte de tous ces endroits à un de mes Amis, qui m'avertit derniérement que le Pére Malbranche, avoit dit de fort-belles choses de l'amour en général, & de l'amour de Dieu dans son Traité de Morale, qui ne m'étoit encore jamais tombé entre les mains; je l'ay emprunté depuis quelques jours, & j'ay eu une joye tout à fait grande de voir que les Principes du bon sens m'eussent déja déterminé à suivre la mesme opinion, que le P. Malbranche avoit déja enseignée, en suivant les seules lumiéres de la droite raison. Je suis persuadé que tous ceux qui voudront consulter sans préjugez ce mesme bon sens commun à tous les Esprits, viendront à nôtre sentiment, qui est celuy de la droite raison.

TROISIE'ME ADDITION,

Principes de St. François de Sales, sur la Nature de l'Amour en général.

COmme nos Adversaires s'appuient beaucoup sur l'autorité de St. François de Sales, & qu'ils font profession de s'en tenir sur l'amour de Dieu à la doctrine de l'excellent Traité qu'il a composé sur cette matiére, il ne sera pas inutile de faire voir ici que les Principes qu'il y a établi sur la nature de l'amour en général, leur

font tout à fait contraires, & font presque entierement les mesmes que nous avons enseigné dans le premier Livre de cet Ouvrage. Il suffit pour s'en convaincre de lire le Chapitre 7. qui a pour Titre, *Description de l'Amour en général*;
„ La volonté a une si grande convenance avec le
„ bien, que tout aussi-tost qu'elle l'apperçoit,
„ elle se retourne de son côté, pour se complaire
„ en iceluy comme en son objet trés-agréable
„ auquel elle est si étroitement alliée que mesme
„ l'on ne peut déclarer sa nature que par le rap-
„ port qu'elle a avec iceluy, non plus qu'on ne
„ sçauroit montrer la nature du bien, que par
„ l'alliance qu'il a avec la Volonté… La Vo-
„ lonté donc appercevant & sentant le bien par
„ l'entremise de l'Entendement qui le luy repré-
„ sente, ressent en mesme tems une soudaine
„ delectation & complaisance en cette rencon-
„ tre, qui le meut & l'incline doucement, mais
„ puissamment, vers cet objet aimable, afin de
„ s'unir à luy ; & pour parvenir à cette union elle
„ luy fait chercher tous les moyens plus propres.
„ La Volonté donc a une convenance trés étroite
„ avec le bien ; cette convenance produit la com-
„ plaisance que la Volonté ressent à sentir & ap-
„ percevoir le bien : cette complaisance meut &
„ pousse la Volonté au bien, ce mouvement tend
„ à l'union & enfin la volonté emeuë & tendante
„ à l'union cherche tous les moyens requis pour
„ y parvenir. Certes à parler généralement l'a-
„ mour comprend tout cela ensemblement, com-
„ me un bel Arbre duquel la racine est la conve-
„ nance de la Volonté au bien, le pied en est
„ la complaisance, la tige c'est le mouvement,

les

les recherches poursuites & autres efforts en font les branches, mais l'union est la joüissance. Ainsi l'amour semble estre composé des cinq principales parties. Considérons de grace la pratique d'un amour insensible entre l'Aiman & le Fer. Car c'est la vraye image de l'amour sensible & volontaire, duquel nous parlons. Le Fer donc a une telle convenance avec l'Aiman, qu'aussi-tost qu'il en aperçoit la vertu il se retourne devers luy, puis il commence soudain à se remuer & demener par de petits tressaillemens, témoignant en cela la complaisance qu'il ressent, ensuite de laquelle il s'avance & se porte vers l'Aiman; cherchant tous les moyens qu'il peut pour s'unir avec iceluy; Ne voilà pas toutes les parties d'un vif amour bien représentées en ces choses inanimées.

» Mais enfin pourtant, Théotime, la complaisance & le mouvement, ou écoulement de la volonté en la chose aimable est à proprement parler, l'amour; ensorte néammoins que la complaisance ne soit que le commencement de l'amour & le mouvement ou écoulement du Cœur qui s'en ensuit soit le vrai amour essentiel. Bref la complaisance est le premier ébranlement ou la premiere émotion que le bien fait en la Volonté, & cette émotion est suivie du mouvement & écoulement par lequel la Volonté s'avance & s'aproche de la chose aimée, qui est le vrai & propre amour. L'amour donc à parler distinctement & précisément n'est autre chose que le mouvement, écoulement & avancement du Cœur vers le bien.

„ Plusieurs grands Personnages ont crû que
„ l'amour n'étoit autre chose que la com-
„ plaisance même; en quoi ils ont eu beaucoup
„ d'apparence de raison. Car non seulement le
„ mouvement d'amour prend son origine de la
„ complaisance que le Cœur ressent à la premié-
„ re rencontre du bien, & aboutit à une seconde
„ complaisance qui revient au Cœur; mais ou-
„ tre cela il tient sa conservation de la complai-
„ sance, & ne peut vivre que par elle qui est sa
„ Mére & sa Nourice, si que soudain que la com-
„ plaisance cesse, l'amour cesse, & comme l'A-
„ beille naissant dedans le Miel se nourrit de
„ Miel, & ne vole que pour le Miel; ainsi l'a-
„ mour naît de la complaisance, se maintient par
„ la complaisance, & tend à la complaisance.
„ C'est la complaisance qui ébranle la Volonté,
„ c'est elle qui la meut, & c'est elle qui la fait re-
„ poser en la chose aimée quand elle s'est unie à
„ icelle. Ce mouvement d'amour étant donc-
„ ques ainsi dépendant de la complaisance en sa
„ naissance, conservation & perfection, & se
„ trouvant toûjours inséparablement conjoint
„ avec icelle, ce n'est pas merveille si ces grands
„ Esprits ont estimé que l'amour & la complai-
„ sance fussent une même chose; bien qu'en vé-
„ rité, l'amour étant une vraie passion de l'A-
„ me, il ne peut être la simple complaisance,
„ mais faut qu'il soit le mouvement qui procéde
„ d'icelle. Or ce mouvement causé par la com-
„ plaisance dure jusqu'à l'union ou joüissan-
„ ce, &c.

Dans le Chapitre suivant qui a pour Titre, *De la convenance qui excite l'amour*, il explique for-

clairement en quoy consiste cette convenance.
„ Ceux-là, *dit-il*, n'ont pas bien rencontré qui
„ ont crû que la ressemblance étoit la seule con-
„ venance, qui produisoit l'amour... Car l'a-
„ mour humain prend quelquefois plus forte-
„ ment entre des Personnes de contraires quali-
„ tez qu'entre celles qui sont fort semblables. La
„ convenance donc qui cause l'amour, ne consiste
„ pas toûjours en la ressemblance, mais en la
„ proportion, rapport, ou correspondance de
„ l'Amant à la chose aimée, car ainsi ce n'est
„ pas la ressemblance qui rend aimable le Méde-
„ cin au Malade, ains la correspondance de la
„ nécessité de l'un avec la suffisance de l'autre,
„ d'autant que l'un a besoin du secours que l'au-
„ tre peut donner ; comme aussi le Médecin
„ aime le Malade, & le sçavant son Aprentif,
„ parce qu'ils peuvent exercer leurs Facultez sûr
„ eux... Ainsi l'amour ne se fait pas toûjours
„ par la ressemblance & simpathie, ains par la
„ correspondance, & proportion qui consiste en
„ ce que par l'union d'une chose à une autre elles
„ puissent recevoir naturellement de la perfe-
„ ction & devenir meilleures..... La conve-
„ nance donc de l'Amant à la chose aimée, est
„ la première source de l'amour, & cette con-
„ venance consiste à la correspondance qui n'est
„ autre chose qu'un mutuel rapport qui rend les
„ choses propres à s'unir pour s'entrecommuni-
„ quer quelque perfection.

On ne peut pas mieux expliquer la nature
de l'amour que Saint François de Sales, l'a
fait dans ces deux Chapitres, il y compare
l'amour à un arbre qui a des racines, un
pied,

pied, une tige, des branches & du fruit.

1. Il aſſûre que la racine, & la premiere ſource de l'amour eſt la convenance qui eſt entre l'Amant & la choſe aimée qu'on apperçoit comme un bien, or cette convenance conſiſte, ſelon luy, dans la proportion, le rapport & la correſpondance qui rend quelque bien propre à eſtre uni à la Volonté pour lui communiquer quelque perfection ; c'eſt à dire qu'elle conſiſte dans le rapport de cauſe perfectionnante qu'un objet a à l'égard de quelque Nature capable d'être perfectionnée par ce bien.

2. La convenance d'un bien que l'Ame apperçoit, produit la complaiſance que la volonté reſſent à appercevoir ce bien, & cette complaiſance, ſelon luy, eſt comme le pied & la baſe de l'amour. Pour bien entendre ſon ſentiment, il faut ſçavoir qu'il diſtingue deux complaiſances dans l'amour, l'une que le cœur reſſent à la premiére rencontre du bien, dont on apperçoit la convenance & la ſeconde complaiſance eſt celle de la jouïſſance à laquelle la premiére complaiſance fait tendre. C'eſt de la premiére complaiſance qu'il fait néceſſairement dépendre l'origine & la conſervation de l'amour ; de ſorte que l'amour ceſſe, dés le moment que la volonté ne trouve plus de complaiſance, ny de ſatisfaction à ſe porter vers un objet. Car, de meſme, dit-il, que l'Abeille naiſſant dans le Miel, ſe nourrit du Miel & ne vole que pour le Miel ; (Prenez bien garde à ces paroles, ne vole que pour le Miel) Ainſi l'amour naît de la complaiſance, ſe maintient par la complaiſance, & tend à la complaiſance. Il enſeigne encore expreſſément

dans

Amour de Dieu.

dans le Chapitre douziéme du 2. Livre, que le propre lien qui attire la volonté humaine à aimer, c'est la volupté, le plaisir, la delectation, qu'il appelle à cause de cela, les Cordages ordinaires & les amorces par lesquelles la Divine Providence a accoûtumé de tirer nos cœurs à son amour.

3. La complaisance que la Volonté ressent à appercevoir la convenance d'un bien, l'excite, & la pousse à se porter & s'incliner vers ce bien, & c'est ce mouvement, cette inclination ou écoulement de la Volonté vers l'objet aimable & convenable à nôtre égard, qui est, à proprement parler, l'amour, selon S. François de Sales, ensorte que la complaisance qui vient de la perfection qu'on a de la convenance d'un bien n'est que l'origine, la source ou le commencement de l'amour, & le mouvement ou l'inclination du cœur qui s'ensuit vers le bien, est le vray amour essentiel qu'il appelle le corps de l'Arbre & la tige de l'amour.

4. Les recherches & l'application des différens moïens que l'amour fait employer pour parvenir à la joüissance d'un bien, sont comme les branches de l'amour qui naissent du Corps de l'Arbre, c'est-à-dire qui s'ensuivent du doux penchant par lequel la volonté se porte vers le bien.

5. L'union à l'objet aimé, & la complaisance qu'on trouve dans sa joüissance, est le fruit & le terme de l'amour.

Je laisse maintenant à juger au Lecteur, si ces Principes de S. François de Sales ne sont pas tout à-fait conformes à ceux que nous avons éta-

établis dans nôtre premier Livre; & si tout ce que nous avons enseigné de l'amour de Dieu dans le second, ne s'ensuit pas nécessairement de ces principes, auxquels la droite raison conduit naturellement.

QUATRIE'ME ADDITION.

De la sainte indifférence qui fait le desinteressement parfait du plus pur Amour qu'on peut avoir pour Dieu.

POur se former une idée du parfait desinteressement de l'amour pur, il faut bien distinguer ce qui est essentiellement renfermé dans l'amour le plus pur d'avec les avantages qui sont distinguez, ayant des objets différens de l'objet du plus pur amour.

1. Il est essentiel à tout amour en général, d'estre causé tant par le desir invincible que nous avons d'estre heureux, que par la complaisance qui vient de la convenance que l'Ame ressent, en appercevant quelque bien convenable à nôtre égard. De sorte que l'inclination ou le penchant de la Volonté vers quelque objet [laquelle inclination est proprement l'amour,] a toûjours pour principe & pour fondement prochain du costé de l'objet, la convenance de cet objet à nôtre égard, & du costé de la Volonté, la complaisance que la Volonté ressent à se porter vers cet objet dont la seule idée
com-

commence à nous faire sentir la convenance.

2. Il est essentiel à l'amour de charité pure de nous faire rapporter nous-mesmes à Dieu & à sa gloire, comme à nostre fin derniére, & de rendre nostre volonté conforme à sa Divine Volonté.

3. Il n'est pas moins essentiel au pur amour de Dieu d'estre luy-mesme le contentement le plus parfait, le plus solide plaisir, la plus véritable delectation, en un mot le bonheur formel de la partie supérieure de nôtre Ame; de sorte que le veritable bonheur formel & essentiel de la partie supérieure de nostre Ame est essentiellement la connoissance mesme de Dieu, jointe à l'amour par lequel nous aimons de tout nostre cœur cet Etre infiniment parfait.

Il est bien aisé maintenant de juger quels sont les avantages qui ne sont pas essentiellement renfermez dans le pur amour de Dieu. Car c'est une Régle générale que tous les avantages qui ont un objet différent de l'objet du pur amour, ne sont pas essentiellement renfermez dans le pur amour, & au contraire tous les avantages qui ont essentiellement pour leur objet & pour fin l'objet mesme & la fin du pur amour, c'est à dire Dieu en luy mesme, sont essentiellement renfermez dans le pur amour de Dieu.

Cela supposé, je vais établir trois Conclusions trés véritables, qui feront clairement connoître quelle est la sainte indifférence qui fait le desintéressement parfait du plus pur amour.

PRE-

PREMIERE CONCLUSION.

La sainte indifférence qui fait le desintéressement parfait du plus pur amour qu'on peut avoir pour Dieu ne peut pas consister (dans aucune hypothése raisonnable) à estre indifférent, soit à l'égard du desir d'estre heureux en possédant Dieu, soit à l'égard du plaisir, de la delectation, & de la joye directe qui est essentiellement renfermée dans la connoissance & l'amour même de Dieu, de sorte que pour aimer Dieu purement & d'une maniére desintéressée, nous devions estre également disposez à l'aimer, soit qu'il nous comblât de joye dans la partie supérieure de nostre Ame en l'aimant; soit que par impossible il ne nous fît sentir que de l'amertume, & nous rendît totalement malheureux en l'aimant.

PREUVES.

Il est constant qu'il ne peut y avoir de pur amour de Dieu, là où ne se rencontre point tout ce qui doit estre essentiellement renfermé dans le plus pur amour; car aucune chose ne peut estre sans toute son essence; ainsi comme la sainte indifférence qui fait le desintéressement parfait du pur amour, ne consiste pas à estre indifférent pour aimer ou ne pas aimer Dieu, parce que la détermination à vouloir toûjours aimer Dieu est essentielle au pur amour, il est également impossible que la sainte indifférence du pur amour consiste à estre indifférent à l'égard

gard de quelqu'autre chose qui soit essentiellement & nécessairement renfermée dans le plus pur amour. Or 1. Il est essentiel au plus pur amour, aussi-bien qu'à tous les autres amours, non seulement de tirer son origine de l'impression invincible qui nous porte nécessairement à rechercher nostre parfait bonheur, mais encore d'avoir pour fondement prochain du costé de l'objet la convenance de cet objet à nostre égard, & du costé de la volonté, la complaisance que la volonté ressent à se porter vers cet objet dont la seule idée commence à nous faire sentir la convenance.

2. Il est essentiel au plus pur amour de Dieu, d'estre formellement le plus solide contentement & le plus véritable plaisir de la partie supérieure de nostre Ame, parce que telle est la nature de nostre Ame, que la connoissance & l'amour de l'Estre infiniment parfait, non seulement est la cause de son bonheur, mais aussi est formellement son bonheur même essentiel, par conséquent la sainte indifférence de l'amour pur ne peut point consister, dans aucune hipothése raisonnable, à nous rendre indifférens à l'égard des choses que j'ay spécifiées dans la premiére Conclusion.

Ce sentiment n'est point du tout contraire à l'hypothése célébre que les SS. Peres ont fait par impossible. On n'a qu'à lire pour s'en convaincre l'explication que nous avons donnée à saint Clement d'Alexandrie, & celle que nous allons bien-tôt donner à S. François de Sales.

SECONDE CONCLUSION.

La sainte indifférence du pur amour, ne peut tomber sur la volonté déclarée & signifiée de Dieu, parce que c'est une impiété de ne vouloir pas ou d'estre indifférent à ne pas vouloir ce que Dieu a déclaré qu'il veut. Tous les Théologiens conviennent de cette verité, qui est un dogme de Foy; ainsi je ne m'arresterai pas davantage à la prouver. On peut lire ce que M. l'Evêque de Meaux a écrit sur ce sujet dans le quatriéme Livre de son Instruction sur les Etats d'Oraison.

TROISIE'ME CONCLUSION.

La sainte indifférence qui fait le désintéressement parfait du plus pur amour qu'on peut avoir pour Dieu, consiste à estre indifférent & à l'égard des choses qui regardent la vie naturelle, comme la santé ou la maladie, la beauté ou la laideur, la foiblesse ou la force, & à l'égard des choses de la Vie Civile, telles que sont une illustre ou une basse naissance, les honneurs ou l'abjection, les richesses ou la pauvreté, d'estre honoré des hommes ou d'en estre méprisé, & à l'égard des variétez de la vie spirituelle, comme sécheresses consolations, goûts aviditez, & à l'égard des actions les plus pénibles, des souffrances, des tribulations en un mot à l'égard de tous les divers évenemens de la vie qui dépendent du bon plaisir de Dieu, & à l'égard de toutes sortes de plaisirs sensi-

res qui sont réellement distinguez de l'amour de Dieu; de sorte mesme que si par impossible, il estoit nécessaire pour se conformer davantage au bon plaisir de Dieu, ou pour procurer sa gloire, de renoncer pour toûjours à tous les biens du Ciel distinguez de la connoissance & de l'amour de Dieu, ou de souffrir toutes les peines de l'Enfer, pourvû qu'on conservât toûjours la connoissance & l'amour de son Dieu, on seroit tellement content de son seul amour, qu'on renonceroit volontiers à tous les autres biens du Ciel, & qu'on accepteroit avec joye toutes les peines de l'Enfer, à l'exclusion d'estre privé de l'amour de son Dieu, & de tout ce qui est essentiellement renfermé dans cet amour.

Cette Conclusion contient la Doctrine commune de tous les saints Péres de l'Eglise, & sur tout de S. François de Sales qui l'a parfaitement bien expliquée dans le neuviéme Livre de son Traité sur l'amour de Dieu. Mais je suis obligé d'avertir qu'on y trouve plusieurs expressions qui paroissent directement contraires à nostre premiére Conclusion, si on les prend trop à la lettre, quoy que dans le fond elles n'y soient point du tout contraires suivant les propres Principes de S. François de Sales, & l'explication qu'il en donne luy-mesme en plusieurs endroits du même Livre. Afin d'en convaincre nos Adversaires, je vais donner des éclaircissemens sur la plûpart des Chapitres de ce Livre, en commençant par le Chapitre 3. qui est le premier où je trouve des difficultez qu'il est nécessaire d'éclaircir sur la sainte indifférence.

ECLAIR-

ECLAIRCISSEMENS NECESSAIRES
pour bien entendre tout ce que S. François de Sales a écrit de la sainte indifférence du pur Amour dans son neuviéme Livre de l'Amour de Dieu.

NOus avons enseigné comme un Principe trés-certain, dans la premiére Conclusion du Chapitre précédent, que la sainte indifférence du pur amour ne peut pas consister (dans aucune hypothése raisonnable) à être indifférent, soit à l'égard de son salut, soit à l'égard du plaisir & de la joye directe qui est essentiellement renfermée dans la connoissance & l'amour mesme de Dieu. Cependant S. François de Sales semble pousser la sainte indifférence du pur amour, jusques à faire consentir une Ame d'estre éternellement malheureuse en conservant l'amour de Dieu, si tel estoit le bon plaisir de Dieu à son égard, & de l'aimer indépendamment de toutes sortes de satisfactions, de plaisirs & de contentemens sans aucune exception. J'ay lû plusieurs fois avec une forte attention le Traité de l'amour de Dieu de S. François de Sales, pour reconnoistre s'il y enseignoit effectivement cette Doctrine dans le sens que les Quiétistes se l'imaginent; mais après un serieux examen de tous les endroits du neuviéme Livre où S. François

de

de Sales semble dire le plus expressément ce que nos Adversaires prétendent, j'ay reconnu qu'ils les entendent trés-mal, & que la Doctrine de S. François de Sales sur la sainte indifférence n'est point du tout contraire à nôtre premiére Conclusion. Afin de détromper un grand nombre de Spirituels qui se font une fausse idée de l'indifférence du pur amour, prétendant suivre le véritable sentiment de S. François de Sales, je vais donner des éclaircissemens tres-importans sur son neuviéme Livre.

ARTICLE PREMIER,

Eclaircissement sur un endroit du Chapitre troisiéme.

St. François de Sales parle dans ce Chapitre de l'union de nostre Volonté au bon plaisir Divin dans les afflictions spirituelles, par la resignation, & il y enseigne qu'entre tous les effets de l'amour parfait, celuy qui se fait par l'acquiescement de l'Esprit aux tribulations spirituelles, est sans doute le plus fin & le plus relevé. Or en décrivant les afflictions spirituelles & les angoisses d'une Ame au milieu de ses troubles involontaires, semblables à ceux que Jesus Christ ressentit dans le Jardin des Olives, il assûre *que ce qui se passe alors pour le bon plaisir Divin se fait non seulement sans plaisir & contentement, mais contre tout plaisir & conten-*

tement de tout le reste du cœur. Et il ajoûte que l'acquiescement qui se fait dans le fond de cette Ame à la volonté de Dieu, dans la plus suprême & plus délicate pointe de l'Esprit, n'est pas tendre ny doux, n'y presque pas sensible, quoi qu'il soit véritable, fort, indomptable & très-amoureux.

Il semble d'abord que S. François de Sales exclue de l'amour généreux dont il parle en cet endroit, toute sorte de plaisir, de contentement, de tendresse & de douceur, mesme dans l'acquiescement qui se fait dans la suprême & plus délicate pointe de l'esprit, & qu'ainsi il rend l'amour pur absolument indépendant de tout plaisir & de toute satisfaction, comme nos Adversaires le prétendent; Mais ce n'est point là la véritable pensée de S. François de Sales, & on luy attribuë l'opinion du monde la plus déraisonnable qu'il n'a jamais eüe.

Pour bien entendre sa pensée, il faut sçavoir 1. Que comme il y a deux parties dans l'homme fort différentes, qui sont la partie purement raisonnable & la partie animale, ou autrement la partie supérieure & la partie inférieure, qu'on appelle autrement la partie sensitive. Il y a aussi deux sortes de plaisirs & de contentemens dont l'homme peut joüir; les uns sont propres à la partie purement raisonnable & supérieure, les autres à la partie animale ou inférieure & sensitive.

2. Il faut sçavoir que les mêmes choses qui sont naturellement agréables à la partie animale & sensitive, peuvent estre desagréables à la partie purement raisonnable & supérieure, comme au
con-

contraire les mêmes choses qui sont naturellement desagréables, tristes & douloureuses par rapport à la partie inférieure & sensitive de l'homme, peuvent estre agréables & délicieuses à la partie purement raisonnable & supérieure qui les envisage dans l'ordre de la volonté & du bon plaisir de Dieu. En voicy un exemple tiré mot à mot de S. François de Sales, excepté les parenthéses qui sont de moy. * *Voyez les tribulations en elles-mesmes*, (c'est à dire considérez-les seulement par rapport à la partie inférieure, & sensitive,) *elles sont affreuses; Voyez les en la volonté de Dieu*, [c'est à dire, considérez-les dans la partie purement raisonnable & spirituelle, entant qu'elles viennent de la volonté de Dieu & de son bon plaisir,] *elles sont des amours & des délices*. (Non pas à l'égard de la partie inférieure & sensitive, mais à l'égard de la partie supérieure & purement raisonnable, &c.]

3. Parmy les plaisirs & les contentemens qui sont propres à la partie raisonnable ou supérieure de l'homme, il y en a qui impriment (*occasionaliter*) & qui laissent aprés eux des traces dans le Cerveau, en sorte que l'esprit réfléchit & repense quand il luy plaist à ces plaisirs de la partie raisonnable & qui excitent de plus certains mouvemens agréables dans la partie inférieure & sensitive, mais il y en a d'autres qui ne laissent aprés eux aucunes traces dans le Cerveau, qui n'excitent aucun mouvement agréable dans la partie inférieure & animale ou sensitive, & dont on ne sçauroit se ressouvenir n'y

* *Liv. 9. Chap. 2.*

y réfléchir quand le plaisir direct est passé, parce que la mémoire dépend entièrement des traces imprimées dans le Cerveau. Pour bien distinguer ces deux sortes de plaisirs de la partie raisonnable & supérieure, j'appelleray les derniers dont je viens de parler les delectations, les plaisirs, ou les contentemens purement spirituels de la partie raisonnable ou supérieure, & j'appelleray les premiers les plaisirs spirituels & sensibles de la partie raisonnable. Que les nouveaux Philosophes ne me fassent pas une vaine chicane, en disant que les plaisirs que j'appelle purement spirituels sont sensibles, car quoi qu'ils soient sensibles d'une certaine manière pendant qu'on les a, c'est à dire qu'on en ait un sentiment intérieur, ils ne sont pas sensibles de la manière dont nous l'avons expliqué & dont l'entend S. François de Sales & les autres Mistiques au langage desquels il faut se conformer, autant qu'on le peut, pour les mieux entendre.

Cela supposé, S. François de Sales dans l'endroit que nous avons rapporté, exclut de l'amour parfait dans les plus grandes épreuves, non seulement toute sorte de plaisir & de contement de la partie inférieure ou animale, mais encore de la partie supérieure tout plaisir spirituel qui soit sensible de la manière que nous l'avons expliqué. Car il dit *que l'acquiescement qui se fait alors dans la suprême pointe de l'Esprit n'est pas tendre, ny doux, ni presque pas sensible;* c'est à dire qu'il n'a aucune tendresse ni aucune douceur sensible. En un mot, il exclut toute sorte de voluptez & de plaisirs distinguez de

l'al'amour de Dieu, lequel est essentiellement un véritable plaisir direct & une trés-grande delectation de l'Ame. Mais il n'a jamais exclus de l'amour parfait, le plaisir purement spirituel qui est essentiellement renfermé dans l'amour même de son Dieu ; & par conséquent il n'a point admis aucun amour de Dieu, qui pût jamais estre absolument indépendant de toute sorte de plaisir & de satisfaction sans exception, comme nos Aversaires se l'imaginent faussement.

Car en premier lieu, il establit comme un principe trés-certain dans le Chapitre 7. & le 8. de son premier Livre sur l'amour de Dieu, qu'il est essentiel à tout amour de naistre du plaisir & de la complaisance que la volonté ressent à se porter vers un objet à cause de la convenance qu'il a à son égard, & il assûre en propres termes, *que comme l'Abeille naissant dedans le Miel, se nourrit du Miel, & ne vole que pour le Miel, ainsi l'amour naist de la complaisance, se maintient par la complaisance, & tend à la complaisance.*

2. Lors qu'il dit dans le Chapitre second du neuviéme Livre, *que les tribulations qui sont affreuses en elles mesmes sont des amours & des delices, si on les considére dans la volonté de Dieu, & que l'amour oste l'âpreté du travail, ou rend le sentiment des peines aimable*, il fait clairement connoistre que l'abnegation de soy-même l'amour des souffrances & des afflictions, & le renoncement à toutes les voluptez, dont il parle dans le même Chapitre & dans les suivans, n'exclut point le plaisir purement spirituel qui est essentiellement attaché à l'amour de Dieu,

Q 3   qu'il

qu'il suppose toûjours régner dans la cime & le dongeon de l'Ame. Quand il dit aussi dans l'Epitre 22. du Livre 7. *Dieu me favorise de beaucoup de consolations & saintes affections par des clartez & des sentimens qu'il répand en la supérieure partie de mon Ame, la partie inférieure n'y a point de part, il en soit béni éternellement.* N'y distingue-t-il pas clairement les consolations & les plaisirs de la partie supérieure de ceux qui peuvent se trouver dans la partie inférieure?

3. Dans le Passage même du 3. Chapitre que nous éclaircissons, où S. François de Sales dit que l'acquiescement à la Volonté de Dieu dans les derniéres épreuves n'est pas tendre n'y doux, n'y presque pas sensible, il convient néanmoins qu'il est fort, indomptable * & trés-amoureux. Or S. François de Sales reconnoist dans plusieurs endroits du premier & du second Livre, que le plaisir & la delectation qui vient de la convenance de quelque objet, est le seul lien ou la seule amorce qui peut attirer la Volonté à aimer, d'où il s'ensuit évidemment qu'un acquiescement de l'Ame à la Volonté de Dieu ne peut estre trés-amoureux sans estre trés-délicieux, trés-agréable, & trés-delectable, au moins à l'égard de la partie purement raisonnable de l'Ame, suivant les propres principes de S. François de Sales. Et certainement, c'est le plaisir & la delectation essentiellement renfermée dans l'amour même de Dieu qui fait toute la force du plus pur amour, *fortis ut mors dilectio*, & qui le rend victorieux de toutes les tribulations, les angoisses, les troubles,

* *Voyez le Chap. 7. & 8. du Liv. 1. & le Ch. du Liv. 2.*

ges, les afflictions, les peines intérieures, en un mot de tous les tourmens qu'on peut souffrir par rapport à la partie inférieure & sensitive. Car pendant que la chair est la plus abatue & que l'esprit même souffre de plus grandes peines intérieures par des troubles involontaires, le pur amour dominant dans la partie supérieure & la cime de l'esprit, y répand une délectation victorieuse qui soûtient l'Ame qui la fortifie, & la rend courageuse, jusqu'à dire avec saint Paul, Qui est-ce qui me séparera de l'amour de mon Dieu &c. *Quis nos separabit à charitate Christi? Fames tribulatio, an angustia &c.* Voilà comme il faut entendre S. François de Sales.

ARTICLE SECOND.

Eclaircissement sur le Chapitre 4. qui a pour Titre, de l'Union de nostre Volonté au bon plaisir de Dieu par l'indifférence.

LA résignation, préfére la volonté de Dieu à toutes les choses, dit S. François de Sales, *mais elle ne laisse pas d'aimer beaucoup d'autres choses outre la volonté de Dieu. Or l'indifférence est au-dessus de la résignation, car elle n'aime rien sinon pour l'amour de la volonté de Dieu, si qu'aucune chose ne touche le cœur indifférent en la présence de la volonté de Dieu.* Remarquez que cela est vray à la lettre, quand on aime Dieu uniquement pour estre heureux dans sa connoissance & son amour. Car alors l'unique bonheur qu'on cherche estant formellement l'amour mesme de son Dieu, de sa volonté, & de sa gloire, il est évident qu'en n'aimant rien sinon pour estre parfaitement heureux par l'amour mesme & la connoissance parfaite de son Dieu, on n'aime rien sinon pour l'amour de Dieu & de sa volonté. Je fais cette remarque pour détromper nos Aversaires qui concluent de ce qu'on aime Dieu & qu'on obéit à ses Commandemens pour estre heureux en le possédant, qu'on n'aime donc pas alors Dieu précisément pour l'amour de sa Volonté : Car voicy comme je raisonne contr'eux. Quand on aime Dieu précisément pour estre heureux en le possédant on l'aime pour estre formellement heureux par l'amour de Dieu mesme & de sa Volonté, puisqu'on ne posséde formellement Dieu que par la connoissance & l'amour ; Or est-il qu'il est impossible d'aimer Dieu pour estre heureux uniquement par l'amour mesme de son Dieu & de sa sainte Volonté sans l'aimer uniquement pour son amour & pour sa sainte Volonté ; par consequent toutes les fois qu'on aime Dieu pour estre heureux uniquement dans sa connoissance & son amour, on l'aime pour son seul amour & conformément à sa Volonté, soit qu'on y pense explicitement, soit qu'on n'y pense pas ; Or aimer Dieu pour son seul amour, c'est l'aimer trés-purement pour luy-mesme, on aime donc Dieu purement pour luy-mesme, quand on l'aime précisément pour estre heureux par l'amour mesme de ce Divin objet.

Voicy

Amour de Dieu. 239

Voici un autre endroit du mesme Chapitre 4. sur l'indifférence du St. amour qui mérite quelque éclaircissement. *Le Cœur indifférent sçachant que la tribulation, quoi qu'elle soit laide comme une autre Lea, ne laisse pas d'estre fille, & fille bien-aimée du bon plaisir divin, il l'aime autant que la consolation, laquelle néantmoins en elle-mesme est plus agreable*; C'est à dire qu'il l'aime autant que toutes sortes de consolations sensibles, qui sont néanmoins plus agréables à la partie inférieure & sensitive, il trouve mesme plus de plaisir dans la partie purement raisonnable & supérieure de son Ame à aimer la tribulation que le bon plaisir Divin luy envoye, qu'à goûter des consolations sensibles dans la partie inférieure & qu'à s'en priver tout à fait. *Qu'importe-t-il*, ajoûte nostre Saint, *que la volonté de Dieu me soit présentée en la tribulation ou consolation*; c'est à dire que je ressente des tribulations ou des consolations sensibles; *puisqu'en l'un & en l'autre, je ne veux ni ne cherche autre chose que la Volonté Divine, laquelle y paroist d'autant mieux qu'il n'y a point d'autre beauté en icelle que celle de ce trés-saint bon plaisir éternel.*

Il parle aussi-tôt aprés de l'indifférence héroïque de St. Paul & de S. Martin en ces termes; *Admirable indifférence de l'Apostre! admirable celle de cet homme Apostolique! Ils voyent le Paradis ouvert pour eux, ils voyent mille travaux en Terre, l'un & l'autre leur est indifférent au choix, & n'y a que la Volonté de Dieu, qui puisse donner le contrepoids à leurs Cœurs. Le Paradis n'est point plus aimable que les miséres de ce Monde, si le bon plaisir Divin est également là & icy, les travaux leur sont*

Q 5

un Paradis, si la Volonté Divine se trouve en iceux, & le Paradis un travail si la Volonté de Dieu n'y est pas. Car, comme dit David, ils ne demandent ny au Ciel ny en la Terre, que de voir le bon plaisir de Dieu accompli.... en somme le bon plaisir de Dieu, est le souverain objet de l'Ame indifférente, par tout où elle le voit, elle court à l'odeur de ses parfums & cherche toûjours l'endroit, où il y en a plus sans considération d'aucune autre chose (c'est à dire d'aucun autre avantage qui soit distingué de l'amour du bon plaisir de Dieu.) Il est conduit par sa Divine Volonté, comme par un lien trés-aimable, & par tout où elle va, il la suit, il aimeroit mieux l'Enfer avec la Volonté de Dieu, que le Paradis sans la Volonté de Dieu. Oüi mesme il préféreroit l'Enfer au Paradis, s'il sçavoit qu'en celuy-là il y eust un peu plus du bon plaisir Divin qu'en celuy-cy; ensorte que si par imagination de chose impossible, il sçavoit que sa damnation fût un peu plus agréable à Dieu que sa salvation, il quitteroit sa salvation & courroit à sa damnation.

Les Quiétistes concluent de ces expressions, que St. François de Sales a reconnu dans le pur amour une indifférence entiére pour le salut ou pour la damnation; mais on n'a qu'à lire le huitiéme & le neuviéme Livre de l'excellente Instruction de M. l'Evêque de Meaux sur les Etats d'Oraison, où il explique à fond la doctrine de St. François de Sales sur l'indifférence, pour se convaincre que ce St. Evêque n'a jamais admis l'indifférence pour le salut dans aucune hypothése. Afin de donner encore quelques nouveaux éclaircissemens sur les endroits que nous venons de rapporter, je prie le Lecteur de remarquer que le véritable bonheur essentiel de l'ame consiste dans l'amour de Dieu, & son véritable malheur consiste dans la privation de l'amour de Dieu; ainsi ce n'est pas le nom du Paradis ou du Ciel qui fait le bonheur, ny le nom de l'Enfer qui fait le malheur, mais la seule chose signifiée par le nom de Paradis, qui fait le véritable bonheur essentiel, c'est l'amour de Dieu joint à la connoissance, & la seule chose signifiée par l'Enfer qui fait le véritable malheur essentiel, c'est la privation de l'amour de Dieu; il s'ensuit de là que si par impossible, on sépare du Paradis l'amour de Dieu, on ôte au Paradis ce qui fait le bonheur essentiel, & on en fait un véritable Enfer, comme au contraire si on sépare de l'Enfer la privation de l'amour de Dieu, & qu'on y joigne l'amour de Dieu, on ôte à l'Enfer ce qui fait le malheur essentiel & on en fait un Paradis : car si on compare tous les tourmens qu'on peut endurer dans son Corps avec le plaisir qu'une Ame qui aimeroit Dieu purement, comme les Saints l'aiment dans l'autre vie, ressent dans sa partie supérieure, tous les tourmens imaginables, qu'on pourroit luy faire endurer dans sa partie inférieure, ne seroient que comme une goutte d'eau amére qui seroit absorbée dans le Torrent & l'Ocean de délices dont l'Ame joüiroit dans sa partie supérieure; & si on compare au contraire tous les autres biens du Ciel, avec la privation de l'amour de Dieu, cette privation renfermeroit un fond inépuisable de tristesse, d'amertume & de malheur dans la partie supérieure de l'Ame, de sorte que les autres biens du Ciel ne seroient que comme une

goutte

goute d'eau douce qui feroit abſorbée dans un Torrent d'amertumes. Souvenez vous donc que ce n'eſt pas le nom ni le lieu qui fait le Paradis, mais l'amour de Dieu, qui eſt eſſentiellement par luy-meſme le plus véritable bonheur de nôtre Ame. Cela ſuppoſé, St. François de Sales a raiſon de dire qu'une Ame qui aime Dieu purement, *aimeroit mieux l'Enfer avec la Volonté de Dieu, que le Paradis ſans la Volonté de Dieu.* Car comme on ne peut pas aimer Dieu ſans être conforme à ſa Volonté, ny être véritablement heureux ſans aimer Dieu, ſi on choiſiſſoit le Paradis, ſans l'amour & la Volonté de Dieu, on choiſiroit le Paradis devenu Enfer, au lieu qu'en choiſiſſant l'Enfer avec l'amour & la Volonté de Dieu, on choiſiroit l'Enfer devenu Paradis. Quand il ajoûte; *où meſme il préféreroit l'Enfer au Paradis, s'il ſçavoit qu'en celuy-là, il y eût un peu plus du bon plaiſir Divin qu'en celuy-cy.* Cela ſignifie en bon François que ſi l'Enfer devenoit un plus grand Paradis que le Paradis meſme, parce qu'on y aimeroit Dieu davantage en s'y rendant plus conforme à ſa Volonté, *en ſorte que ſa damnation fuſt un peu plus agréable à Dieu que ſa ſalvation*; c'eſt à dire en ſorte qu'une Ame aimeroit Dieu davantage, & ſeroit plus conforme à ſon bon plaiſir en ſouffrant toutes les peines de l'Enfer, excepté le malheur eſſentiel qui conſiſte dans la privation de l'amour de Dieu, que ſi elle joüiſſoit de tous les biens du Ciel diſtinguez de la connoiſſance & de l'amour de Dieu; *Cette Ame quitteroit ſa ſalvation & courroit à ſa damnation*, c'eſt à dire qu'elle préféreroit le parti d'aimer Dieu davantage & de se rendre plus conforme à son bon plaisir en souffrant toutes les peines de l'Enfer, qui ne seroient alors que comme une goute d'eau amere qui seroit absorbée dans le torrent de delices dont l'Ame joüiroit dans sa partie supérieure ; à celuy d'aimer moins Dieu, & d'estre moins conforme à sa sainte Volonté en joüissant de tous les biens du Ciel. St. François de Sales donne luy mesme cette ouverture pour faire entendre sa pensée. Car aprés avoir dit un peu auparavant que le Paradis n'est point plus aimable que les miséres de ce Monde, si le bon plaisir Divin est également là & icy ; il ajoûte incontinent aprés cette belle raison, *Les travaux sont un Paradis, si l'amour de Dieu & la Volonté Divine se trouve en iceux, & le Paradis un travail, si l'amour de Dieu & la Volonté Divine n'y est pas.* Ainsi quand St. François de Sales ajoûte, *que si par impossible, l'amour de Dieu & son bon plaisir ne se trouvoient point du tout dans le Paradis & se trouvassent uniquement dans l'Enfer à nostre égard, il faudroit renoncer au Paradis & choisir l'Enfer.* Il suppose évidemment que les peines de l'Enfer seroient un Paradis si l'amour de Dieu & sa Divine Volonté s'y trouvoient, & qu'au contraire le Paradis avec tous ses biens imaginables ne seroit qu'un Enfer, si l'amour de Dieu & sa Divine Volonté, ne s'y trouvoient pas ; par la mesme raison, si l'amour de Dieu & son bon plaisir, se trouvoient plus dans l'Enfer que dans le Paradis, l'Enfer deviendroit un plus grand Paradis que le Paradis mesme ; car encore une fois ce n'est pas le nom ni le lieu qui font le Paradis, mais c'est le pur amour de de Dieu & la parfaite conformité à sa Volonté qui font le bonheur essentiel de l'Ame.

Je viens, sans y penser, de donner la véritable explication des célébres hypothéses que St. Clement d'Alexandrie, S. Chrysostome, Theodoret, plusieurs autres anciens Péres, & aprés eux St. François de Sales ont faite par impossible, afin de pousser la pureté de l'amour jusqu'à son plus parfait désinteressement. Or afin que le Lecteur comprenne clairement la fausse application que M. de Cambray & ses Partisans font de ces hypothéses, il est nécessaire de remarquer qu'on peut séparer par une supposition impossible l'amour de Dieu du Paradis, & le joindre avec les peines de l'Enfer en deux maniéres fort différentes. L'une est de séparer par une supposition impossible non seulement l'amour de Dieu du Paradis, c'est à dire de tous les autres biens du Ciel distinguez de l'amour de Dieu, mais encore de séparer de l'amour mesme de Dieu, toute sorte de plaisir, de contentement & de bonheur sans aucune exception, & d'assurer que dans cette hypothése une Ame, qui a le pur amour, n'en aimeroit pas moins Dieu, quoi qu'elle dût estre eternellement malheureuse en l'aimant. L'autre maniére est de séparer par impossible l'amour de Dieu du Paradis ou du salut, c'est à dire de tous les autres biens du Ciel distinguez de l'amour, sans néantmoins séparer jamais de l'amour de Dieu le véritable bonheur essentiel de la partie supérieure de l'Ame, qui y est nécessairement attaché, & d'assurer que dans cette hypothése, une Ame qui a le pur amour préféreroit toutes les peines de l'Enfer avec l'amour de de Dieu, au Paradis sans amour de Dieu. Il n'est pas vray dans cette derniére hypothése, qui est celle de St. François de Sales & des SS. Péres, qu'on préféreroit son malheur éternel avec l'amour de Dieu, au Paradis sans amour de Dieu, car on n'y exclut pas de l'amour de Dieu le véritable bonheur essentiel de l'Ame. C'est pourquoy il y a une trés-grande différence, entre préférer les peines de l'Enfer avec l'amour de Dieu, au Paradis sans amour, & préférer son malheur éternel avec l'amour de Dieu, au Paradis sans amour, puisqu'en préférant son malheur éternel avec l'amour de Dieu, au Paradis sans amour, on consent positivement d'estre éternellement dans un état malheureux quoi qu'avec l'amour de Dieu, au lieu qu'en préférant simplement les peines de l'Enfer avec l'amour de Dieu au Paradis sans amour, on ne consent point d'être éternellement malheureux, parce que dans cette derniére supposition, le pur amour de Dieu seroit essentiellement par luy-mesme le véritable bonheur de l'Ame au milieu de toutes les peines de l'Enfer, qui ne seroient alors que comme une goutte d'eau amere, comparée avec un Ocean de delices que l'Ame goûteroit dans sa partie supérieure. Cela supposé, on voit tout d'un coup la différence infinie qu'il y a entre la célébre hypothése par impossible que St. François de Sales a faite aprés les SS. Péres, & l'hypothése par impossible que M. de Cambray & ses Partisans font. Car jamais S. François de Sales, n'a fait d'hypothése, où il sépare par impossible de l'amour de Dieu tout bonheur de l'Ame & joigne un malheur éternel avec l'amour de Dieu,

Dieu, au lieu que M. de Cambray dans ses hypothéses impossibles sépare de l'amour de Dieu toute sorte de plaisir & de bonheur de l'Ame, puisqu'il assûre en propres termes, *qu'une Ame qui a le pur amour n'en aimeroit pas moins Dieu, quand mesme par impossible Dieu la rendroit eternellement malheureuse en l'aimant*; & il va jusqu'à un tel excés que de prétendre qu'une Ame qui a le pur amour doit nécessairement, estre dans la disposition de préférer d'estre éternellement malheureuse avec l'amour de son Dieu, au Paradis sans amour, & qu'un Directeur peut conseiller à des Ames peinées par des craintes involontaires d'une juste reprobation, de faire un acquiescement simple & absolu à leur damnation éternelle, sans néantmoins jamais consentir de perdre l'amour de Dieu.

Je ne dois pas ômettre auparavant de quitter le 4. Chapitre que nous venons d'examiner, que tout ce que St. François de Sales y dit du Cœur indifférent, *qui est comme une boule de cire entre les mains de son Dieu, pour recevoir semblablement toutes les impressions du bon plaisir éternel, d'un Cœur sans choix également disposé à tout sans aucun autre objet de sa Volonté que la Volonté de son Dieu, qui ne met point sa Volonté en choses que Dieu veut, ains en la Volonté de Dieu qui les veut &c.* J'avertis encore un coup, que tout cela est trés-vray, quand on aime Dieu seul en luy mesme précisément par le motif d'estre heureux dans sa connoissance & son amour: Car quand une Ame ne soûpire qu'après la possession de son Dieu, & qu'elle ne recherche son bonheur que dans le doux amour par lequel elle veut se rap-

rapporter toute entiére à son Dieu, & se conformer parfaitement à sa sainte Volonté, tout le reste est indifférent à cette Ame, & il n'y a que les choses qui portent le caractére de la Volonté de Dieu, & qui sont scellées, pour ainsi dire, au sçeau de son bon plaisir qui ayent des charmes pour cette Ame, non pas à cause d'elle-mesme, mais à cause de la Volonté de Dieu, dont elles portent le caractére; ainsi la santé ou la maladie, la beauté, ou la laideur, la foiblesse ou la force, la noble ou la basse extraction, les richesses ou la pauvreté, l'élévation ou l'abjection les sécheresses & les ariditez, ou les consolations sensibles, les commoditez de la Vie ou les souffrances, en un mot tous les evenemens, de la vie sont en eux-mesmes également indifférens à cette parfaite Amante, qui ne recherche son bonheur que dans l'amour de son Dieu & l'entiére conformité à sa sainte Volonté, de sorte qu'elle ne desire pas plus pour elle les uns que les autres pendant qu'elle ignore lesquels de ces évenemens le bon plaisir de Dieu veut luy envoyer, & si la Volonté de Dieu luy envoye les plus fascheux, comme la maladie, la pauvreté, l'abjection, les souffrances, & les privations de toutes sortes de consolations sensibles, elle aime plus ces Estats, non pas à cause d'eux-mesmes, mais uniquement à cause du bon plaisir de Dieu, que tous les biens contraires, & son amour l'y fait trouver plus de douceur, & de plus véritables délices dans la partie supérieure de son Ame, qu'elle n'en trouveroit dans la joüissance de tous les biens du monde, j'entre dans ce détail pour convaincre nos Adversaires, qu'il n'y a que leurs faux

R pré-

préjugez qui les empeschent de reconnoistre pour un véritable amour de pure charité, l'amour qui nous fait aimer Dieu seul en luy mesme précisément par le motif d'estre heureux en l'aimant & en se conformant à sa Divine Volonté & que toutes les excellentes proprietez de la Sainte indifférence du pur amour, que St. François de Sales décrit si admirablement dans le 9. livre, conviennent trés-véritablement à cet amour dont j'ay entrepris l'Apologie.

ARTICLE TROISIE'ME.

Eclaircissemens sur le Chapitre 9 & le 10.

St. François de Sales voulant faire comprendre par plusieurs exemples sensibles, jusqu'où doit aller la pureté de l'indifférence de l'amour sacré, commence dans le Chapitre 9. à faire la supposition d'un Musicien sourd. Voicy ses propres paroles. *Un Musicien des plus excellens de l'Univers, & qui joüoit parfaitement du luth, devint en peu de temps si extrémement sourd qu'il ne luy resta plus aucun usage de l'oüie, néanmoins il ne laissa pas pour cela de chanter & manier son Luth délicatement à merveilles ; mais parce qu'il n'avoit aucun plaisir en son chant ny au son de son Luth, dautant qu'estant privé de l'oüie, il n'en pouvoit appercevoir la douceur & la beauté, il ne chantoit plus ny ne sonnoit du Luth que pour contenter un Prince duquel il estoit né su-*

Amour de Dieu. 249

sujet, & auquel il avoit une extréme inclination de complaire, accompagnée d'une infinie obligation pour avoir esté nourri dez sa jeunesse chez luy. C'est pourquoy il avoit un plaisir nompareil de luy plaire, & quand son Prince luy témoignoit d'agréer son chant, il estoit tout ravy de contentement; mais il arrivoit quelques fois que le Prince pour essayer l'amour de cet aimable Musicien luy commandoit de chanter, & soudain le laissant en sa chambre il s'en alloit à la Chasse, mais le desir que le Chantre avoit de suivre ceux de son Maistre, luy faisoit continüer aussi attentivement son chant, comme si le Prince eust esté présent, quoy qu'en vérité, il n'avoit aucun plaisir à chanter. car il n'avoit ny le plaisir de la mélodie, duquel la surdité le privoit, ny celuy de plaire au Prince, puisque le Prince estant absent ne joüissoit pas de la douceur des beaux airs qu'il chantoit. Cet exemple prouve seulement ce que nous avons establi dans nostre 3. Conclusion sur la sainte indifférence, à sçavoir que le pur amour doit estre indépendant de toute sorte de plaisirs & de consolations sensibles, qui sont réellement distinguées de l'amour mesme de Dieu. Mais il ne prouve nullement que le pur amour puisse estre absolument indépendant du plaisir essentiellement renfermé dans l'amour mesme. Car quand S. François de Sales asseûre que ce Musicien sourd qui chantoit & joüoit du Luth, en l'absence de son Prince pour suivre la Volonté de son Prince qui le souhaitoit ainsi, n'avoit aucun plaisir à chanter, il s'explique luy mesme en ajoûtant, qu'il n'avoit ny le plaisir sensible de la mélodie, puis qu'estant sourd il ne pouvoit pas joüir de la douceur d'entendre son

R 2 chant,

chant, ny celuy d'estre témoin par ses yeux de la complaisance de son Prince, puisque le Prince étoit absent ; voila les plaisirs sensibles réellement distinguez du pur amour que ce Chantre avoit pour son Prince, que St. François de Sales exclut ; mais il suppose certainement que ce Chantre trouvoit un plaisir purement spirituel de son amour mesme, ou bien il auroit évidemment contredit les principes qu'il établit dans le Chapitre 7. & 8. de son premier Livre, & cette maxime célébre des Philosophes, que nous ne voulons & n'agissons jamais que selon ce qui nous plaist davantage, *semper volumus & operamur secundum quod magis actualiter delectat.* Ainsi puisque ce Chantre sourd aimoit mieux continuer de chanter & de joüer du Luth, en l'absence de son Prince que de se reposer, par conséquent son amour luy faisoit trouver plus de plaisir & plus de satisfaction à continuer de chanter qu'à se reposer, quoi qu'il n'y trouvât aucun plaisir sensible dans la partie inférieure. Il s'ensuit de cet exemple que l'amour sacré pour estre parfaitement pur & desinteressé doit estre indifférent à l'égard de toutes sortes de plaisirs & de consolations sensibles réellement distinguées de l'amour de Dieu ; de sorte qu'on aime également Dieu indépendamment de la privation de toutes sortes de plaisirs sensibles & au milieu des peines, des sécheresses, & des tribulations que l'ordre de sa Providence nous envoye pour nous éprouver. Cette doctrine de St. François de Sales est la doctrine commune de tous les SS. Péres & est trés-conforme au sentiment dont nous faisons l'Apologie sur l'amour de Dieu. Dans

Dans la suite du même Chapitre 9. St. François de Sales découvre admirablement bien les détours de l'amour propre qui nous fait souvent prendre le change imperceptiblement dans l'exercice du St. Amour. *Nos Cœurs*, dit-il, *au commencement de leur devotion, aiment Dieu pour s'unir à luy, luy estre agreables, & l'imiter en ce qu'il nous a aimez éternellement: mais petit à petit estant duits & exercez au St. Amour, ils prennent imperceptiblement le change & en lieu d'aimer Dieu, pour plaire à Dieu, ils commencent d'aimer pour le plaisir qu'ils ont eux-mesmes és exercices du St. Amour: & en lieu qu'ils estoient amoureux de Dieu; ils deviennent amoureux de l'amour qu'ils luy portent, ils sont affectionnez à leurs affections, & ne se plaisent plus en Dieu, mais au plaisir qu'ils ont en son amour, se contentant en cet amour, entant qu'il est à eux, qu'il est dans leur Esprit, & qu'il en procède. Car encore que cet amour sacré s'appelle amour de Dieu, parce que Dieu est aimé par iceluy, il ne laisse pas d'estre nostre, parce que nous sommes les Amans qui aimons par iceluy; & c'est-là le sujet du change, car en lieu d'aimer cet amour parce qu'il tend à Dieu qui est l'Aimé; nous l'aimons parce qu'il procède de nous qui sommes les Amans.* Il est bien clair que S. François de Sales blâme seulement en cet endroit les retours de l'amour propre sur soy-même pour se complaire dans les actes d'amour de Dieu comme siens, & entant qu'ils procèdent de nôtre Esprit. *Car en lieu*, dit-il, *d'aimer cet amour, parce qu'il tend à Dieu qui est l'Aimé, nous l'aimons parce qu'il procède de nous qui sommes les Amans.* Ainsi il rejette du pur amour le motif de l'aimer pour le plaisir réfléxe & la complaisance qu'on trouve à l'aimer, en pensant que c'est de nous-mesmes que vient cet amour, qu'il nous appartient & que nous sommes la cause de la joye & de la consolation que nous en retirons. Voila les retours subtils de l'amour propre que ce grand Maistre de la vie spirituelle condamne, mais il n'exclu point du pur amour le plaisir direct qui est essentiellement l'amour mesme.

Dans le Chapitre suivant qui est le dixiéme, il donne des moyens de connoistre le change dont nous venons de parler sur le sujet du St. Amour. *Vous connoistrez bien cela, Theotime, car si ce Rossignol mystique chante pour contenter Dieu, il chantera le Cantique qu'il sçaura estre le plus agréable à la Divine Providence. Mais s'il chante pour le plaisir que luy mesme prend en la mélodie de son chant,* [c'est à dire pour les plaisirs & les consolations sensibles distinguez de l'amour de Dieu, qu'il y recherche] *il ne chantera pas le Cantique qui est le plus agréable à la bonté céleste, ains celuy qui est plus à son gré de luy-mesme, & duquel il pense tirer plus de plaisir* [sensible] *de deux Cantiques qui seront voirement l'un & l'autre Divins, il se peut bien faire que l'un sera chanté parce qu'il est Divin, l'autre parce qu'il est agréable,* (c'est à dire que l'un sera chanté uniquement par l'amour & pour l'amour de Dieu, lequel amour renferme essentiellement un plaisir direct purement spirituel qui en est inséparable, & l'autre sera chanté parce qu'il cause en nous des consolations sensibles & une joye spirituelle distinguée de l'amour de Dieu) *Ce Cantique est Divin,*

Amour de Dieu.

Divin, ajoûte St. François de Sales, *mais le motif qui nous le fait chanter, c'est la délectation spirituelle que nous en prétendons.* Il explique fort clairement quelle est cette délectation spirituelle qu'il veut exclure du motif du pur amour par l'exemple d'un Evêque qui estant obligé par la Volonté de Dieu, de chanter le Cantique Pastoral de la dilection au milieu de son Troupeau, aimeroit mieux s'y exercer & pratiquer la devotion à Rome ou à Paris, parce qu'il trouveroit plus de delices spirituelles à aimer Dieu, dans ces belles Villes, où l'odeur de ses vertus augmenteroit sa reputation & sa fortune, & qu'on y peut pratiquer le Divin amour avec plus de suavité. *O Dieu*, dit St. François de Sales, *ce n'est donc pas pour vous plaire que cet homme veut chanter, c'est pour le plaisir qu'il prend à cela! ce n'est pas vous qu'il cherche en l'amour, c'est le contentement qu'il a ez exercices du St. Amour.* Il est évident que S. François de Sales, parle en cet endroit des delices spirituelles qui sont réellement distinguées de l'amour de Dieu, & qui n'ont pas Dieu même pour objet. Ainsi il a fort grande raison de blâmer tous ces détours de l'amour propre, qui font souvent prendre le change, si on n'y prend garde, dans le motif du pur amour.

Un autre exemple qu'il apporte pour faire concevoir combien l'amour propre fait prendre facilement le change dans l'amour sacré, est l'exemple d'un Miroir dont on regarderoit la beauté. Il remarque *qu'il est mal aisé de regarder longuement & avec plaisir la beauté d'un Miroir, qu'on ne s'y regarde, ains qu'on ne se plai-*

R 4 *se*

se a s'y regarder soy mesme: *Mais il y a pourtant de la différence*, dit-il, *entre le plaisir que l'on prend à regarder un Miroir, parce qu'il est beau & l'aise que l'on a de regarder dans un Miroir, parce qu'on s'y void.* Pour bien entendre cet exemple, il faut prendre garde qu'on peut regarder un Miroir, ou en faisant l'objet de ses regards de la beauté d'un Miroir qu'on considére, ou en faisant l'objet de ses regards de soy-mesme qu'on regarde dans la beauté d'un Miroir. Or il y a bien de la différence entre le plaisir que l'on prend à faire l'objet de ses regards, de la beauté d'un Miroir, & le plaisir que l'on a de faire l'objet de ses regards de soy-mesme qu'on regarde dans la beauté d'un Miroir. Car l'objet du premier plaisir est la seule beauté du Miroir, & l'objet du second plaisir est la vûë de nous-mêmes dans ce Miroir. Il est maintenant bien facile de comprendre la juste application que St. François de Sales, fait de cet exemple à l'amour de Dieu en ces termes. *Il est aussi sans doute malaisé d'aimer Dieu, qu'on n'aime quant & quant le plaisir que l'on prend en son amour; mais néantmoins il y a bien à dire entre le contentement que l'on a d'aimer Dieu, parce qu'il est beau, & celuy que l'on a de l'aimer parce que son amour nous est agréable. Or il faut tascher de ne chercher en Dieu, que l'amour de sa beauté & non le plaisir qu'il y a en la beauté de son amour.* Cela veut dire qu'on peut aussi aimer Dieu & porter vers luy nos regards en deux maniéres fort différentes, ou en faisant l'objet de nostre amour & de nos regards de la seule beauté & bonté de Dieu, ou en faisant l'objet de nostre complaisance & de nos regards de nous-mesmes, que nous nous arrestons à considerer dans l'amour mêmes de Dieu, comme dans un Miroir, en faisant réfléxion que c'est de nous que vient cet amour de Dieu, que nous en sommes le Principe, que nous sommes la cause de la consolation & de la joye qu'il nous donne, en un mot que nous sommes les Amans d'où cet amour & sa délectation procéde. Ces deux différens amours de Dieu, sont accompagnez de plaisir ; le premier d'un plaisir direct qui a Dieu mesme pour objet, & le second d'un plaisir réfléxe qui a pour objet la consideration de nous-mesmes & les consolations sensibles que nous trouvons dans l'amour. Certainement le premier amour est un trés pur amour, & la vuë du plaisir direct qui s'y rencontre n'en diminuë point la perfection ny le desinteressement, parce qu'il a Dieu seul pour objet immédiat. Mais dans le second amour on prend le change, c'est un amour meslangé de l'amour de nous-mêmes & de l'amour de Dieu, & le plaisir réfléxe qui en est le motif, empesche la pureté de l'amour. C'est pourquoi S. François de Sales conclut, *qu'il faut tascher de ne chercher en Dieu, que l'amour de sa beauté & non le plaisir qu'il y a en la beauté de son amour,* c'est à dire qu'il faut tascher de ne chercher en Dieu, que la complaisance que nous trouvons à faire l'objet de nostre amour & de nostre joye de sa seule beauté & bonté, & n'y pas chercher le plaisir que nous pouvons trouver en faisant l'objet de nôtre amour de la vuë de nous-mêmes, & des consolations sensibles, que nous nous cautons à regarder dans la beauté de l'amour de

Dieu comme dans un Miroir, au lieu de faire l'objet de nos regards & de noſtre complaiſance de la beauté même de Dieu.

J'aurois pluſieurs réfléxions à faire ſur ces paroles de S. François de Sales qui ſuivent. *Celuy qui prient Dieu, s'appercoit qu'il prie, n'eſt pas parfaitement attentif à prier &c.* Mais M. l'Evêque de Meaux a trés-bien éclairci cet endroit dans le Chapitre 12. du cinquième Livre de ſon excellente Inſtruction ſur les Etats d'Oraiſon.

Il reſte encore un endroit du même Chapitre qu'il eſt important d'éclaircir. *Pourquoy penſez-vous, Theotime, qu'Ammon Fils de David aimât ſi éperdûment Thamar, que même il cuida mourir d'amour? Eſtimez-vous que ce fut elle même qu'il aimât? Vous verrez bien-tôt que non. Car ſoudain qu'il eut aſſouvi ſon exécrable deſir, il la pouſſa cruellement dehors, & la rejetta ignominieuſement: S'il eût aimé Thamar, il n'euſt pas fait cela; Car Thamar eſtoit touſjours Thamar: mais parce que ce n'eſtoit point Thamar qu'il aimoit, ains l'infame plaiſir qu'il prétendoit en elle, ſoudain qu'il eut ce qu'il cherchoit, il la baſoüa felonnement, & la traita brutalement. Son plaiſir eſtoit en Thamar, mais ſon amour eſtoit au plaiſir, & non pas en Thamar; C'eſt pourquoy le plaiſir paſſé, il eût volontiers fait paſſer Thamar.* Je connois des Théologiens qui concluent de ce Paſſage, que quand on aime Dieu à cauſe du plaiſir & de la ſatisfaction, en un mot du bonheur qu'on eſpére trouver dans ſa ſeule poſſeſſion, ce n'eſt pas Dieu qu'on aime, à proprement parler, mais ſeulement le plaiſir & le bonheur qu'on trouve en luy, de même que

Amour de Dieu. 257

le plaisir d'Ammon estoit en Thamar, mais son amour estoit au plaisir & non pas en Thamar. De bonne foy j'ay pitié de voir que des Spirituels qui font profession de s'attacher à la pure Doctrine de S. François de Sales sur l'amour de Dieu, l'entendent si mal. Pour concevoir la véritable pensée de S. François de Sales dans l'endroit dont il s'agit, il faut se ressouvenir qu'il peut y avoir deux sortes de plaisirs dans l'amour ; l'un n'est point distingué de l'amour & est réellement l'amour même, il y en a d'autres réellement distinguez de l'amour, qui peuvent estre l'objet de l'amour, telles que sont les voluptez charnelles & toutes sortes d'autres douceurs ou consolations sensibles. Or S. François de Sales ne prouve rien autre chose dans l'endroit dont il s'agit, sinon que l'amour qui a pour objet & pour fin, des plaisirs réellement distinguez de l'amour qu'on espére trouver dans quelque personne, n'est pas proprement un amour de cette personne, mais du plaisir qu'on veut trouver dans elle. Il apporte pour exemple l'amour infâme qu'Ammon Fils de David avoit pour sa sœur Thamar, *qu'il aimoit si éperdument*, dit-il, *que mesme il cuida mourir d'amour*. Il est certain que cet amour infâme avoit pour objet & pour fin des plaisirs brutaux réellement distinguez de l'amour mesme, voilà pourquoy S. François de Sales a raison d'asseurer que c'estoient les plaisirs brutaux qu'Ammon aimoit en Thamar, & non pas Thamar. Il fait ensuite une application fort juste de cet exemple à l'amour de Dieu. En voicy le véritable sens. Quand vous voyez quel-

quelqu'un qui paroiſt aimer Dieu avec tant d'ardeur & le prier avec une ſi grande devotion, ne jugez pas incontinent que c'eſt Dieu qu'il aime, mais attendez un peu. Car ſi ce ſont les conſolations & les douceurs ſenſibles réellement diſtinguées de l'amour de Dieu même qui ſont l'objet de ſon amour & qu'il eſpére trouver par le moyen de l'amour de Dieu, Ce n'eſt pas alors Dieu qu'il aime, mais les douceurs ſenſibles qui ont quelqu'autre objet que Dieu. C'eſt pourquoy auſſi-toſt que la douceur & la ſatisfaction ſenſible qu'il trouvoit dans l'amour de Dieu, ceſſeront, & que les ſécherelles arriveront, il quittera ſes exercices de Pieté & ne les fera plus qu'en paſſant, mais ſi c'eſtoit Dieu qui eût eſté l'objet de ſon amour, pourquoy eût-il ceſſé de l'aimer dans les ſécherelles, puis que Dieu eſt toûjours Dieu? c'eſtoit donc la conſolation ſenſible qui vient de Dieu, qui eſtoit l'objet de ſon amour, & non pas le Dieu Auteur des Conſolations ſenſibles. Je demande maintenant à toutes les perſonnes qui ont un peu de ſincérité & de bonne foy, ſi ce raiſonnement de S. François de Sales prouve, que quand on aime Dieu ſeul à cauſe du bonheur qu'on eſpére trouver dans ſa connoiſſance & ſon amour même, & non point dans un autre objet diſtingué de Dieu, ce n'eſt pas Dieu ſeul, qui eſt l'objet de la fin derniére de cet amour, & ſi c'eſt quelque plaiſir qui ait un objet réellement diſtingué de Dieu ou qui ne ſoit pas formellement l'amour même de Dieu. Nos Adverſaires ne voudront-ils jamais comprendre, que quand on aime Dieu pour le bon-

bonheur qu'on espére trouver dans sa connoissance & son amour même, on aime alors Dieu uniquement pour l'aimer, puis que le plaisir, la satisfaction & le bonheur qu'on veut trouver dans son amour, est formellement l'amour même de Dieu? Or aimer Dieu uniquement pour l'aimer, c'est un amour de charité pure & desintéressée: tirez donc la conséquence, Amy Lecteur.

ARTICLE QUATRIE'ME.

Eclaircissement sur le Chapitre onziéme.

S. François de Sales fait voir dans ce Chapitre que le parfait desintéressement du pur Amour doit aller non seulement jusqu'à ne chercher point d'autre plaisir ny d'autre consolation sensible que le plaisir qu'on prend en faisant refléxion qu'on plaist à Dieu & qu'on accomplit sa sainte volonté, quoy que ce plaisir soit trés-pur, mais à estre indépendant de toutes sortes de consolations sensibles, en un mot de tous les autres plaisirs réellement distinguez de l'amour même de Dieu, de sorte que s'il plaist à Dieu de retirer de nous les douceurs & les consolations, sensibles, on ne l'aime pas avec moins de fidelité.

Il est fort aisé suivant cette ouverture, de bien entendre tout le Chapitre onziéme & les suivans quand il repéte *que le Chantre*, duquel il a
déja

déja parlé dans le chap. 9. *estant devenu sourd n'avoit nul contentement à chanter que celuy de voir aucunes fois son Prince à l'oüir & y prendre plaisir, & que même il chantoit aussi sans avoir ce plaisir.* Souvenez-vous des éclaircissemens que nous avons donné sur le Chapitre 9. pour bien entendre ce que prouve cet exemple. Quand il ajoûte encore au nom d'une parfaite Amante, *que lors que Dieu retire toutes ses consolations sensibles, il ne cesse pourtant point de l'aimer fidélement & de chanter continuellement l'Hymne de sa dilection, non pour aucun plaisir que son Ame y trouve car elle n'en a point*, dit-il, *ains elle chante pour le pur amour de vostre volonté*; Il veut seulement dire qu'alors son Ame ne trouve aucun plaisir sensible à aimer Dieu, dans le sens que nous avons déja expliqué cy-dessus, & qu'elle ne chante point pour aucun plaisir qui soit distingué du pur amour de la volonté de son Dieu, mais il n'exclut point le plaisir direct essentiellement attaché à l'amour de Dieu dans la partie supérieure de l'Ame & la cime de l'Esprit. L'exemple qu'il apporte ensuite d'un Enfant, qui sans voir sa Mére prenoit tout ce qu'on luy apportoit de sa part, quelque amer qu'il fût, & le mangeoit sans aucun plaisir avec un incroyable dégoust, pour la seule connoissance qu'il avoit de la volonté de sa Mére, sans avoir ny le plaisir de manger, ni le contentement de voir le plaisir de sa Mére, mais simplement & purement pour faire sa volonté. Cet exemple, dis-je, prouve seulement que cet Enfant mangeoit sans aucun plaisir ni aucune consolation sensible, mais cependant l'amour

qu'il

qu'il avoit pour sa Mére luy faisoit trouver un plus grand plaisir dans la partie supérieure de son Ame, en accomplissant sa volonté, qu'il n'en eût trouvé à luy desobeïr en refusant de prendre les choses améres, qu'elle luy envoyoit. Ainsi quand S. François de Sales conclut *qu'il faut que l'amour soit bien puissant, puis qu'il se soûtient luy seul sans estre appuyé d'aucun plaisir ny d'aucune prétention*; Il veut seulement dire que l'amour de Dieu n'a point besoin d'estre soûtenu par aucun plaisir ny par la prétention d'aucun bien qui soit distingué de luy même. Si vous en voulez sçavoir la véritable raison que S. François de Sales ne marque pas dans cet endroit, c'est que l'amour de Dieu estant essentiellement convenable par luy-même à la partie supérieure de nostre Ame, est formellement une trés-pure délectation qui sufit par elle même pour soûtenir le courage de nostre Ame dans les sécheresses, les tribulations & les peines sensibles, indépendamment de tous les plaisirs distinguez de l'amour même & indépendamment de la prétention d'aucun bien, qui ne soit pas Dieu aimé en luy-même. Ainsi la force de l'amour vient de la délectation qu'il renferme essentiellement.

ARTI-

ARTICLE CINQUIE'ME.

Eclaircissemens sur le Chapitre treize & quatorze.

POur bien entendre le Chapitre douziéme qui a pour Titre, *Comme entre ces travaux intérieurs l'Ame ne connoist pas l'amour qu'elle porte à son Dieu &c.* Il est nécessaire de sçavoir ce que M. l'Evêque de Meaux a écrit sur les actes directs, & réfléchis, apperçus & non apperçus, dans le cinquiéme Livre de son Instruction sur les Etats d'Oraison. J'y renvoye le Lecteur. Ainsi je passe aux Chapitres suivans qui traitent *du trépas trés-aimable de la Volonté*, c'est à dire de la mort spirituelle de nostre volonté propre, & de sa nouvelle vie aprés cette mort.

1. S. François de Sales fait consister l'agonie qui précede la mort de la volonté propre, dans les sécheresses, les souffrances & les peines intérieures qui servent à détacher entiérement la volonté de tout amour propre pour les biens sensibles.

2. Il fait consister le trépas trés-aimable de la volonté propre dans un abandon entier & sans aucune reserve de sa propre volonté au bon plaisir de Dieu.

3. Il fait consister la vie purement spirituelle de la volonté aprés son trépas, dans une parfaite conformité de nostre volonté à celle de

Dieu

Dieu & à son bon plaisir, en sorte quelle n'ait plus aucun vouloir séparé de celuy de Dieu, qui luy soit particulier.

CINQUIE'ME ADDITION.

Dans laquelle on fait voir, que soit que la convenance d'un bien a nôtre égard soit le motif prochain du coste de l'objet, qui nous le fait aimer, soit que ce ne soit qu'une condition sans laquelle il nous seroit impossible d'aimer, Conditio sine quâ non, *il est néantmoins toûjours véritable que la raison d'aimer un bien parce qu'il nous est convenable immédiatement par luy-même, n'est point opposée a l'amour gratuit.*

Quelques personnes d'esprit qui sont dans l'étrange préjugé que l'amour de Dieu seul parce qu'il est le souverain bien parfaitement convenable à nostre nature immédiatement par luy-même & par ses infinies perfections, n'est pas un amour de véritable charité, ayant lû les preuves par lesquelles nous démontrons dans le premier Livre de cet Ouvrage, que la convenance d'un bien à nostre égard est le seul motif prochain du costé de l'objet, qui peut nous le faire aimer, n'ont pas pû s'empêcher de reconnoître qu'il estoit impossible d'aimer un bien s'il n'estoit pas convenable à nostre égard, & que si un objet nous rendoit entiérement malheureux, quelque bonté absoluë qu'il eût, il nous seroit aussi impossible de ne le pas haïr, comme il est impossible aux Démons de ne pas haïr Dieu Auteur de leur malheur, quoi qu'ils sçachent fort-bien qu'il est l'Etre souverainement bon & parfait en luy-même, *Dæmones credunt & contremiscunt* : mais ils se retranchent à dire que la convenance d'un bien à nostre égard n'est pas nécessairement le motif prochain de tout amour, & que ce n'est qu'une simple condition sans laquelle nous n'aimerions pas, *Conditio sine quâ non*, de même que l'approche d'une matiere combustible auprés du feu, *approximatio ad Ignem*, n'est qu'une condition sans laquelle le feu ne brûleroit pas le Bois qu'on en approche. Voilà le faux-fuyant par lequel ils tâchent de mettre à couvert l'absurdité de leur opinion. Mais ils se trompent en deux choses. Premiérement, en ce qu'ils sont assez déraisonnables pour nier que la convenance d'un bien à nostre égard qui est, de leur propre aveu, une condition sans laquelle il nous seroit impossible de l'aimer, n'est pas toûjours le motif prochain du costé de l'objet qui nous le fait aimer. Secondement, parce qu'ils s'imaginent que la raison d'aimer un bien à cause qu'il nous est convenable immédiatement par luy-même, est une chose opposée à l'amour gratuit : quoy que cela soit trés-faux, quand même la convenance d'un objet à nostre égard ne seroit qu'une simple condition sans laquelle il nous seroit impossible d'aimer aucun bien absolu.

Je

Je soûtiens donc en prémier lieu, qu'il faut être tout à fait déraisonnable pour nier que la convenance d'un bien à nostre égard ne soit le véritable motif prochain de tout amour du costé de son objet, comme nous l'enseignons dans le premier Livre de cet Ouvrage. Car le motif prochain de tout amour du costé de son objet, est la qualité par laquelle un objet a la force d'émouvoir d'une maniére prochaine nostre volonté, en sorte qu'il attire ses desirs à soy, *ratio proximè motiva amoris ex parte objecti, est ratio sub quâ aliquod objectum vim habet proximè movendi & ad se trahendi voluntatis appetitum:* Ce principe est incontestable, ou bien il faut renoncer à la notion commune que tous les Philosophes ont du motif prochain de l'amour. Or nous avons démontré dans nôtre premier Livre, que la seule qualité par laquelle un objet a la force d'émouvoir nostre volonté, en sorte qu'il attire ses desirs à soy, c'est la convenance d'un objet à nostre égard. Je me contenteray d'en apporter icy une seule preuve qui est demonstrative. Si la disconvenance d'un objet à nostre égard, est la seule cause prochaine qui puisse nous rendre un objet haïssable, par une raison contraire, la convenance d'un objet à nôtre égard est la seule cause prochaine qui puisse nous le rendre aimable: Or il est constant, de l'aveu de tous les Philosophes qui sçavent raisonner, que la disconvenance d'un objet à nôtre égard est la seule cause prochaine qui puisse nous rendre un objet haïssable, car quand même un objet seroit le plus imparfait & le plus défectueux du monde, si on suppose que cet objet nous soit convenable & propre à nous rendre heureux, il nous sera aimable nonobstant toutes ses imperfections. Mais, diront nos Adversaires, ne peut-on pas aimer un bien sans penser aucunement à la convenance qu'il a à nostre égard & à cause de ses seules perfections absoluës? Pour répondre nettement à cette question, il faut remarquer qu'il y a deux sortes de convenance, l'une est directement apperçuë par un sentiment intérieur soit qu'on y réfléchisse, soit qu'on n'y réfléchisse pas; & l'autre est explicitement connuë par quelque réfléxion expresse. Cela supposé, il est vray qu'on peut aimer un objet en ne pensant actuellement qu'à ses seules perfections absoluës, sans faire aucune réfléxion expresse sur la convenance de cet objet à nostre égard, & sans nous porter à l'aimer par cette réfléxion; en un mot, nous pouvons aimer un objet à cause de ses perfections absoluës en faisant abstraction dans nostre pensée actuelle de la convenance qu'il a à nostre égard. Qui peut douter que cela ne se puisse, puisque l'expérience en convainc? Mais il est néanmoins impossible d'aimer aucun objet déterminé sans appercevoir directement par un sentiment intérieur sa convenance à nostre égard. Ainsi quand on aime quelque objet en ne faisant des réfléxions expresses que sur ses seules perfections absoluës, il est trés-certain qu'alors l'Ame apperçoit directement par un sentiment intérieur la convenance de cet objet à son égard, quoi qu'elle ne réfléchisse pas actuellement sur cette convenance, & que c'est c'est la convenance d'un objet directement apperceuë par un sentiment intérieur qui a la force d'émouvoir la volonté & d'attirer les desirs à soy. Il est donc toûjours vray que la convenance d'un objet à nostre égard est le seul motif prochain de l'amour, soit que cette convenance ne soit apperceuë que directement par un sentiment intérieur, soit que l'Ame y réfléchisse par des pensées expresses.

Je soûtiens en second lieu, que quand même la convenance d'un objet à nostre égard, ne seroit qu'une simple condition sans laquelle il nous seroit impossible d'aimer aucun bien absolu, la raison d'aimer un bien à cause qu'il nous est convenable immédiatement par luy-même, ne seroit point opposée à l'amour gratuit. En voicy la demonstration. Aimer un bien à cause d'une qualité qui est une condition absolument nécessaire afin que cet objet soit aimable à nôtre égard, n'est point une chose opposée à l'amour gratuit, car le motif de l'amour gratuit ne peut pas exclurre une condition absolument nécessaire afin qu'un objet puisse estre prochainement aimable à nostre égard. Or la convenance d'un bien à nostre égard est du moins une condition absolument nécessaire, afin qu'un objet puisse estre aimable à nostre égard. D'ailleurs tout amour par lequel on aime un objet pour luy même sans le rapporter à aucun autre objet réellement distingué de luy, est un amour gratuit; or nous avons démontré dans nostre prémier Livre & dans plusieurs autres endroits du second & du troisiéme, que toutes les fois qu'on aime un objet entant qu'il nous est convenable immédiatement par luy-même, ou l'aime pour luy même, sans le rapporter à aucun autre objet distingué de luy. Ainsi quand même la convenance d'un bien à nostre égard ne seroit qu'une condition absolument nécessaire pour exciter nostre volonté à aimer, la raison d'aimer un bien parce qu'il nous est convenable immédiatement par luy-même, ne seroit point contraire à l'amour gratuit.

Enfin pourvû que nos Adversaires tombent d'accord que la beauté ou les perfections absoluës d'un objet, ne peuvent estre le motif prochain qui nous porte à l'aimer, que dépendamment de la convenance de cet objet à nostre égard, ce ne sera plus qu'une question de nom que de sçavoir si la convenance d'un bien à nostre égard est le seul motif prochain de nostre amour. Ainsi je prie le Lecteur de remarquer soigneusement qu'il suffit que la convenance d'un bien à nostre égard soit une condition absolument nécessaire sans laquelle la beauté ou les perfections absoluës d'un objet ne peuvent estre le motif prochain qui nous porte à l'aimer, afin que tout ce que nous enseignons de l'amour de Dieu dans le second & le troisiéme Livre soit trés-véritable, & que l'opinion de nos Adversaires sur la différence de l'amour gratuit & mercénaire soit ruinée de fond en comble.

Fin des Additions au second Livre.

APOLO-

APOLOGIE
DE
L'AMOUR,

Qui nous fait desirer véritablement de posséder Dieu seul par le motif de trouver nôtre bonheur dans sa connoissance, & son Amour.

LIVRE III.

Contenant des remarques fort importantes sur les Principes & les Maximes, qu'on trouve sur le sujet de l'Amour de Dieu, dans l'Explication des Maximes des Saints, sur la vie intérieure, par M. l'Archevêque de Cambray.

CHAPITRE PREMIER.

On expose quel est le sentiment de M. l'Arch. de Cambray sur la Charité parfaite, ou autrement sur l'Amour de Dieu pur & desintéressé.

Nous ne pouvons pas mieux apprendre le sentiment de M. l'Arch. de Cambray sur l'amour pur & desintéressé que de luy-mesme.

Je vais rapporter fidellement ses propres termes qui feront clairement connoître en quoy il le fait consister.

L'objet formel de la charité (dit-il dans l'Article 4. Pag. 42. *est la bonté ou beauté de Dieu prise simplement & absolument en elle-mesme sans aucune idée qui soit relative à nous.* Cela est bien clair. Il exclut expressément du motif de la charité toute idée qui soit relative à nous. Ainsi si on aime Dieu, par le motif d'estre heureux en le possédant, voilà une idée relative à nous qui est opposée à sa belle charité.

Dans l'exposition des divers amours de Dieu Pag. 10. Il s'explique ainsi sur le mesme amour. *On peut aimer Dieu d'un amour qui est une charité pure, & sans aucun mélange du motif de l'interest propre. Alors on aime Dieu dans les peines de manière qu'on ne l'aimeroit pas davantage quand mesme il combleroit l'Ame de consolation. Ny la crainte des châtimens, ny le désir des recompenses, n'ont plus de part à cet amour. On n'aime plus Dieu, ni pour le mérite, ni pour la perfection, ny pour le bonheur, qu'on doit trouver en l'aimant. On l'aimeroit autant, quand mesme par supposition impossible, il devroit ignorer qu'on l'aime, ou qu'il voudroit rendre eternellement malheureux ceux qui l'auroient aimé.* Il témoigne néanmoins que la charité a pour objet matériel Dieu, *comme souveraine & infaillible béatitude de ceux qui luy sont fidéles*, comme *nostre recompense propre*, comme *nostre tout*. Mais, dit-il, *on ne l'aime plus par ce motif précis de nostre bonheur, & de nostre recompense propre.* Et dans la Page 15. n. 5. *L'amour pour Dieu seul,* considéré en luy-mesme & sans aucun mélange de motif intéressé ny de crainte, ny d'espérance ; c'est à dire selon luy, sans le meslange d'aucun motif, qui nous porte à desirer de posséder Dieu pour estre heureux ny qui nous fasse craindre de perdre sa possession, car il appelle cela un motif intéressé opposé à la charité ; *est le pur amour ou la parfaite charité.*

Dans le second Article vrai P. 28. Il explique ainsi la précision du motif dans laquelle il fait consister la charité. *Nous ne pouvons plus séparer nostre béatitude de Dieu aimé avec la persévérance finale : mais les choses qui ne peuvent estre séparées du costé de l'objet peuvent l'estre trés-réellement du costé des motifs. Dieu ne peut manquer d'estre la béatitude de l'Ame fidelle ; mais elle peut l'aimer avec un tel desintéressement que cette veüe de Dieu béatifiant n'augmente en rien l'amour qu'elle a pour luy sans penser à soi, & qu'elle l'aimeroit tout autant s'il ne devoit jamais estre sa béatitude.* Il ajoûte, *que cette précision de motifs n'est point une vaine subtilité & que la Tradition de tous les fidéles a mis la perfection du pur amour dans cette précision de motifs.*

On voit qu'il exige dans le motif de la charité une précision exclusive de la veüe de Dieu béatifiât & de toute idée relative à nôtre bonheur.

Voilà quel est le sentiment de M. de Cambray sur l'amour pur & desintéressé. Or il admet un etat de justes si parfaits en cette vie qu'ils soient dans l'etat habituel de cet amour, car il en parle ainsi dans son Avertissement qui est la Preface de son Livre. *Enfin, toutes les voyes intérieures aboutissent au pur amour comme à leur terme,*

& le plus haut de tous les degrez dans le Pélerinage de cette vie est l'estat habituel de cet amour. M. de Cambray admet donc un estat de justes dans cette vie qui aiment Dieu, en luy-même uniquement à cause de sa bonté & de ses perfections absoluës sans aucune idée relative à nous avec exclusion de la veuë de Dieu béatifiant, & de tous les rapports de convenance que les perfections de Dieu, ont avec l'indigence & le bonheur de nostre pauvre Nature : Car ces idées relatives à nous souïlleroient le motif du bel amour. Il est vrai qu'il n'exclut point nostre bonheur de l'objet de la charité, au contraire il reconnoist qu'il y est inséparablement attaché par la Volonté de Dieu ; mais il exclut expressément la veuë & le desir de nostre bonheur du motif de la charité, quoique nous ne cherchions ce bonheur que dans la possession de Dieu seul, & c'est dans cette subtile précision de motifs qu'il fait consister la charité.

Nous avons fait voir dans les deux Livres précédens que cet amour qui n'a pour motif que les perfections absoluës d'un objet avec exclusion de toute idée relative à nous, & avec une indépendance absoluë de tout desir d'estre heureux ou de n'estre pas malheureux, est un amour chimérique & impossible à nostre Nature, & que jamais les Saints Péres n'ont fait consister la véritable charité dans une telle précision exclusive. Ainsi tout le livre de M. l'Arch. de Cambray a pour fondement l'opinion du monde la plus absurde, dont les Quiétistes de nos jours abusent étrangement, pour establir leurs erreurs, & ils disent partout aujourd'huy aprés un grand Prélat,

Que dans le Livre de M. de Cambray l'Article vray est le principe du faux, & que l'Article faux n'est qu'une conséquence du vray.

Il faut cependant rendre Justice à M. de Cambray. Il n'est pas l'Auteur de cet amour chimérique, plusieurs Théologiens Scholastiques des derniers siécles l'ont enseigné, aprés quelques Mystiques, qui en ont été les Inventeurs vers le douziéme Siécle. Ce qui a le plus contribué à faire embrasser cette opinion à un grand nombre de Théologiens Scholastiques des derniers temps, c'est qu'il a toûjours esté constant que la charité devoit avoir pour objet Dieu seul, entant qu'il est souverainement bon & parfait en luy-mesme; or comme ils se sont imaginé que le desir de posseder Dieu pour estre heureux en luy seul, étoit un acte d'espérance & non pas de charité, * ils étoient fort embarassez comment distinguer l'acte de charité d'avec celuy d'espérance. Pour résoudre cette difficulté qui les a toûjours beaucoup tourmentez, parce qu'ils ne raisonnoient que suivant de faux Principes d'une vieille Philosophie, remplie de termes équivoques & inintelligibles qui ont fort embroüillé la Théologie, ils se sont avisé d'ajoûter au motif de la charité qui nous fait aimer Dieu, entant que souverainement parfait en luy mesme, une exclusion formelle de toute idée relative à nous & à nôtre bonheur. M. de Cam-

* M. l'Ev. de Noyons.
* *Nous marquons clairement la véritable différence de l'espérance d'avec la charité, dans le Ch. 3. du second Livre de ce Traité.*

Cambray, ayant eû le malheur de suivre aveuglément cette opinion qu'il a canonisée, parce que plusieurs Saints Mystiques, des derniers siécles, un grand nombre de célébres Théologiens, & sur tout S. François de Sales paroissent l'avoir adoptée dans leurs Ecrits, il a encore encheri par dessus & a fait mille faux raisonnemens pour la vouloir mettre dans son plus beau jour. Nous l'allons voir par les Remarques suivantes.

CHAPITRE II.

Remarques sur l'exposition des divers Amours dont on peut aimer Dieu, selon M. de Cambray.

IL n'y a pas une seule Page dans l'exposition des divers amours dont on peut aimer Dieu, ny presque pas un des Articles vrais, où on ne trouve de faux raisonnemens qui font pitié sur l'amour de soy-même, l'amour propre & le propre intérest, dont M. de Cambray paroist n'avoir que des idées fort confuses & trés-fausses. C'est pourquoy je suis dans la nécessité de commencer à expliquer nettement l'idée qu'on doit avoir de l'amour de soi-même, & du propre intérest, afin qu'on puisse mieux remarquer une infinité de béveües qu'on trouve sur ce sujet dans le Livre de M. de Cambray.

A R-

ARTICLE PREMIER.

Où on explique à fond ce que c'est que l'Amour de soi-même, l'Amour propre, & quel intérest propre est opposé à la Charité.

L'Amour de foy-même, qu'on appelle aussi amour propre, est de deux sortes en général, l'un naturel & nécessaire, l'autre libre. L'amour de foy-même ou l'amour propre naturel & nécessaire, n'est rien autre chose dans le fond que l'inclination ou le desir naturel & invincible qu'un chacun a de se rendre heureux. Cet amour naturel de foi-même qui nous fait desirer de nous rendre heureux n'est point mauvais, au contraire c'est une perfection de nostre Nature, dont Dieu mesme est l'Auteur. Mais aussi il n'est point méritoire, parce qu'il est nécessaire & ne dépend point du tout de nostre volonté. Si on considére l'amour naturel de foy-même entant qu'estant joint dans l'état de la Nature corrompuë à la privation de l'amour de Dieu (ou quand même il n'y feroit pas joint) il nous porte & nous incline vers les biens sensibles en prévenant nostre raison, c'est ce qu'on appelle la concupiscence.

L'amour de foy-mesme libre est un acte libre de la Volonté, par lequel on choisit quelque bien déterminé, pour s'y attacher & s'y complaire,

plaire, comme dans un objet convenable à soy-même. Or il faut sçavoir que l'amour de soy-même n'a point d'autre objet que le bien dont on desire la possession comme estant convenable à soy-même. Car l'objet de tout amour est le bien dont on desire la possession, ou dans la possession duquel on met sa complaisance. Ce principe est incontestable. Ainsi il faut admettre autant de différentes sortes d'amour libre de soy-mesme, comme il y a de différentes sortes de biens qu'on peut choisir librement pour être l'objet de l'amour naturel de soy-mesme, c'est à dire du desir invincible qu'on a d'estre soy-mesme heureux. Or tout homme qui sent en luy-mesme un desir invincible de se rendre heureux peut choisir librement pour l'objet de cet amour, ou soy-mesme, enforte qu'il cherche son bonheur & qu'il mette toute sa complaisance dans la connoissance & l'amour de soy-mesme & de ses propres perfections, ou bien il peut choisir librement pour l'objet de l'amour de soy-mesme quelque bien réellement distingué de luy.

L'amour de soy-même qui auroit soy-même non seulement pour sujet, mais encore pour objet de sa complaisance, seroit une idolatrie de soy-même. On croit communément que cet amour de soy-même fut le péché de Lucifer & du premier homme, qui arrestant uniquement leurs regards sur les perfections de leur Nature, qu'ils avoient receuë de Dieu, y mirent toute leur complaisance, comme dans l'objet de leur felicité. Mais dans l'estat de miséres où tous les hommes ont esté réduits par le péché, cette espéce d'amour de soy-même est si rare, qu'elle

Amour de Dieu.

jene se rencontre presque jamais; parce que l'état de miséres où nous-nous trouvons depuis le péché, nous fait sentir vivement que nous ne pouvons pas trouver nostre bonheur dans nous-mesme, & que nous ne sommes pas suffisans à nous-mêmes pour nous rendre heureux. Car nous avons beau vouloir & desirer ardemment d'estre heureux, nous ne le sommes pas pour cela. Ainsi l'amour de soy-mesme qui est commun & ordinaire, est celuy qui a pour objet des biens distinguez de nous dans lesquels il nous fait chercher nostre bonheur, & mettre nostre complaisance.

Cet amour libre de soy-mesme, qui n'a pas soy-mesme pour objet, mais des biens distinguez de soi-mesme est de deux sortes, car ou on choisit librement pour objet du desir invincible qu'on a de se rendre heureux, des biens créés distinguez de soy-même, qu'on recherche comme s'ils pouvoient nous rendre heureux, ou on choisit pour objet le seul souverain bien increé qui est Dieu mesme.

L'amour libre de soy-mesme, par lequel on choisit pour l'objet de son amour, des biens créés distinguez de nous, est celuy qui a pour objet ou les honneurs, ou les Richesses, ou les plaisirs du Monde, soit séparément, soit plusieurs ensemble. Voilà l'amour de soy-mesme commun & ordinaire qui fait le crime & le déréglement de tous les Pécheurs. Mais prenez bien garde qu'un Pécheur, n'est pas soy-mesme l'objet de l'amour qu'il a pour les biens créés, quoiqu'il soit luy-mesme le sujet auquel ou pour lequel il veut & desire ces biens créés pour y mettre sa
com-

complaisance & son bonheur ; car tout amour n'ayant point d'autre objet que le bien qu'on desire, il s'enfuit évidemment que l'amour de soy-mesme dans un Ambitieux n'a pas soy-mesme pour objet, mais les honneurs & les Dignitez du Monde, puisqu'il n'est pas luy-mesme le bien dont il desire la possession, mais ce sont les honneurs. Par la mesme raison, un Voluptueux n'est pas soy-mesme l'objet de l'amour de soy-même, mais ce sont les Voluptez qu'il desire à soy-même, & ainsi d'un Avare.

Enfin il y a un amour libre de soy-mesme par lequel on choisit Dieu seul pour l'objet de l'amour de soy-mesme, c'est à dire du desir qu'on a d'estre soy-mesme heureux, c'est-là l'amour de soy-mesme commandé de Dieu, quand nôtre Seigneur, nous ordonne d'aimer nostre Prochain, comme nous-mesmes, *Diliges Proximum tuum sicut teipsum.* On n'est pas soi-mesme l'objet de cet amour par lequel on desire Dieu seul pour trouver son bonheur dans luy. Car l'objet de tout amour est le bien dont on desire la possession. Or quand on desire de posséder Dieu seul afin de trouver nostre bonheur en luy, on n'est pas soi-même le bien dont on desire la possession, ni dans lequel on met sa complaisance ; mais c'est Dieu seul. Cependant on est soy-mesme le sujet & la Personne à qui on desire la possession de Dieu.

Il faut ne pas consulter le bon sens, ny la droite raison, pour ne pas reconnoistre que tout amour de soy-mesme, qui n'a point soy-mesme ny tout autre bien créé, mais Dieu seul pour objet, est un amour de soy-mesme parfaitement

dans

dans l'ordre ; je veux dire parfaitement conforme à la loy eternelle. Ainsi cet amour de soymesme dont Dieu seul est l'objet ne peut point estre opposé à la charité, mais au contraire il se rencontre nécessairement dans la charité.

Il y a donc bien de la différence entre s'aimer foy-mesme comme le sujet à qui on desire quelque bien distingué de nous, & entre s'aimer foy-mesme comme l'objet dans la connoissance & l'amour duquel on cherche son bonheur & on veut mettre toute sa complaisance. Cette derniére espéce d'amour est si rare dans l'état de miseres où nous sommes qu'elle n'arrive presque jamais. Ainsi il ne faut pas s'imaginer que tout amour de foi-même ait foy-même pour objet, c'est là une erreur grossiére dont il est nécessaire de détromper la plusparr des Mystiques. Ce qui est commun à tout amour de foy-mesme, c'est qu'on est foy-mesme le sujet ou la Personne à qui on veut le bien qu'on desire, mais ordinairement on n'est pas foy-mesme l'objet dans lequel on cherche son bonheur & on veut mettre sa complaisance.

Tout ce que je viens de dire fait voir évidemment deux choses. 1.º Que ceux qui supposent, comme M. de Cambray, un certain amour de foy-mesme distingué de l'amour des choses dont on veut joüir se trompent fort, & que l'amour par lequel nous desirons la joüissance de quelque objet que ce soit, est toûjours l'amour de nous-mesmes selon un autre rapport, parce que nous sommes le sujet auquel nous souhaitons la joüissance de ce bien. Secondement, qu'il ne faut

T jamais

jamais juger de l'amour de foy-mefme par rapport au fujet, mais feulement par rapport à l'objet en examinant fi cet objet mérite ou ne mérite pas d'eftre aimé. Il n'y a point de régle que les Myftiques, ayent plus befoin d'obferver que celle-là: Cependant il n'y en a point que M. de Cambray obferve plus mal, comme nous le verrons dans la fuite.

Quoi qu'il y ait un amour de foy-mefme & un amour propre parfaitement dans l'ordre qui doit eftre la régle de l'amour de noftre Prochain felon le commandement de Jefus-Chrift, les hommes ont néanmoins coûtume de prendre en mauvaife part dans leur langage ordinaire, l'amour de foy-mefme & l'amour propre pour un amour déréglé, qui a feulement pour objet des biens créés, ou du moins pour un amour mercénaire qui eft oppofé à l'amour gratuit. Or que fait Mr. de Cambray dans fon Livre, parce qu'il veut dépoüiller l'amour qui fait defirer de pofféder Dieu par le motif de trouver noftre bonheur en luy feul, du titre glorieux d'amour gratuit & de véritable charité ? Toutes les fois qu'il parle de cet amour qui a effectivement rapport à nous comme au fujet à qui nous defirons la poffeffion de Dieu, il le défigne par les termes odieux d'amour de foy-mefme, d'amour propre, d'amour intéreffé & mercénaire, fans jamais avertir qu'il y a un amour de foy-mefme parfaitement dans l'ordre qui n'eft point oppofé à la charité, & que cet amour de foy-mefme eft juftement celuy qui n'a point d'autre objet que Dieu feul, foit qu'on le confidére comme noftre fouverain bien, foit qu'on le confidére précifément fous quelqu'autre qua-

Amour de Dieu.

qualité. Il arrive de là que les Mystiques & toutes les Ames timorées qui lisent son Livre voyant répéter sans cesse que d'aimer Dieu, par le motif de trouver son bonheur en luy, c'est plûtôt un amour de soy-mesme qu'un amour de Dieu, c'est l'effet de l'amour propre, c'est un amour intéressé, ils sont tellement éblouis par ces termes équivoques, qui sont odieux dans le langage ordinaire des hommes, qu'ils s'imaginent que M. de Cambray a raison. Mais je suis presque assûré que M. de Cambray, ne pourra pas s'empêcher de reconnoître qu'il s'est trompé grossièrement sur l'amour de soy-mesme, & sur l'idée du propre intérest qui est opposé à la charité.

Le seul propre intérest qui est opposé à l'amour gratuit & de pure amitié, est tout intérest qui a un objet différent de l'objet aimé, en sorte que l'objet aimé, ne soit qu'un moyen qu'on rapporte à l'acquisition de l'autre objet dans lequel on cherche son bonheur. Ainsi, quand un intérest n'a point d'autre objet que l'objet mesme qu'on aime, cet intérest n'est aucunement opposé à l'amour gratuit de cet objet. Car il n'y a rien de plus glorieux, ny de plus honorable à un objet aimé que d'estre aimé, parce qu'il est, par les perfections qu'il a en luy-mesme, l'objet & la cause de tout intérest qu'on trouve à l'aimer. Ainsi cette espèce d'intérest ne peut point s'appeller propre intérest, comme s'il estoit opposé à l'amour gratuit. Cependant M. de Cambray qui ne peut pas ignorer que le mot de propre intérest ne soit un terme fort équivoque & odieux, qui se prend en mauvaise part dans le langage or-

T 2 dinaire

dinaire pour un intérest opposé à l'amour gratuit appelle continuellement intérest propre, l'intérest qui nous fait desirer de posséder Dieu seul pour estre heureux, dans sa connoissance & son amour, quoique cet intérest n'ait point d'autre objet que Dieu mesme, & que ce soit l'intérest mesme de Dieu ; parce qu'il n'y a rien de plus glorieux à Dieu, que d'estre par les perfections qu'il a en luy-mesme l'objet & la cause de tout l'intérest ; c'est à dire de tout le bonheur que nous trouvons à l'aimer. On voit par là combien M. de Cambray, abuse des termes équivoques d'amour de soy-mesme, d'amour propre, & de propre intérest, pour décrier un véritable amour de Dieu qui a toute l'essence d'amour gratuit & de pure amitié, afin de transporter cette glorieuse qualité d'amour pur & desintéressé à un amour si spiritualisé qu'il est chimérique.

ARTICLE SECOND,

Remarques sur la premiére & la seconde sorte d'Amour que M. de Cambray distingue.

IL est temps de commencer à examiner les divisions de l'amour de Dieu que M. de Cambray apporte.

Le premier amour qu'il propose est celuy par lequel on aime Dieu, non pour luy, mais pour les biens distinguez de luy qui dépendent de sa puissance & qu'on espére en obtenir. Il remarque ju-

judicieufement qu'aimer Dieu pour des biens diſtinguez de luy, ce n'eſt pas proprement aimer Dieu; mais la premiére raiſon qu'il en apporte dans la ſeconde Page lig. 4. n'eſt pas exacte; *à parler exactement*, dit-il, *ce n'eſt pas aimer Dieu, c'eſt s'aimer ſoy-meſme*. Il eſt certain qu'on peut aimer véritablement Dieu en s'aimant ſoi-même comme le ſujet à qui ou pour qui on deſire Dieu; ainſi conclure qu'on n'aime pas Dieu préciſément parce qu'on s'aime ſoy-meſme, ce n'eſt pas une Concluſion exacte.

La ſeconde ſorte d'amour de Dieu, que M. de Cambray diſtingue, eſt celuy *par lequel on n'aime Dieu que comme le moyen ou l'inſtrument unique de félicité, que l'on rapporte abſolument à ſoy comme ſa derniére.*

Les derniers mots qui expriment que par cette ſeconde ſorte d'amour, on rapporte Dieu à ſoy comme fin derniére ſont équivoques, car comme les Philoſophes diſtinguent deux ſortes de fins, l'une qu'ils appellent, *finis cujus gratiâ*, qui eſt le bien, ou l'objet qu'on deſire; & une autre fin qu'ils appellent *finis cui*, qui eſt le ſujet ou la Perſonne, pour qui on deſire quelque bien, on ne ſçait ſi M. de Cambray, veut dire que par cet amour on rapporte Dieu à ſoy-meſme comme fin derniére enſorte qu'on ſoit ſoy-meſme l'objet de ſon amour, ou bien s'il a ſeulement voulu dire, qu'on rapporte Dieu à ſoy-meſme, comme au ſujet à qui on deſire la poſſeſſion de Dieu, pour nous rendre heureux; enſorte qu'on ſoit ſoy-meſme le ſujet ſeulement *finis cui*, & non pas l'objet de cet amour, dont Dieu ſeul ſeroit l'objet en ce cas-là. Mais pour dire plûtôt la véverité comme elle est, M. de Cambray dit des choses évidemment contradictoires sur cette seconde sorte d'amour dans les Pages 2. & 3. Car dans la Page seconde, il declare nettement qu'il parle d'un amour par lequel on regarderoit Dieu, *comme un moyen de félicité, qu'on rapporteroit uniquement à soy comme fin derniére.* Or pour rapporter Dieu, comme un moyen de félicité, à soy-mesme comme fin derniére, il faut nécessairement que nous fassions de nous-mêmes nostre fin derniére & l'objet de nôtre amour. Ainsi on ne peut pas nier que M. de Cambray, dans cette premiere Page, ne parle d'un amour de Dieu, qui ait soy-mesme pour objet & pour fin derniére. C'est pourquoy il ajoûte, *que cet amour seroit plûtost un amour de soy, qu'un amour de Dieu.* Mais voici une contradiction bien manifeste: * cinq ou six lignes aprés en parlant du même amour, il dit, *Quoique cet amour ne nous fit point chercher d'autre recompense que Dieu seul, il seroit néantmoins purement mercénaire & de pure concupiscence.* M. de Cambray suppose donc qu'il peut arriver que le même amour qui nous feroit regarder Dieu, comme un moyen de félicité qu'on rapporteroit uniquement à soy comme fin derniére, ne nous fasse point chercher d'autre recompense que Dieu seul, & il assûre que dans ce cas, il seroit néanmoins purement mercénaire, & de pure concupiscence.

Je trouve deux contradictions manifestes dans cet endroit. 1. Il suppose comme une chose qui peut arriver que le même amour qui nous feroit regarder Dieu comme un moyen de félicité, qu'on rapporteroit uniquement à soy com-

*Page 3.

comme fin derniére, ne nous fasse point chercher d'autre recompense que Dieu seul. Or je dis que cela est contradictoire & entiérement impossible. Cela est fort facile à démontrer. Tout amour qui ne nous fait point chercher d'autre recompense que Dieu seul, est certainement un amour qui n'a point d'autre objet, ny d'autre fin derniére que Dieu seul : car l'objet d'un amour est le bien dont on desire la possession, par consequent si un amour ne nous fait point rechercher d'autre recompense que Dieu seul, il s'ensuit que Dieu seul sera le bien dont on desirera la possession pour y trouver son bonheur ; ainsi Dieu seul sera l'objet de cet amour. Par la mesme raison Dieu seul seroit la fin derniére de cet amour. Car la fin derniére de tout amour est l'objet auquel l'amour se termine, & dans la possession duquel on veut uniquement trouver tout son bonheur & mettre sa complaisance. Or Dieu seul est l'objet auquel se termine tout amour qui ne nous fait point rechercher d'autre recompense que luy seul, & c'est en luy seul qu'on veut dans ce cas establir sa fin derniére, puisque c'est dans sa seule possession qu'on cherche son bonheur & qu'on veut mettre toute sa complaisance. Il s'ensuit de là évidemment qu'on n'aime pas Dieu, comme un instrument ou un moyen de sa félicité, quand on ne cherche point d'autre recompense que Dieu seul. En voici la raison. Pour aimer un objet comme un moyen ou un instrument de sa félicité. Il est absolument nécessaire de l'aimer, comme un moyen qu'on rapporte à un autre objet dans la possession duquel on espére trouver son bonheur, car tout moyen doit estre réellement distingué de la fin à l'égard de laquelle il est moyen. Or quand un amour ne nous fait point rechercher d'autre recompense que Dieu seul, on n'aime pas Dieu comme un moyen, ny comme un instrument qu'on rapporte à un autre objet, puisque Dieu seul est l'objet & la fin derniére de cet amour, comme nous l'avons déja prouvé. Afin de mettre la premiére contradiction dans tout son jour, je fais le raisonnement suivant. Supposé qu'un amour de Dieu, qui regarde uniquement Dieu comme un moyen & qui a nous mêmes pour objet & pour fin derniére, puisse néantmoins avoir Dieu seul pour objet & pour fin derniére, c'est supposer des choses évidemment contradictoires. Or M. de Cambray, en supposant qu'un amour qui ne nous feroit regarder Dieu que comme un moyen de félicité, qu'on rapporteroit uniquement à soy comme fin derniére puisse néantmoins ne nous faire point rechercher d'autre recompense que Dieu seul, suppose dans le fond qu'un amour qui a soy-même pour objet & pour fin derniére, puisse néantmoins avoir Dieu seul, pour objet & pour fin derniére. J'ay déja prouvé tres clairement cette Mineure. Ainsi je laisse à tirer la Conclusion.

La seconde contradiction manifeste, que je trouve encore dans le même endroit, c'est que M. de Cambray y suppose, on ne peut pas plus évidemment, qu'il peut arriver qu'un amour qui ne nous feroit point rechercher d'autre recompense que Dieu seul, soit néantmoins purement mercenaire & de pure concupiscence; or cela est impossible, comme nous l'avons démontré dans

le

le second Livre de ce Traité. En voicy la raison. Un amour qui est essentiellement gratuit, c'est à dire par lequel on aime véritablement un objet pour luy-mesme & à cause de luy-mesme, ne peut point estre un amour purement mercénaire ny de pure concupiscence. Or tout amour qui ne nous fait point rechercher d'autre recompense que Dieu seul, est, selon S. Augustin & la droite raison, un amour essentiellement gratuit par lequel on aime Dieu pour luy-mesme & comme sa fin derniére. Mais on l'aime, dit M. de Cambray, afin d'y trouver sa recompense. Il est vray, mais c'est une recompense qui n'est point distinguée de la possession de Dieu mesme, qui n'a point d'autre objet que Dieu seul, & qui est parfaitement conforme à l'ordre. M. de Cambray s'imagine que l'amour d'un objet n'est point gratuit, mais qu'il est mercénaire, dés le moment qu'on l'aime entant qu'il nous est convenable: cependant nous avons démontré dans le premier Livre de ce Traité par des raisons invincibles, & par l'opinion commune de tous les anciens Philosophes, qu'on aime un objet gratuitement, quand on l'aime, entant qu'il nous est convenable immédiatement par luy-mesme, & qu'il est seulement vray de dire, qu'on aime un objet d'un amour mercénaire ou de pure concupiscence, quand on l'aime entant qu'il nous est convenable, par le moyen de quelqu'autre bien distingué de luy qu'il nous peut faire acquérir. Or quand nous aimons Dieu parce qu'il est nôtre souverain bien, & pour trouver nôtre bonheur dans luy seul, nous l'aimons entant qu'il est l'Estre souverainement parfait, qui nous

T 5 est

est convenable immédiatement par luy-même, à cause de la plenitude de ses perfections que nous reconnoissons estre seules capables de rassasier tous nos desirs & de perfectionner nostre Nature. De bonne foy est-ce là un amour mercénaire opposé à l'amour gratuit & de pure amitié? Que je m'estimerois heureux si Dieu me faisoit la grace de l'aimer tous les momens de ma vie d'un tel amour, quand même je devrois passer pour un Mercénaire, un Intéressé un Imparfait dans l'Esprit de M. de Cambray. J'en fais ma déclaration.

Nous venons de voir deux amours bien différens que M. de Cambray tasche d'allier ensemble, pour en composer une seconde espéce d'amour de Dieu; Mais par malheur, n'y l'un n'y l'autre de ces deux amours ne fait chacun en particulier aucune sorte d'amour qui soit différente des autres amours qu'il distingue. Car la seconde sorte d'amour de Dieu dont il parle dans la 2. Page est évidemment de la même espéce que le premier amour qu'il propose dans la premiére Page. Je vais le prouver démonstrativement. La prémiere sorte d'amour qu'il apporte, c'est un amour par lequel on aimeroit Dieu non pour luy, mais pour des biens distinguez de luy qui dépendent de sa puissance, & qu'on espére en obtenir. Et la seconde sorte qu'il distingue dans la Page suivante, c'est un amour de Dieu qui nous feroit regarder Dieu comme le moyen ou l'instrument unique de félicité qu'on rapporteroit absolument à soy comme fin derniére; ce sont les propres termes. Or je dis que ces deux faux amours de Dieu sont de même espéce & de la même sorte. Car il n'y a qu'une espéce d'amour mercénaire ; selon le sentiment commun des Philosophes & des Théologiens. Or ces deux amours de Dieu que M. de Cambray distingue ne sont qu'un amour mercénaire de Dieu, parce que deux amours qui n'ont pas Dieu pour objet n'y pour fin derniére, mais des biens distinguez de Dieu, à cause desquels on aime Dieu, sont une même espéce d'amour mercénaire. Or ces deux amours conviennent en ce qu'ils n'ont pas Dieu pour objet n'y pour fin derniére, puis que M. de Cambray leur marque pour objet & pour fin derniére d'autres objets distinguez de Dieu à cause desquels on aime Dieu. Il sufit de rapporter les propres termes de M. de Cambray pour achever de convaincre que les deux premiers amours qu'il distingue ne sont qu'une même espéce d'amour. Au haut de la seconde page il parle ainsi de la premiere sorte d'amour qu'il venoit d'apporter. *A parler exactement, ce n'est pas aimer Dieu, c'est s'aimer, soy-même & rechercher uniquement pour soy, non Dieu, mais ce qui vient de luy.* Voilà comme il caractérise la premiére sorte d'amour de Dieu qu'il admet ; & au haut de la troisiéme Page voicy comme il spécifie la seconde sorte d'amour qu'il venoit de distinguer. *Cet amour seroit plûtôt un amour de soy qu'un amour de Dieu : du moins il seroit contraire à l'ordre, car il rapporteroit Dieu en le regardant comme objet ou instrument de nostre felicité à nous & à nostre felicité propre.* Je vous demande si on doit admettre une différence spécifique entre ces deux amours & si le second n'est pas de la même espéce que le premier ?

il

il est trés-certain qu'il n'y a qu'une espéce d'amour mercénaire de Dieu ou de pure concupiscence, & que cet amour est celuy qui nous fait aimer Dieu uniquement pour des biens distinguez de luy. Il est vray qu'il y a différens biens distinguez de Dieu à cause desquels on peut l'aimer d'un amour mercénaire ; mais cette différence de biens distinguez de Dieu qui peuvent estre la fin derniére d'un amour mercénaire, ne font qu'une différence accidentelle à l'égard de l'amour mercénaire de Dieu qu'on appelle aussi amour de pure concupiscence. Car soit qu'on aime Dieu uniquement (*vel saltem præcipuè*) pour obtenir par son moyen les dignitez ou les richesses, ou les plaisirs du Monde, ou afin par son moyen de trouver nostre bonheur dans la complaisance que nous voulons prendre dans l'amour de nous-mêmes, ce n'est dans le fonds que la même espéce d'amour mercénaire, dont toute l'essence consiste à aimer Dieu uniquement pour des biens distinguez de luy, en sorte qu'on l'aime comme un moyen pour y parvenir.

Pour ce qui est de l'amour qui ne nous feroit point chercher d'autre recompense que Dieu seul, c'est un véritable amour gratuit de pure amitié par lequel on aime Dieu pour luy-même & comme sa fin. Ainsi c'est un amour de véritable charité, quoi qu'en dise M. de Cambray, pour décrier ce saint amour qu'il ose appeller un amour purement mercénaire & de pure concupiscence.

J'ay deux petites remarques à faire sur le passage de S. François de Sales qui est cité vers le milieu de la Pag. 3. 1. Ce Passage n'autorise
point

point les deux contradictions dans lesquelles tombe M. de Cambray dans les quinze ou vingt lignes précédentes.

2. Ce Passage parle clairement d'un amour de Dieu mercénaire qui n'auroit pas Dieu, mais nous-mêmes pour objet & pour fin derniére. Or cet amour mercénaire de Dieu n'est point une seconde sorte d'amour distinguée de la premiére que M. de Cambray propose. Ainsi ce Passage de saint François de Sales est fort-mal placé en cet endroit.

ARTICLE TROISIÉME.

Remarques sur la troisiéme sorte d'Amour que M. de Cambray distingue, Pag. 4. & 5.

IL explique en la maniére suivante la troisiéme sorte d'amour qu'il distingue. *On peut aimer Dieu d'un amour qu'on nomme d'espérance. Il n'est pas entièrement intéressé, car il est mélangé d'un commencement d'amour de Dieu pour luy-même. Mais le motif de nostre propre intérest est son motif principal dominant..... Cet amour d'espérance est nommé tel, parce que le motif de l'intérest propre y est encore dominant.* Et dans la page 14. *l'Amour dans lequel le motif de nôtre propre intérêt prévaut encore sur celuy de la gloire de Dieu est nommé l'Amour d'espérance.*

J'ay trois remarques principales à faire sur cet amour d'espérance, tel que l'admet M. de Cambray.

PRE-

PREMIE'RE REMARQUE,

Sur l'Amour d'Espérance.

JE suis persuadé qu'il n'y a point d'amour qu'on puisse appeller avec raison amour d'espérance, comme s'il y en avoit quelqu'un qui fût propre & spécial à la vertu d'espérance. Je l'ay démontré dans le second Livre de cet Ouvrage en apportant d'exactes divisions de l'amour de Dieu. Nous y avons fait voir 1. qu'il n'y a point d'amour d'espérance qui soit distingué de l'amour gratuit ou de l'amour mercénaire. 2. Que tout acte d'espérance présupose nécessairement ou l'amour mercénaire de l'objet qu'on espére, si l'espérance est imparfaite, ou l'amour gratuit de l'objet qu'on espére, si l'espérance est parfaite, 3. Que tout acte formel & proprement dit d'espérance, est aussi réellement distingué de quelque amour que ce soit comme tout acte de foy ou des Vertus Morales. D'où il s'ensuit évidemment qu'il n'y a point d'amour de Dieu qu'on puisse proprement appeller amour d'espérance. Aussi ne trouve-t-on point que S Augustin n'y aucun autre Pére de l'Eglise, se soient jamais avisez de donner le nom d'amour d'espérance à aucune sorte d'amour de Dieu. J'avoüe néanmoins sincérement que S. François de Sales a admis un amour d'espérance suivant les faux préjugez de la pluspart des Scholastiques de son temps. Mais je ne croy pas qu'un qu'un homme de bon sens qui examinera la question à fond, comme je l'ai examinée, puis-je douter raisonnablement que les Scholastiques de nos derniers siécles se soient trompez en cela, suivant de faux principes de Philosophie.

SECONDE REMARQUE,

Sur l'Amour d'Espérance tel que Monsieur de Cambray l'admet.

SI M. de Cambray s'estoit contenté d'admettre un amour d'espérance, tel que S. François de Sales & le commun des Scholastiques l'ont admis dans les derniers siécles, il seroit excusable, quoi qu'un bel Esprit comme luy ne doive pas suivre aveuglément les opinions des Scholastiques, sans examiner si elles ne sont point fondées sur de faux principes d'une mauvaise Philosophie : mais au lieu que S. François de Sales a admis un amour d'espérance trés-saint & fort honorable à Dieu, M. de Cambray prétendant suivre S. François de Sales, dont il cite mêmes quelques paroles, en admet un qui est impie, sacrilége & injurieux à Dieu, selon S. François de Sales mêmes. Je vais faire toucher cela au doigt. M. de Cambray prétend que le motif de nostre propre intérest est le motif principal & dominant de l'amour qu'il appelle d'espérance quoi qu'il soit mélangé d'un commencement d'amour de Dieu pour luy-même. *Cet amour d'espérance, dit-il,* dit-il, *est nommé tel, parce que le motif d'intérêt propre y est encore dominant.* Il n'y a qu'à lire maintenant le Chapitre 17. du 2. Livre de l'amour de Dieu, où S. François de Sales parle au long de l'amour d'espérance pour se convaincre que l'amour d'espérance que S. François de Sales admet avec le commun des Scholastiques, est aussi différent de celuy qu'admet M. de Cambray, comme le jour est différent de la nuit, & que l'amour d'espérance tel que l'admet M. de Cambray, est un amour impie, sacrilege & injurieux à Dieu. Je me contenteray de rapporter icy un endroit de ce Chapitre. *Cet amour donc que nous appellons espérance, est un amour de Convoitise, mais d'une sainte & bien ordonnée convoitise, par laquelle nous ne tirons pas Dieu à nous ny à nostre utilité, mais nous-nous joignons à luy, comme à nostre finale félicité. Nous nous aimons ensemblement avec Dieu, par cet amour mais non pas nous préferant ou égalant à luy en cet amour; l'amour de nous-mêmes est meslé avec celuy de Dieu: Mais celuy de Dieu surnage. Nostre amour propre y entre voirement, mais comme simple motif & non comme fin principale. Nostre intérest y tient quelque lieu, mais Dieu y tient le rang principal. Ouy sans doute, Theotime, &c.* Comparez maintenant, cher Lecteur, cet amour d'espérance que S. François de Sales admet, avec celuy que M. de Cambray admet de son costé. Selon S. Fr. de Sales, dans l'amour d'espérance, l'amour de nous mêmes est mêlé avec celui de Dieu, mais celui de Dieu surnage; nostre amour propre y entre voirement, mais comme simple motif & non comme

Amour de Dieu.

me fin principale, au contraire, selon M. de Cambray, dans l'amour d'espérance nostre propre intérest y entre non pas seulement comme simple motif, mais comme motif & fin principale & dominante; selon S. François de Sales dans l'amour d'espérance, nostre intérest y tient quelque lieu, mais Dieu y tient le rang principal, & selon M. de Cambray, ce n'est pas Dieu qui tient le rang principal dans l'amour d'espérance quoi qu'il y ait un commencement d'amour de Dieu, mais c'est le motif de nostre propre intérest, qui est son motif principal & dominant. Selon saint François de Sales par l'amour d'espérance nous-nous aimons ensemblement avec Dieu, non pas en nous préférant ou égalant à Dieu en cet amour, mais en y donnant à Dieu le rang principal, en sorte que nostre amour propre soit dépendant subalterne, & inférieur à l'amour de Dieu; au contraire, selon M. de Cambray, dans l'amour d'espérance, *l'amour de nostre propre bonheur*, dit-il, dans la page 14. N. 3. *prévaut sur la gloire de Dieu*; selon luy dans l'amour d'espérance le motif de nostre propre intérest n'est pas sousordonné à l'amour de Dieu, mais il est le motif principal & dominant, de sorte que dans cet amour d'espérance le pauvre amour de Dieu ne peut estre que dépendant, subalterne & inférieur au motif de nostre propre intérest & à nostre amour propre. N'ai-je donc pas raison de dire que l'amour d'espérance que M. de Cambray admet, est aussi impie, aussi sacrilege & aussi injurieux à Dieu, que celuy que S. François de Sales admet avec le commun

V *des*

des Scholaſtiques, eſt ſaint & honorable à la Majeſté de Dieu; ſuivant même les propres principes de S. François de Sales qu'on trouve dans ce Ch. 17. du 2. Livre. Voilà comment M. de Cambray enſeigne à la lettre la pure Doctrine de S. François de Sales dont il oſe citer un Chapitre où eſt ſa propre condamnation. Il a ſuivi la Doctrine de S. François de Sales comme Janſenius celle de S. Auguſtin.

TROISIE'ME REMARQUE.

Sur l'Amour d'Eſpérance.

IL me reſte à remarquer que l'amour d'eſpérance, non pas tel que M. de Cambray l'admet, mais tel que S. François de Sales & le commun des Scolaſtiques l'ont admis, eſt dans la verité un amour gratuit, de pure amitié, de véritable charité, & qu'on l'appelle fort mal à propos un amour d'eſpérance. Nous l'avons ſufiſamment démontré dans tout le ſecond Livre de ce Traité. Mais comme il faut eſtre de bonne foy, j'avouë franchement que S. François de Sales a ſuivy les faux préjugez de la pluſpart des Scholaſtiques de ſon temps, qui ne ſçachant comment diſtinguer l'eſpérance d'avec la charité, ſi l'amour de Dieu ſeul dont nous deſirons la poſſeſſion entant qu'il eſt nôtre ſouverain bien, eſtoit un véritable amour de charité, ſe ſont aviſez d'appeller amour d'eſpérance, l'amour de Dieu, comme noſtre ſouverain bien, & d'ajoûter au motif de l'a-

mour

mour par lequel on aime Dieu comme l'Etre souverainement parfait en luy-même une exclusion formelle de tout rapport à nostre bonheur, pour en faire un amour de charité parfaite. Suivant cette fausse opinion S. François de Sales dit, * *Qu'en l'espérance l'amour est imparfait, parce qu'il ne tend pas à sa bonté infinie entant qu'elle est telle en elle même, ains seulement entant qu'elle nous est telle.* Je ne sçay quel parti M. l'Evêque de Meaux prendra sur S. François de Sales, mais je l'avertis que tous les honnestes gens attendent de sa sincérité qu'il déclare ingénument le sentiment de S. François de Sales tel qu'il est, sans le déguiser par des interprétations forcées & à contretemps, qui donneroient occasion à ses Envieux de publier par tout avec quelque apparence de raison, que ce n'est qu'une prévention aveugle qui le feroit écrire. Il faut donc tomber d'accord que S. François de Sales n'a pas reconnu pour un amour de véritable charité celuy qui a pour motif le désir de posséder Dieu seul parce qu'il est nostre souverain bien : car il appelle cet amour en cinquante endroits un amour d'espérance ou de sainte & bien ordonnée convoitise, pour le distinguer de la charité parfaite. Il va même jusques-à dire, suivant l'opinion commune des Scholastiques de son temps, * *que par cet amour, nul ne peut observer les commandemens de Dieu, ny avoir la vie éternelle, parce que c'est un amour qui donne plus d'affection que d'effet, quand il n'est pas accompagné de la chari-*

---

* *Liv. 2. c. 17.*
* *Liv. 2. c. 17.*

charité. Mais quand S. François de Sales parle de luy même de cet amour qu'il appelle d'espérance, les lumiéres du bon sens & la force de la vérité l'obligent d'en dire des choses qui sont capables de convaincre tout Esprit raisonnable, que cet amour est dans le fond un amour gratuit, de pure amitié & de véritable charité, par lequel on observe les Commandemens de Dieu, & on peut parvenir à un éminent degré de sainteté. Car voicy comme il parle de cet amour d'espérance dans le Ch. 17. du second Livre. *Quand nous aimons Dieu comme nôtre souverain bien, nous l'aimons pour une qualité par laquelle nous ne le rapportons pas à nous, mais nous à luy, nous ne sommes pas sa fin & sa perfection, ains il est la nôtre, il ne nous appartient pas, mais nous luy appartenons: il ne dépend point de nous, ains nous de luy, & en somme par la qualité de souverain bien, pour laquelle nous l'aimons, il ne reçoit rien de nous, ains nous recevons de luy. Il exerce envers nous son afluence & bonté, & nous pratiquons nostre indigence & disette; de sorte qu'aimer Dieu en titre du souverain bien, c'est l'aimer en titre honorable & respectueux par lequel nous l'avoüons estre nostre perfection, nostre repos & nostre fin, en la jouïssance de laquelle consiste nostre bonheur.* Il venoit de reconnoistre que cet amour estoit une sainte & bien ordonnée convoitise, que par cet amour nous ne tirons pas Dieu à nous n'y à nostre utilité, mais nous-nous joignons à luy comme à nostre finale félicité, que nostre propre intérêt y est sous-ordonné à l'amour de Dieu qui en est la fin principale, qui y tient le rang prin-

principal qui y furnage, enfin il ne peut pas s'empêcher d'avoüer que par cet amour on n'aime Dieu souverainement. Il est vray qu'il ajoûte aussi-tôt, suivant les faux principes de l'Ecocole, qui estoient fortement imprimez en son Esprit, *que ce n'est pas néantmoins l'amour souverain & parfait*. Mais la fausseté de la raison qu'il en apporte, & qui est la raison commune qu'il empruntoit des Scolastiques, fait voir évidemment que l'amour dont il s'agit, est le souverain & parfait amour, en un mot, un trés-véritable amour de charité. Voicy la raison qu'il apporte pour montrer que l'amour qu'il appelle d'espérance n'est pas l'amour souverain & parfait, quoi que les lumiéres du bon sens l'obligent d'accorder que par cet amour nous aimons Dieu souverainement. *En l'espérance*, dit-il, *l'amour est imparfait, parce qu'il ne tend pas à sa bonté infinie entant qu'elle est telle en elle-même, ains seulement entant qu'elle nous est telle.* Voilà le faux préjugé qui a trompé S. François de Sales & tant d'autres Mistiques. Il s'est imaginé sur la bonne foy de plusieurs Scholastiques, que quand on aimoit Dieu entant qu'il est nostre souverain bien, & par le motif de trouver nostre bonheur en luy seul, cet amour ne tendoit pas à sa bonté infinie entant qu'elle est telle en elle-même, mais seulement entant qu'elle nous est telle. J'entens encore tous les jours proposer cette pitoyable raison par des Théologiens d'ailleurs assez habiles. Cependant il est aisé de démontrer la fausseté de cette raison, & sa seule fausseté prouve invinciblement la vérité de nostre sentiment. J'établis donc pour la détruire clairement la Proposition suivante.

PROPOSITION TRES-VERITABLE.

Quand on aime Dieu précisément entant qu'il est nôtre souverain bien, & pour le motif de trouver nostre bonheur en luy seul, on l'aime toûjours en même temps parce qu'il est souverainement bon & parfait en luy-même.

PREUVES.

Il faut tomber d'accord, si on veut y faire une sérieuse réfléxion, qu'il y a trois maniéres différentes dont on peut concevoir qu'on aime Dieu, entant qu'il est souverainement bon & parfait en luy-même. 1. On peut concevoir un amour par lequel on aime Dieu entant qu'il est souverainement bon & parfait en luy-même, de sorte qu'on l'aime aussi en même temps entant que les perfections infinies qu'il a en luy même, ont des rapports de trés grande convenance avec la perfection & le bonheur de nôtre Nature. Ou pour parler plus clairement, on peut aimer Dieu entant qu'il est souverainement parfait en luy-même & que par les perfections infinies qu'il a en luy-même, il est la cause perfectionnante, bien-faisante, & béatifiante de nôtre Nature. Cette premiére maniére d'aimer Dieu ajoûte au motif de l'aimer parce qu'il est souverainement bon & parfait en luy-même, le rapport de convenance que les perfections infinies ont avec l'indigence de nôtre

tre pauvre Nature. Mais prenez bien garde que ces rapports de convenance avec nostre Nature, à sçavoir de Cause perfectionnante, de Bonté communicative & de Cause béatifiante, n'excluent point du tout le motif d'aimer Dieu entant qu'il est souverainement bon & parfait en luy-même, au contraire ce motif y est supposé nécessairement, parce que Dieu n'a de si grands rapports de convenance avec nôtre Nature qu'à cause des perfections infinies qu'il a en luy-même. Ainsi quand on aime Dieu parce qu'il est nôtre souverain bien, c'est à dire à cause des rapports de convenance que ses perfections infinies ont avec nostre Nature pour la perfectionner & la rendre heureuse, comme ces rapports de convenance sont uniquement fondez sur les perfections infinies que Dieu a en luy-même & qu'ils en dépendent essentiellement comme de leur unique cause, on aime en même temps Dieu parce qu'il est infiniment bon & parfait en luy-même; de sorte néanmoins que le motif prochain de cet amour est la considération ou la vuë des rapports de convenance que les perfections infinies de Dieu ont avec nostre Nature: en un mot, c'est Dieu même entant qu'il est nostre souverain bien; & le motif esloigné auquel le motif prochain dont nous venons de parler est essentiellement sousordonné par sa nature, est la vuë ou la considération des perfections de Dieu en elles-mêmes. Car quand on aime Dieu entant qu'il est nostre souverain bien, on l'aime entant qu'il a des perfections infinies en luy-même, puis que si nous ne reconnoissions pas en

Dieu des perfections infinies par lesquelles il est luy-même le souverain bien qui nous est convenable, certainement nous ne l'aimerions pas entant qu'il est nostre souverain bien, & entant que par les perfections infinies qu'il a en luy-même, il est nostre souverain bien. Or puisque nous n'aimons jamais précisement Dieu entant qu'il est nôtre souverain bien, que parce que nous reconnoissons en luy des perfections infinies par lesquelles il peut estre nôtre souverain bien à cause des rapports de Cause perfectionnante & béatifiante qu'elles ont à l'égard de nostre Nature, il s'ensuit évidemment que le motif prochain qui nous fait aimer Dieu seul, comme nostre souverain bien & comme nostre bonheur, est essentiellement sousordonné par sa nature au motif éloigné qui nous fait en même temps aimer Dieu parce qu'il est infiniment bon & parfait en luy-même. Monsieur de Cambray a besoin de faire de sérieuses réfléxions sur ce que je viens de dire pour se détromper des fausses raisons sur lesquelles il appuye son sentiment.

2. On peut concevoir un amour par lequel on aime Dieu entant qu'il est souverainement bon & parfait en luy-mesme, sans penser actuellement aux rapports de convenance que les Perfections Divines que Dieu a en luy-mesme ont avec nôtre Nature; c'est à dire en faisant abstraction des rapports de cause perfectionnante & béatifiante que les Perfections de Dieu ont à nostre égard. Cette seconde maniére d'aimer Dieu, revient dans le fond à la première que nous avons marquée d'abord. 1. Parce qu'elle n'est

n'est point du tout opposée à la premiére ny plus parfaite, du moins c'est la même espéce d'amour. 2. Parce que quand on aime Dieu entant qu'il est souverainement bon & parfait en luy-même, sans penser actuellement aux rapports de convenance, que ses perfections infinies ont avec nôtre Nature, il est toûjours vray de dire qu'on a néantmoins une persuasion habituelle, & que c'est la douceur, la satisfaction, & le contentement que l'Ame trouve à aimer ainsi Dieu uniquement sous le regard de sa bonté absoluë & de ses perfections infinies, qui est dans le fond le motif prochain qui nous fait aimer Dieu, parce qu'il est souverainement bon & parfait en luy-mesme; car si par impossible l'Ame au lieu de trouver de la douceur, de la satisfaction, & du plaisir à aimer Dieu, entant qu'il est souverainement bon & parfait en luy-même, elle ny trouvoit que du dégoût, de la douleur, de la tristesse, en un mot un estat trés-disconvenable qui feroit son malheur, certainement elle ne pourroit pas aimer pour lors la bonté ny les perfections infinies de Dieu, qui n'auroient plus ny bonté, ny beauté à son égard. Ainsi c'est donc toûjours dans le fond le desir de nôtre bonheur qui est le motif prochain de cet amour. Or vous remarquerez que la douceur & la satisfaction que l'ame trouve en aimant Dieu uniquement sous le regard de la beauté de ses perfections infinies, est un effet des rapports de convenance que les perfections de Dieu, ont avec nôtre Nature & de la bonté de Dieu communicative à l'Ame. Voila pourquoy on ne peut jamais exclure, selon nous, du motif de la charité toutes sortes de rapports de convenance des perfections de Dieu à nôtre égard.

3. On peut concevoir un amour par lequel on aime Dieu, entant qu'il est souverainement bon & parfait en luy-mesme, avec exclusion de tout rapport de convenance, que les perfections de Dieu ayent à nôtre égard, c'est à dire indépendamment du rapport de Cause perfectionnante & béatifiante que les perfections de Dieu ont à nôtre égard ; de sorte que si par impossible Dieu vouloit rendre éternellement malheureux, ceux qui l'aimeroient, ce qui ne pourroit pas manquer d'arriver, parce que ses volontez sont efficaces, on ne l'en aimeroit pas moins. Cette troisième manière d'aimer Dieu, ajoûte au motif de l'aimer parce qu'il est infiniment bon & parfait en luy-mesme, une exclusion formelle, & une indépendance absoluë de tout rapport de convenance ou de disconvenance des perfections Divines à nôtre égard. Or voilà le sentiment de M. de Cambray, sur l'amour de parfaite charité.

Nous prétendons 1. que cette dernière manière d'aimer Dieu, parce qu'il est souverainement bon & parfait en luy-mesme est chimérique & impossible, par rapport à la manière effective dont le Cœur aime, suivant la constitution de sa nature.

Nous prétendons en second lieu que la première manière d'aimer Dieu, à sçavoir parce qu'il est infiniment parfait en luy-mesme & entant que par les perfections infinies qu'il a en luy-mesme, il est la Cause perfectionnante communicative de sa bonté, & béatifiante à l'égard

de

de nôtre pauvre Nature nous prétendons, dis-je, que cet amour est de véritable charité.

Nous prétendons en 3e. lieu, que toutes les fois qu'on aime Dieu parce qu'il est nôtre souverain bien, parce qu'il est nôtre bonheur & nôtre recompense, nous l'aimons en même temps parce qu'il est infiniment parfait en luy-mesme.

Nous prétendons en quatriéme lieu que la seconde maniére d'aimer Dieu ; parce qu'il est infiniment parfait en luy-mesme, sans penser actuellement aux rapports de convenance, que ses perfections ont avec nostre Nature, n'est plus ny moins parfaite que la premiére, que nous avons remarquée, ou du moins que c'est la mesme espéce d'amour de véritable charité, quoique l'un eût peut-estre quelque degré de perfection davantage que l'autre dans la mesme espéce, *intra eamdem speciem*.

Enfin nous prétendons que la véritable différence, qui est entre le sentiment de nos Adversaires, & le nostre sur la charité parfaite, ne consiste pas, comme la plûpart se l'imaginent, en ce qu'ils soûtiennent que la charité doive avoir pour motif de nous faire aimer Dieu, parce qu'il est infiniment bon & parfait en luy-même, & que nous le soyons, mais elle consiste proprement en ce qu'ils prétendent que la charité doit avoir uniquement pour motif de nous faire aimer Dieu, parce qu'il est infiniment bon & parfait en luy-mesme avec exclusion de tout rapport de convenance à nôtre égard, & avec une indépendance absoluë de tout desir d'estre heureux ou de n'être pas malheureux, au lieu que nous prétendons que la charité, doit à la vérité nous faire aimer Dieu,

Dieu, parce qu'il est infiniment bon & parfait en luy-mesme, mais sans exclure nécessairement de ce motif les rapports de convenance que les perfections infinies de Dieu, ont avec nôtre Nature & le desir invincible d'estre heureux, parce qu'il nous seroit impossible d'aimer Dieu en aucune maniére, si au lieu d'y trouver de la douceur, de la satisfaction & du contentement nous n'y trouvions uniquement que du dégoût, de l'amertume, de la douleur, en un mot nôtre malheur effectif.

Je prie le Lecteur de lire attentivement le Chapitre 15. du premier Livre de l'amour Divin, qui a pour Titre, *De la convenance qui est entre Dieu, & l'homme.* St. François de Sales y establit des Principes qui sont tout à fait conformes à nôtre sentiment. Il seroit difficile de mieux exprimer la grande convenance que les perfections de Dieu ont avec nôtre Nature, qu'il le fait en ce Chapitre. En voicy deux endroits qui feront juger du reste. *Ce plaisir, cette confiance que le Cœur humain, prend naturellement en Dieu, ne peut certes provenir, que de la bonne convenance qu'il y a entre cette Divine bonté & nôtre Ame, convenance grande, mais secrette, convenance que chacun connoist & que peu de Gens entendent, convenance qu'on ne peut nier, mais qu'on ne peut bien pénétrer. Nous sommes creés à l'image & semblance de Dieu, qu'est ce à dire cela, sinon que nous avons une extrême convenance avec sa Divine Majesté? Nostre Ame est spirituelle indivisible, immortelle, entend, veut & est librement capable de juger, discourir & avoir des vertus, en quoi elle ressemble à Dieu &c…* Mais outre cette convenance de similitude, il y a une correspondance nompareille entre Dieu & l'homme pour leur reciproque perfection, non que Dieu puisse recevoir aucune perfection de l'homme, mais parce que comme l'homme ne peut point estre perfectionné que par la Divine bonté, aussi la divine bonté ne peut bonnement si bien exercer sa perfection hors de soy, qu'à l'endroit de nostre humanité; l'un a grand besoin & grande capacité de recevoir du bien, & l'autre a grande abondance & grande inclination pour en donner. Rien n'est si à propos pour l'indigence qu'une liberale affluence, rien si agreable à une liberale affluence qu'une necessiteuse indigence; & plus le bien a d'affluence, plus l'inclination de se répandre & communiquer est forte, plus l'indigent est necessiteux plus il est avide de recevoir, comme un vuide de se remplir. C'est donc un doux & desirable rencontre que celuy de l'affluence & de l'indigence, & ne sçauroit-on presque dire qui a plus de contentement, ou le bien abondant à se répandre & communiquer ou le bien defaillant & indigent à recevoir & tirer, si nostre Seigneur n'avoit dit que c'est chose plus heureuse de donner que de recevoir. Or où il y a plus de bonheur, il y a plus de satisfaction. * La Divine bonté a donc plus de plaisir, à donner ses graces que nous à les recevoir &c.

J'espére que les éclaircissemens que nous venons de donner, serviront à démesler les équivoques, qui embarassent la question dont il s'agit, & à faire rapprocher les Théologiens, les uns des autres, en leur faisant voir le véritable estat de la question, & en quoy précisément ils different; ce que la pluspart ignorent.

R-

---

* Liv. 1. de l'Amour de Dieu C. 15.

ARTICLE QUATRIE'ME.

Remarques sur la 4. sorte d'Amour que Mr. de Cambray distingue.

LA 4. sorte d'amour que M. de Cambray distingue est un amour de charité, qui est encore mélangé de quelque reste d'intérest propre, ensorte que le motif desintéressé y domine, & que le motif d'intérest propre y soit rapporté & sousordonné au motif principal & à la fin derniére qui est la pure gloire de Dieu. Pour bien juger de cet amour, il est nécessaire de sçavoir ce que M. de Cambray entend par un intérest propre, qui est sousordonné à la gloire de Dieu. Or, selon luy, cet intérest propre consiste à desirer pour soy-mesme la possession de Dieu, afin d'estre heureux en luy seul. Ainsi cet amour mélangé, selon M. de Cambray, a deux motifs en même temps, le motif principal & dominant est le motif de la gloire de Dieu, qu'il appelle desintéressé : l'autre motif qui est mêlé avec ce premier, auquel néantmoins il est sousordonné, est le desir de nôtre propre bonheur quoi qu'uniquement dans la possession de Dieu. C'est-là ce fâcheux intérest propre qui empesche dans l'Esprit de M. de Cambray, que cet amour de Dieu, ne soit un amour de charité parfaite.

Suivant les Principes que nous avons établis
&

& tous les éclaircissemens, que nous avons déja donnez, cet amour qu'il plaist à M. de Cambray d'appeller un amour de charité mélangée, est un véritable amour de charité parfaite, il ne faut pas nous laisser ébloüir, par le terme odieux & équivoque de propre intérest, dont M. de Cambray affecte de se servir continuellement à tort & à travers. Car il est certain qu'il y a un intérest parfaitement dans l'ordre de Dieu, & qui n'estant point distingué de sa gloire, quoique ce soit aussi nôtre propre intérest, n'est point du tout opposé à la charité parfaite. Il est certain que la perfection de la charité, ne dépend pas tant du motif qu'on peut se proposer que de l'amour de l'ordre, il est encore certain que l'homme ne pouvant pas se dépoüiller du desir invincible qu'il a d'estre heureux, la charité la plus parfaite ne peut point estre desinteressée jusqu'à ce point que d'exclure & d'estre absolument indépendante du desir d'estre heureux. Car c'est la plus grande absurdité du monde de s'imaginer, comme font nos Aversaires, que les perfections de Dieu sont si aimables, que quand même par impossible Dieu rendroit éternellement malheureux, ceux qui les aimeroient, une Ame qui auroit la charité parfaite, ne les en aimeroit pas moins. Cela supposé, il est évident que l'intérest qui se rencontre dans l'amour mêlangé, selon M. de Cambray, est un intérest parfaitement dans l'ordre de Dieu, & qui ne peut point estre distingué de sa gloire. Car tout cet intérest consiste à desirer la possession de Dieu seul, entant qu'il est nôtre souverain bien & pour nôtre bonheur, ainsi on est alors soy-mesme,

non

non pas l'objet de cet amour, mais seulement le sujet auquel on desire la possession de Dieu. Or cet intérest est essentiellement soustordonné par sa nature à la gloire de Dieu, qui en est la fin naturelle, & il n'y a point d'intérest, ny d'amour de Dieu qui soit plus juste, plus raisonnable & plus dans l'ordre de Dieu, que celuy-là; c'est donc une fausse prévention qui fait croire que cet intérest est opposé à la parfaite charité, & qui le fait appeller propre intérest comme s'il y estoit effectivement opposé.

Dans la Page 6. & 8. M. de Cambray explique nettement la différence qu'il met entre cet amour de charité mêlangée & l'amour d'espérance; il dit en parlant de l'amour de charité mêlangée par opposition à l'autre. *Cet amour cherche Dieu pour luy-mesme, & le préfére à tout sans aucune exception... Il ne préfére pas moins Dieu & sa gloire à nous & à nos intérests, qu'à toutes les Créatures qui sont hors de nous... Tandis que nous n'avons encore qu'un amour d'espérance, où l'intérest propre domine sur l'intérest de la gloire de Dieu, une Ame n'est point encore juste.* Il faudroit fermer les yeux pour ne pas voir, que selon M. de Cambray, l'amour de charité mêlangée différe de l'amour d'espérance, en ce que dans l'amour d'espérance, nous ne préférons pas Dieu à tout sans exception, nous le préférons bien à toutes les Créatures qui sont hors de nous, mais dans cet amour d'espérance nous-nous préférons nous-mesmes & nos propres intérests à Dieu & à sa gloire, au lieu que l'amour de charité mêlangée ne préfére pas moins Dieu & sa gloire à nous & à nos intérests, qu'à toutes

les

les Créatures, qui sont hors de nous. Tout cela confirme la grande différence, que nous avons remarquée entre l'amour d'espérance que St. François de Sales admet avec le commun des Scholastiques, & l'amour d'espérance qu'admet M. de Cambray; car il est plus clair que le jour que S. François de Sales a admis un amour d'espérance, par lequel nous préférons Dieu & sa gloire à nous-mêmes, & à nos propres intérêts. Ne me dites pas qu'il se contrediroit donc en niant que cet amour soit une véritable charité, car il est vray qu'il se contredit dans le fond; lors qu'il raisonne par ses propres lumiéres de cet amour d'espérance, le bon sens & la force de la verité l'obligent d'établir des Principes, dont il s'ensuit évidemment que par cet amour on peut être justifiez, sauvez, & que c'est un véritable amour de charité, quoique les préjugez de l'Ecole, revenant de temps en temps dans sa mémoire & l'empêchant de raisonner juste luy fassent dire que cet amour n'est pas la charité. Je m'engage de démontrer quand on voudra que l'amour d'espérance, tel que Saint François de Sales l'admet dans le célébre Chapitre 17. du second Livre de l'Amour Divin, suffit pour accomplir tous les Commandemens & pour nous faire arriver à une tres-grande Sainteté, sans un amour plus parfait & qu'il contredit évidemment ses Principes en assûrant à la fin du même Chapitre, suivant la fausse opinion d'un grand nombre de Scholastiques, que cet amour n'est pas l'amour justifiant, & ne suffit pas pour accomplir les Commandemens de Dieu. Quoiqu'il en soit, plusieurs Personnes de bien souhaiteroient fort que M. de Cambray repondît à ce raisonnement. Tout amour par lequel on ne préfére pas Dieu à tout sans exception, mais on se préfére soy-mesme & ses propres intérests à Dieu & à sa Gloire, est un amour impie, sacrilege, déreglé, entierement indigne de Dieu & trés-injurieux à sa Divine Majesté. Or il assûre que dans l'amour d'espérance qu'il admet, on ne préfére pas Dieu à tout sans exception, mais on se préfére soy-mesme & ses propres intérests (qui en sont la fin principale & dominante) à Dieu & à sa Gloire; cet amour est donc impie & sacrilége, car puisque selon ses propres paroles, nous ne sommes pas moins des créatures viles & indignes d'entrer en comparaison avec Dieu, que le reste des Etres créés, tout amour qui ne préfére pas Dieu & sa gloire à nous & à nos intérests, est aussi impie & aussi sacrilége, que tout amour qui ne préfére pas Dieu à toutes les Créatures qui sont hors de nous. M. de Cambray devroit sçavoir qu'il n'y a point d'autre amour de Dieu, qui ne soit pas impie & sacrilege que celuy qui préfére Dieu a tout sans aucune exception. En vérité, si le sens naturel dans lequel on ne peut pas s'empescher d'entendre ses paroles, ne sont pas le véritable sens qu'il a voulu exprimer, il faudra qu'il leur donne d'étranges contorsions pour leur donner un sens, je ne dis pas raisonnable, car cela ne se peut, mais au moins supportable.

Dans la Page 7. Il est nécessaire d'éclaircir quelques expressions sur l'amour de nous-mêmes qui peuvent avoir un mauvais sens. *Car*, dit-il, *Dieu voit clairement que c'est nous-mesmes que*
nous

nous sommes tentez d'aimer dans la jouïssance de tous les objets extérieurs. M. de Cambray suppose clairement dans cet endroit, un certain amour de nous-mesmes distingué de l'amour que nous avons pour les objets extérieurs dont nous desirons la jouïssance. Or c'est-là une illusion. Car tout amour de nous-mesmes n'a point d'autre objet que le bien, dont on desire la possession: nous l'avons suffisamment démontré. Ainsi quand nous aimons des objets extérieurs pour en joüir, ce sont ces objets extérieurs qui sont alors le véritable objet de nôtre amour, & nous les aimons seulement pour nous, comme pour le sujet auquel nous les desirons. Quand M. de Cambray dit ensuite que c'est l'amour de nous-mesmes auquel se réduisent nos affections, ce principe est trés-vray, estant pris absolument, pourvû qu'on l'entende bien; mais comme il n'y a rien de si équivoque que le mot d'amour de soy-mesme, il est aussi facile de donner un mauvais sens qu'un bon, dans les différentes applications qu'on en peut faire. Si par l'amour de soy-mesme on entend le desir naturel & invincible que nous avons tous d'estre heureux, il n'y a rien de si vray que c'est à ce desir invincible, & à cet amour de nous-mesmes que se réduisent toutes nos affections; mais si on prend l'amour de soy-mesme pour la cupidité & pour l'amour propre déreglé, il est trés-faux que toutes nos affections se réduisent à l'amour de nous-mesmes pris pour la cupidité. Or il est évident que M. de Cambray, prend en cet endroit l'amour de nous-mesmes pour la Cupidité. Car pour prouver & confirmer ce qu'il venoit d'avancer il ajoû-

te. * *Tout ce qui ne vient pas du Principe de la Charité, comme St. Augustin le dit si souvent, vient de la Cupidité.* Voici donc le raisonnement dévelopé de M. de Cambray. * *Tout ce qui ne vient pas de la charité vient de la Cupidité, comme St. Augustin le dit si souvent, par conséquent toutes nos affections qui ne viennent pas de la charité se réduisent à l'amour de nous-mesmes, c'est à dire en bon François, viennent de la Cupidité, & ont la Cupidité pour principe.* Si on déféroit en Sorbonne cette Doctrine, aussi bien que plusieurs autres sentimens du mesme Livre, je suis seur qu'elle n'éviteroit pas la censure. Afin que M. de Cambray n'aille point tergiverser mal à propos, il faut qu'il réponde à ce raisonnement. Quand vous dites que c'est l'amour de nous-mesmes auquel se réduisent toutes nos affections, ou vous prenez dans cet endroit l'amour de nous-mesmes pour le désir invincible d'être heureux, ou vous le prenez pour la Cupidité & l'amour propre déréglé : or si vous avez prétendu parler de l'amour de nous-mêmes dans le premier sens, vous avez tort d'appliquer le Principe de S. Augustin, * *Tout ce qui ne vient*
pas

---

* *Page 7.*

* *Ce raisonnement prouve encore que l'amour d'espérance, ne venant pas de la charité, selon M. de Cambray, vient de la Cupidité.*

* *Le desir invincible d'estre heureux est un principe indifferent, qui n'est ni méritoire ni criminel, ainsi on ne peut pas conclure, de ce que tout ce qui ne vient pas du principe méritoire de la charité vient du principe criminel de la Cupidité, on ne peut pas, dis-je, conclure de là que*
toutes

pas de la charité, vient de la Cupidité, puisqu'il ne s'enfuit pas de ce Principe que toutes nos affections viennent de l'amour de nous mêmes pris pour le desir invincible d'estre heureux, mais il semble s'en suivre que toutes nos affections qui ne viennent pas de la charité viennent de la cupidité. Si vous avez entendu parler dans ce second sens, cette Doctrine est erronée, condamnée dans plusieurs Bulles des Papes, & ne s'ensuit point du Principe de S. Augustin, quand on l'entend bien. Car quand S. Augustin a dit que tout ce qui ne vient pas du Principe de la Charité vient de la Cupidité, il a seulement voulu dire selon l'interprétation unanimement receuë dans les Ecoles, que la Charité & la Cupidité sont deux Affections ou Passions dominantes & habituelles, dont l'une des deux regne toûjours dans le Cœur, de sorte que quand ce n'est pas la Charité qui domine dans un Cœur, à coup seur la Cupidité y domine, & par conséquent tous les actes qu'on fait en cet estat viennent d'un fond où la Cupidité est dominante, quoique toutes nos affections actuelles ne viennent pas alors nécessairement de la Cupidité. Il y a bien de la différence entre dire que dans un homme où la Cupidité est l'amour dominant, tous les actes qu'il fait viennent d'un fond où la Cupidité est dominante, & entre dire qu'ils viennent tous de la Cupidité, comme de leur Principe. St. Augustin a dit le premier ; il a même encore dit,

que

toutes nos actions viennent de l'amour de nous-mesmes pris pour le desir invincible d'estre heureux ; car ce seroit conclure qu'elles viennent toutes d'un principe indifferent qui n'est ny méritoire ny criminel.

que tout le corps presque des actions venoit alors de la cupidité, parce qu'on agit presque toûjours selon l'affection dominante de son Cœur. Mais il n'a jamais assûré le second, qui seroit une erreur trés-considérable. De même quand la charité domine dans un Cœur, toutes les actions qu'on fait dans cet etlat viennent d'un fond où la charité domine, mais elle ne viennent pas toutes pour cela de la charité, autrement les justes seroient impeccables. Il faut donc reconnoistre entre la charité & la cupidité, un amour qui tient le milieu, & qui est conforme au desir naturel & invincible d'estre heureux; cet amour est l'amour naturel de l'ordre que la lumiére naturelle & la droite raison nous prescrit. Je suis trés-persuadé qu'il arrive du moins quelques fois dans les plus grands Pécheurs & les Infideles, que certaines actions qu'ils font ont cet amour naturel de l'ordre pour Principe, & c'est pour cela que toutes les actions que les Pécheurs & les Infidéles font sans grace ne sont pas des péchez, car toutes celles qu'ils font par l'amour naturel de l'ordre sont bonnes moralement.

AR.

ARTICLE CINQUIE'ME.

Remarques sur la cinquiéme sorte d'Amour de Dieu, que M. de Cambray distingue.

NOus voici enfin arrivez au prétendu parfait amour, que M. de Cambray exprime en la maniére que nous l'avons vû dans le premier Chapitre de ce Livre.

Il est évident que M. de Cambray prétend que le motif de la charité doit être pur & desinteressé jusqu'à ce point que d'exclure tout rapport de convenance des perfections Divines à nôtre égard, & d'estre absolument indépendant de tout motif & de tout desir d'être heureux, ou de la crainte d'être malheureux ; de sorte qu'on aimeroit Dieu également, * *quand mesme par impossible il devroit ignorer qu'on l'aime, ou qu'il voudroit rendre éternellement malheureux ceux qui l'auroient aimé.* Certainement on ne peut pas enseigner en des termes plus clairs, que le motif de la charité parfaite doit être absolument indépendant, & de tout rapport de convenance des perfections Divines à nôtre égard & de tout desir d'être heureux & de toute crainte d'être malheureux, qu'en assûrant en propres termes, qu'on aimeroit Dieu également, quand mesme par supposition impossible, il devroit ignorer qu'on l'aime, & qu'il rendroit éternellement malheureux,

* *Page 11.*

reux, ceux qui l'aimeroient, bien loin de les recompenser par aucun bonheur. L'idée monstrueuse que cette hypothése chimérique nous donne de Dieu & de la prétenduë perfection de son amour me fait frémir d'horreur, toutes les fois que j'y pense. Mais ne la confondez pas avec l'hypothése des SS. Péres, qui est fort raisonnable, quand on l'entend bien. Si on demande à M. de Cambray, pourquoi le motif de la charité ne peut pas souffrir qu'on aime Dieu par cette raison précise, qu'il est nôtre souverain bien & afin de trouver nôtre bonheur en luy seul, il répondra, sans doute, que le motif ayant rapport à nous-mêmes, est par conséquent un motif intéressé, & qu'en tout cas l'amour parfait sera encore plus desinteressé en excluant même ce motif. Nous avons déja refuté plus d'une fois la premiére raison qui est une pitoyable équivoque; pour la seconde qui dit que l'amour ne seroit pas parfaitement desinteressé, s'il n'excluoit le motif d'être heureux, nous répondons qu'il ne faut pas faire consister la perfection & le desinteressement de l'amour de charité pure dans une chose impossible & chimérique, laquelle, quand même elle ne seroit pas impossible, n'ajoûteroit aucune perfection à l'amour qui a pour motif les perfections infinies de Dieu entant qu'elles nous sont convenables immédiatement par elles-mêmes. Or nous avons démontré dans les deux Livres précédens qu'il est impossible d'aimer aucun objet indépendamment de tout motif d'être heureux ou malheureux; mais quand même cela ne seroit pas impossible, nos Adversaires ne tiendroient encore rien, car nous soûtenons qu'il est

pour

pour le moins aussi parfait d'aimer Dieu tel qu'il est en luy-mesme, c'est à dire à cause des perfections infinies qu'il a en luy-mesme en joignant à ce motif la vuë des rapports de convenance, comme de cause perfectionnante & béatifiante, que ses perfections infinies ont à l'égard de nôtre pauvre Nature, en sorte que ce dernier motif soit précisement le motif prochain, & l'autre le motif éloigné; comme il seroit parfait d'aimer Dieu à cause de ses perfections infinies avec exclusion, de toute sorte de rapport de convenance à l'égard de nôtre Nature, & indépendamment de tout motif d'être heureux ou malheureux, si cela étoit possible par rapport à la constitution de nôtre Nature. En voici les raisons. Si le premier amour que nous reconnoissons pour un véritable amour de charité, est aussi conforme à l'ordre & aussi glorieux à Dieu, comme le seroit le second, supposé qu'il fût possible, certainement il est aussi parfait. Or il est aussi conforme à l'ordre de la Loy éternelle, & aussi glorieux à Dieu que le seroit le second que nos Adversaires admettent, car toute la différence qu'il y a entre ces deux amours, c'est que dans le premier on ajoûte au motif d'aimer Dieu, parce qu'il est infiniment parfait & bon en luy-mesme, la vuë des rapports de convenance que ces perfections infinies ont avec nôtre pauvre Nature & le desir d'être heureux en le possédant; au lieu que dans le second amour on aimeroit Dieu, parce qu'il est infiniment parfait en luy-mesme avec exclusion de tout rapport de convenance de ses perfections Divines à nôtre égard, & avec une indépendance absolue du motif d'être heureux ou de n'être pas mal-

malheureux. Or je ne conçois pas que l'exclusion absoluë de tous les rapports de convenance que les perfections Divines ont à nôtre égard pour nous rendre heureux, ajoûte aucun degré de perfection au motif d'aimer Dieu, parce qu'il est infiniment parfait en luy-même; au contraire il me semble que la vuë des rapports de convenance que les perfections Divines ont à l'égard de nôtre pauvre Nature, est plûtost capable d'ajoûter un degré de perfection au motif d'aimer Dieu parce qu'il est infiniment parfait en luy-mesme; car il est impossible de concevoir un amour qui soit plus dans l'ordre & plus glorieux à Dieu, que de l'aimer par la conviction & la persuasion dans laquelle on est que ses perfections sont si grandes, si infinies en elles-mesmes, & si aimables par leur convenance immédiate avec nôtre Nature, que la seule connoissance & le seul amour de ces Divines perfections soit capable de nous rendre parfaitement heureux ; & infiniment plus heureux que tous les biens du Monde ramassez ensemble, & de cent mille Mondes, s'ils étoient créés, ne sont capables de nous rendre heureux. Il faut avoir d'étranges préjugez dans l'esprit pour ne pas concevoir qu'il n'y a point d'amour plus glorieux à Dieu ny par conséquent plus parfait que celuy-là. Or toutes les fois qu'on aime Dieu seul précisément entant qu'il est nôtre souverain bien, afin de trouver nôtre bonheur dans la connoissance & l'amour de ses Divines perfections, on l'aime en la manière que nous venons de marquer, on aime Dieu tel qu'il est en luy-mesme, & cet amour n'a pour motif que ce que Dieu est en luy-mesme, car Dieu est en luy-mesme non-seulement

lement l'Etre souverainement bon & parfait, mais l'Etre souverainement parfait qui a des rapports admirables de convenance avec nôtre pauvre Nature; ainsi il renferme en luy-même non-seulement des perfections infinies, mais encore des rapports merveilleux de trés-grande convenance avec nôtre pauvre nature pour la perfectionner & la rendre heureuse. Il s'ensuit de là qu'un amour qui a seulement pour motif & les perfections infinies que Dieu a en luy-même, & les rapports merveilleux de convenance que ces perfections ont avec nôtre Nature, n'a point d'autre motif de son amour que tout ce que Dieu est en luy-même. Qui auroit crû que l'illusion dût jamais venir à un tel point dans la spiritualité que des Personnes qui font profession de pieté & qui prétendent estre les seuls éclairez dans les voyes de Dieu en viendroient jusques-à un tel excez que d'exclure du motif de la parfaite charité, une partie de ce que Dieu est? Il est non seulement le souverain bien & l'Etre infiniment parfait, mais il est de plus le souverain bien qui renferme des rapports merveilleux d'une trés-grande convenance avec nôtre pauvre Nature. Que font nos excellens Spirituels? Ils veulent que la charité n'ait pour motif que la vûë de la premiére partie de ce que Dieu est, & qu'elle excluë la consideration des rapports de convenance que ses mêmes perfections ont avec nostre Nature. Quoi? la bonté de Dieu si communicative d'elle même & si bien-faisante par un excés de générosité, est-elle indigne d'estre regardée comme un motif pour nous porter à l'aimer? Toutes les perfections de Dieu

sont

sont absoluës dans leur entité trés-simple, toutes ces mêmes perfections sont relatives à nous par les rapports de convenance que leur Etre trés-simple dans sa nature renferme à nôtre égard. N'est-ce donc pas vouloir couper, pour ainsi dire, chaque perfection de Dieu par la moitié, en séparant les deux regards qui sont renfermez dans chaque perfection de Dieu, & en voulant que la charité ait pour motif un de ces regards, & qu'elle excluë l'autre de son motif. Voilà où aboutit l'opinion de nos Adversaires, qui n'a point d'autre véritable principe que l'orgueil. Car on se fait un point d'honneur & de générosité d'aimer Dieu seulement sous le regard qui nous le représente comme l'Etre souverainement bon & parfait en luy-même, on se flatte de le glorifier beaucoup en luy faisant toutes sortes de souhaits pour sa gloire, & on se fonde sur le principe, qu'il est plus noble de donner que de recevoir, *Beatius est dare quam accipere*; Mais on a de la confusion d'avoüer l'indigence & la pauvreté de sa propre Nature, on est honteux d'avoir besoin de Dieu, & comme cette vûe mortifie l'amour propre, l'aveuglement va jusqu'à un tel point qu'on exclut du motif de la parfaite charité le rapport sous lequel Dieu est immédiatement par luy-même la Cause perfectionnante & béatifiante de nôtre pauvre Nature. Dieu fait sa gloire de communiquer sa bonté à nous autres pauvres Créatures sans en attendre de nous aucun bien dont il ait besoin, & on veut faire consister la perfection de son amour uniquement dans un motif qui luy souhaitte ce qu'on ne peut luy donner effecti-

effectivement, & qui soit absolument indépendant du desir de rien recevoir de sa bonté, comme si on ne s'en soucioit pas. On pousse ce beau desinteressement jusqu'à se vanter qu'on aimeroit Dieu quand même par impossible au lieu de nous recompenser de nostre amour par quelque bonheur, il nous rendroit éternellement malheureux en l'aimant. Aimer Dieu par un tel motif absolument indépendant du desir de la communication de sa bonté à nostre égard, est-ce là de bonne foi aimer Dieu parfaitement, & comme il veut estre aimé par des Créatures ausquelles il a donné luy même une inclination invincible d'estre heureuses, afin que les douces communications de sa bonté comme un Haineçon Divin les attirent à luy par ce desir?

Quand même M. de Cambray & les autres Théologiens qui sont de son sentiment, auroient bien prouvé que l'amour de Dieu qui a pour seul motif sa bonté absoluë & les perfections infinies avec une exclusion & une indépendance absoluë non seulement des rapports de convenance que les perfections de Dieu ont à nostre égard, mais encore de tout desir d'estre heureux ou de n'estre pas malheureux, est beaucoup plus parfait que l'autre amour dont nous avons parlé, qui ajoûte au motif d'aimer Dieu parce qu'il est infiniment bon & parfait en luy-même, la vuë des rapports de convenance des perfections Divines à nostre égard, ils n'auroient pas encore gagné leur procez; car nous leur soûtiendrons devant le Tribunal de tous les Esprits raisonnables, que ces deux amours ayant tous deux l'essence d'amour gratuit, seroient

de

de même espèce, & par conséquent en leur avoüant que le leur seroit plus parfait, il auroit seulement un plus grand degré de perfection dans la même espèce d'amour de charité, *intra eandem speciem.*

Comme mon principal dessein est de donner icy des Eclaircissemens qui puissent servir à concilier les Théologiens de différens Partis sur l'amour de Dieu, je vais proposer quelques moyens pour les rapprocher les uns des autres le plus qu'il sera possible.

La plus importante question sur l'amour de Dieu est de sçavoir si toutes les fois qu'on aime Dieu par ce motif précis (je ne dis pas unique) & sous cette vûe distincte qu'il est nostre souverain bien, qu'il est nostre recompense, & que nous trouverons un bonheur parfait dans la connoissance & l'amour de ses Divines perfections, soit qu'on pense, soit qu'on ne pense point actuellement ny explicitement à sa gloire; de sorte qu'on ne recherche point d'autre objet dans lequel on veuille trouver son bonheur ny mettre sa complaisance, il s'agit dis-je de sçavoir si cet amour est toûjours un véritable amour de Charité par lequel on aime Dieu pour luy-même & à cause de luy-même ? Il seroit à souhaiter que les Théologiens voulussent convenir de bonne foy sur cette question, qui est d'une extrème conséquence pour ses suites. Il y aura toûjours de fâcheuses divisions sur cette matiére, si ceux qui nient que cet amour soit un véritable amour de charité, ne veulent renoncer à leurs préjugez, & si aprés avoir examiné attentivement toutes les raisons que nous
avons

avons apportées, ils ne conviennent avec nous que cet amour a l'essence d'amour gratuit & de véritable amitié. Pour moy, je suis persuadé qu'il n'y a point de conclusion dans la Théologie (excepté les conclusions de foy) dont on puisse démontrer la verité par des preuves plus invincibles que le sentiment dont je fais l'Apologie. Afin que nos Aversaires se défassent d'un faux préjugé qui les empêche de bien entendre nostre sentiment & de l'embrasser, je les avertis que quand nous prétendons que toutes les fois qu'on aime Dieu par le motif précis qu'il est nostre souverain bien & nostre bonheur, sans penser peut-estre actuellement n'y explicitement à sa gloire, on l'aime d'un véritable amour gratuit & de charité, nous n'excluons pas de ce motif prochain, le motif d'aimer Dieu parce qu'il est souverainement bon & parfait en luy-même, ni nous ne croyons pas que ce motif prochain puisse alors prévaloir sur la gloire de Dieu. Au contraire nous disons (& nous le prouvons invinciblement) qu'on ne peut pas aimer véritablement Dieu seul comme son souverain bien à moins qu'on ne l'aime en même temps comme l'Etre souverainement bon & parfait en luy-même, parce que ce rapport de souverain bien à nostre égard a pour fondement les perfections infinies que Dieu a en luy-même, donc toute la convenance qui est entre Dieu & l'homme est un effet qui en dépend essentiellement. Ainsi quand on dit qu'on aime Dieu parce qu'il est nostre souverain bien, on n'exprime à la verité d'une maniére explicite que le motif prochain qui est le rapport de souverain

verain bien que Dieu a à noſtre égard ; Mais le motif d'aimer Dieu parce qu'il eſt l'Être ſouverainement bon & parfait en luy-même, eſt toûjours renfermé, au moins implicitement, dans ce motif prochain, parce que c'eſt la conviction dans laquelle nous ſommes que Dieu eſt un Être infiniment bon & parfait en luy-même, qui eſt la cauſe prochaine qui fait que nous le regardons comme noſtre ſouverain bien. Ainſi ce motif prochain d'aimer Dieu, entant qu'il eſt noſtre ſouverain bien, ne prévaut jamais ſur la gloire de Dieu, parce qu'il eſt eſſentiellement ſousordonné par ſa nature à la gloire de Dieu.

Voicy donc le premier Article d'accommodement. Il faudroit convenir de part & d'autre, que d'aimer Dieu par le motif précis & ſous la veuë diſtincte qu'il eſt noſtre ſouverain bien, en un mot à cauſe des rapports de convenance que les perfections infinies ont avec noſtre pauvre Nature immédiatement par elles-mêmes, de ſorte qu'on ne cherche point ſon bonheur, & qu'on ne mette point ſa complaiſance dans un autre objet que Dieu, c'eſt conſtamment un véritable amour gratuit, de pure amitié, & de Charité, par laquelle on aime Dieu uniquement à cauſe de luy même en qualité d'objet, quoi qu'on l'aime auſſi pour nous comme pour le ſujet ſeulement à qui nous deſirons ſa poſſeſſion. Ce même principe réüniroit tous les Theologiens ſur la néceſſité de la charité pour obtenir la juſtification meſme dans le Sacrement de Pénitence ; car, excepté les Moliniſtes outrez qui ſont en très-petit nombre,

bre, presque tous conviennent qu'il faut au moins un véritable amour d'espérance, par lequel on aime Dieu seul comme son souverain bien & sa fin derniére, or en reconnoissant que cet amour, qu'on a coûtume d'appeller amour d'espérance est un amour gratuit & de véritable Charité, les Molinistes seront d'accord sur ce point avec les fidéles Disciples de S. Augustin qui soûtiennent conformément à l'Evangile, *Qui non diligit manet in morte*, en suivant l'exemple de S. Augustin & de tous les SS. Péres, la nécessité absoluë de la Charité pour la justification. Les Molinistes ne devroient pas tant s'allarmer de cette opinion, car ceux qui la soûtiennent protestent qu'ils n'admettent point la nécessité d'un amour de Dieu plus parfait que celuy qu'il plaît à un grand nombre de Scholastiques d'appeller mal à propos amour d'espérance, & qu'ils rejettent la nécessité de cette prétenduë Charité parfaite dont le motif excluë tous les rapports de convenance des perfections Divines à nostre égard, & est absolument indépendant du desir d'estre heureux. Ainsi toute la différence qui est entr'eux ne consiste pas en ce que les uns admettent la nécessité du même amour de Dieu que les autres reconnoissent pour la charité parfaite, Mais elle consiste en ce que les uns prétendent que les Molinistes nient mal à propos que l'amour de Dieu seul comme nostre souverain bien & nostre fin derniére, soit un amour gratuit & de véritable Charité.

Il seroit aisé de s'accommoder ensuite sur le reste. Nos Adversaires prétendent la plus gran-

de perfection de la charité consiste à aimer Dieu avec une indépendance absoluë des rapports de convenance que ses perfections ont à notre égard; quoi que cela ne nous paroisse pas véritable, nous n'en serons pas moins bons amis, pourvû qu'ils tombent d'accord que n'y ayant point deux espéces d'amours gratuits d'un même objet, & que l'amour par lequel on aime Dieu seul, entant qu'il est notre souverain bien, estant un véritable amour gratuit, toute la différence qu'il y aura entre ce second amour gratuit & celuy qu'ils soûtiennent, consistera en ce que celuy dont ils se forment une idée si parfaite, aura plus de degrez de perfection dans la même espéce d'amour de charité *intra eandem speciem*, de même que la charité des Bien-heureux dans le Ciel a un plus grand degré de perfection que la charité des plus grands Saints sur la Terre, quoi que ce soit la même espéce d'amour de charité. Il se peut faire aussi que la Charité telle que nos Aversaires l'admettent, ait dans leur idée un plus grand degré de perfection que la Charité qui nous fait aimer Dieu seul entant qu'il est nôtre souverain bien; mais il n'y a aucune nécessité qui oblige nos Aversaires en défendant le sentiment qu'ils ont sur le degré le plus parfait de la Charité, de vouloir refuser la qualité d'amour gratuit & de véritable charité à l'amour par lequel on aime véritablement Dieu seul entant qu'il est notre souverain bien. Si la médisance la calomnie & le vol sont de grands péchez à l'égard du Prochain, à plus forte raison devroit-on avoir du scrupule
de

de ravir & de voler injustement à un saint & chaste amour la qualité d'amour de charité, de le calomnier & de le décrier par tout sous des noms odieux d'amour impur, d'amour mercénaire, d'amour interessé &c.

ARTICLE SIXIE'ME.

Remarques sur la Recapitulation que M. de Cambray fait des différentes sortes d'Amour de Dieu.

LA premiére sorte d'amour de Dieu que M. de Cambray appelle *Amour servile*, Page 14. est de la même espéce que le second qu'il appelle *Amour de pure concupiscence*: car ces deux amours sont un amour mercénaire par lequel on aime Dieu, non à cause de luy même, mais à cause de quelque autre bien distingué de luy. Or il ne peut y avoir qu'une espéce d'amour mercénaire du même objet, quoi qu'il y ait différentes sortes de biens distinguez d'un objet à cause desquels on peut l'aimer.

La troisiéme sorte d'amour qu'il admet est l'amour *d'Espérance*, mais il s'est trompé en deux choses sur cet amour. 1. Il l'admet dans un sens tout opposé à saint François de Sales. 2. Il auroit dû reconnoistre qu'il n'y a point à proprement parler d'amour d'espérance, & que l'amour que les Scholastiques appellent aflez communément l'amour d'espérance, est un véritable amour gratuit de Charité pure. Ainsi ce n'est point une espéce d'amour de Dieu qui soit distinguée de l'amour de Charité.

La 4. sorte d'amour que M. de Cambray appelle *Amour de Charité meslangée*, est un véritable amour de parfaite charité dans lequel il n'y a point d'autre intérest que de desirer Dieu pour nous, comme pour le sujet à qui nous souhaittons la possession. Or cet intérest estant parfaitement dans l'ordre de Dieu n'empêche point la perfection de la Charité.

Pour ce qui est de la 5. sorte d'amour dont le motif exclut, selon M. de Cambray, tout rapport de convenance des perfections de Dieu à nostre égard, & est absolument indépendant du desir d'estre heureux. Je vois premiérement que cet amour est chimérique & impossible à nostre Nature, mais quand même il seroit possible & que le plus haut degré de la perfection de la charité consisteroit effectivement dans cet amour de Dieu, tel que l'admet Monsieur de Cambray, je dirois que cet amour n'est pas différent d'espéce de l'amour par lequel on aime Dieu seul entant qu'il est nostre souverain bien & à cause des rapports de convenance que ses perfections Divines ont à nostre égard; parce que ce dernier amour est aussi bien un amour gratuit & de pure amitié que le premier.

M. de Cambray auroit bien mieux fait de n'admettre avec S. Augustin que deux espéces d'amour de Dieu, l'un mercénaire par lequel on aime Dieu, non à cause de luy-même, mais à cause

cause de quelques biens distinguez de luy qu'on espére obtenir par son moyen; & l'autre gratuit par lequel on aime Dieu pour luy-même ensorte qu'on l'aime comme la fin derniere, & non pas comme un simple moyen pour nous faire parvenir à la possession de quelqu'autre objet distingué de luy.

CHAPITRE III.

Remarques sur un endroit très-important des Pages 25. & 26. du second Article.

QUoy que j'aye plusieurs remarques à faire sur le premier & sur le commencement du second Article vray, j'ay crû qu'il estoit à propos de ne pas différer davantage à détruire l'unique fondement qui reste à M. de Cambray pour prétendre qu'aimer Dieu seul par le motif précis de trouver nostre bonheur en luy seul, c'est un amour mercénaire & de pure concupiscence, opposé à la charité. Voicy la raison triomphante qu'il apporte en plusieurs endroits, mais qu'il explique plus clairement au bas de la Page 25. & dans la suivante. * *Le pur amour ne se contente pas de ne vouloir point de recompense qui ne soit Dieu même, tout Mercénaire purement Mercénaire, qui auroit une foy distincte des veritez revelées pourroit ne vouloir point d'autre recom-*

* *Page 25. & 26.*

recompense que *Dieu seul*, parce qu'il le connoist clairement comme un bien infini & comme estant luy seul sa véritable recompense ou l'unique instrument de sa felicité. Ce mercénaire ne voudroit dans la vie future que Dieu seul, mais il le voudroit bien comme béatitude objective ou objet de sa béatitude, pour le rapporter à sa béatitude formelle, c'est à dire à soy-même qu'il voudroit rendre bien-heureux, & dont il feroit sa derniere fin. Il faut avoüer qu'il y a du brillant, qui éblouït dans cet endroit, dont l'éclaircissement est d'une trés-grande importance, car la charité doit estre un amour surnaturel qui ait la grace pour principe, & Dieu seul pour fin derniére: or M. de Cambray apporte deux raisons apparentes pour faire voir que l'amour qui nous fait aimer Dieu seul par le motif précis de trouver nostre bonheur dans sa possession, n'est point un amour surnaturel, n'y un amour qui ait Dieu seul pour fin derniére. 1. Cet amour n'est point surnaturel, car, dit-il, *un mercénaire purement mercénaire qui auroit une foy distincte des véritez revélées pourroit ne point vouloir d'autre recompense que Dieu seul &c.* 2. Ce même amour n'auroit pas Dieu seul pour fin derniére, car quand on aime Dieu par le motif de nostre bonheur & afin d'estre heureux en le possédant, on rapporte Dieu comme béatitude objective ou comme objet de sa béatitude à sa béatitude formelle, c'est à dire à soy-même qu'on veut rendre heureux, & dont on fait alors sa fin derniére. Voilà les deux raisons apparentes qui ont trompé M. de Cambray & qui le font persister à croire son opinion la plus véritable ; mais s'il veut prendre la peine de réfléchir sur les preuves démonstratives sur lesquelles nous en allons découvrir la fausseté, il sera obligé d'avoüer que son sentiment est appuyé sur un fondement tout à fait ruineux. Je vais examiner ces deux raisons dans deux Articles séparez.

ARTICLE PREMIER.

S'il est possible naturellement d'aimer Dieu seul pour trouver nostre bonheur uniquement dans sa possession, parce que l'on connoist certainement par les lumières de la foy, qu'il est le seul bien infini qui peut faire nostre parfait bonheur.

CONCLUSION.

Quoi qu'on connoisse certainement par les lumières de la foy que Dieu seul est le bien infini qui peut faire nostre parfait bonheur, il est cependant impossible naturellement sans la grace d'aimer Dieu seul comme nostre souverain bien & nostre recompense, pour trouver nostre bonheur uniquement dans sa possession. La Doctrine contraire est un Principe de Pelagianisme.

PREUVES.

On ne peut pas disconvenir sans estre Pélagien, qu'il est naturellement impossible sans la grace d'aimer Dieu d'un véritable amour de préférence, par laquelle on préfére Dieu à soy même & à toutes les Créatures, en sorte qu'on n'aime que Dieu comme sa fin derniére. Or il est trés-facile de démontrer que toutes les fois qu'on aime Dieu comme son souverain bien & sa propre recompense afin de trouver nostre bonheur uniquement dans sa propre possession, parce que luy seul est le bien infini qui peut nous rendre parfaitement heureux, cet amour est un véritable amour de préférence par lequel on préfére Dieu à soy-méme & à toutes les autres Créatures. En voicy la preuve. L'objet & la fin derniére d'un amour, est le bien dont on desire la possession pour y trouver nostre bonheur & y mettre toute nostre complaisance ; quand donc un homme aime Dieu seu. comme son souverain bien pour trouver son bonheur uniquement dans sa possession, parce que la Foy le rend trés-certain qu'il n'y a que Dieu qui puisse le rendre heureux, il est évident que Dieu seul est l'objet & la fin derniére de l'amour de cet homme. Car Dieu seul est le bien dont cet homme desire la possession pour y trouver tout son bonheur, & il ne veut mettre sa complaisance que dans la possession de Dieu, qui consiste à connoistre & aimer les Divines perfections. Ainsi Dieu seul est l'objet

jet & la fin derniére de l'amour de cet homme, car on ne peut pas dire premiérement que cet homme soit luy-mesme l'objet & la fin derniére de cet amour qu'il a pour Dieu, puisqu'il n'est pas soy-mesme le bien dont il desire la possession pour y trouver son bonheur, & que ce n'est pas en luy-mesme, mais en Dieu seul qu'il veut mettre toute sa complaisance. Par la même raison, ce n'est pas non plus aucune autre Créature, qui est l'objet & la fin derniére de cet amour, puis qu'aucune Créature n'est le bien dont il desire la possession pour y trouver son bonheur, qu'il cherche uniquement dans Dieu comme dans l'Etre infiniment parfait. Il s'ensuit de la évidemment que toutes les fois qu'on aime Dieu afin de trouver nostre bonheur dans sa possession, ensorte qu'on ne cherche point son bonheur dans aucun autre objet, comme M. de Cambray le suppose, on aime Dieu d'un véritable amour de préférence, par lequel on préfére Dieu à soy-même & à toutes les autres Créatures. Car de bonne foy n'est ce pas préférer librement Dieu à soy mesme & à toutes les autres Créatures, que de ne chercher son bonheur, ny dans soy-même, ny dans aucune Créature, mais d'aimer mieux le chercher seulement en Dieu, comme dans l'Etre infiniment parfait? Pour comprendre cela encore plus clairement, il n'y a qu'à examiner le principe & l'effet de l'amour dont il s'agit. Son Principe, de l'aveu de M. de Cambray, est la conviction & la forte persuasion dans laquelle on est par les lumiéres de la Foy, que Dieu seul est le souverain bien & l'Etre infiniment parfait qui peut nous rendre souverainement heureux, &

Y 5 que

que si nous sommes assez insensez pour vouloir trouver nostre bonheur dans nous-mêmes ou dans quelque autre Créature, nous n'y trouverons que miséres, que dégoût, & nôtre malheur par une juste punition de Dieu. Voilà le principe de cet amour, que M. de Cambray ose appeller purement mercénaire. Quel est maintenant l'effet qui s'ensuit de ce principe dans la supposition de M. de Cambray? C'est qu'un homme qui a cette forte conviction par les lumiéres de la Foy, peut vouloir ne chercher son bonheur ny dans soy-mesme, ny dans aucune autre Créature, mais dans le seul Etre infiniment parfait, que sa Foy luy fait connoistre comme pouvant seul nous rendre parfaitement heureux. Ainsi on suppose qu'un homme estant convaincu par la Foy que Dieu seul est le souverain bien & l'Etre infiniment parfait, hors duquel il n'y a point de véritable bonheur, desire Dieu & s'attache à luy comme au seul objet, dans lequel il peut trouver son parfait bonheur

On ne peut pas nier qu'on ne puisse être convaincu par les seules lumiéres de la Foy que Dieu seul est le souverain bien & l'Etre infiniment parfait hors duquel il n'y a point de véritable bonheur, mais je soûtiens que c'est un principe de Pélagianisme d'assûrer qu'un homme qui a cette conviction, peut ensuite naturellement sans la grace ne vouloir véritablement point d'autre recompense que Dieu seul, ne desirer que luy comme son souverain bien, & ne nous faire chercher nôtre bonheur qu'en luy ; ce que M. de Cambray assûre en plusieurs endroits estre possible naturellement, mais sur tout dans la Page 3. où il sup-

Amour de Dieu. 337

suppose expressément, *Qu'il se peut faire qu'un amour ne nous fit point chercher d'autre recompense que Dieu seul, & qu'il seroit néantmoins purement mercénaire & de pure concupiscence.* Or jamais on n'a dit que la grace fût nécessaire pour un amour purement mercénaire ou de pure concupiscence. Je soûtiens encore une fois que c'est-là un des plus dangereux Principes du Pelagianisme, qui détruiroit évidemment la nécessité de la grace, s'il estoit vray. Je voudrois bien voir M. de Cambray aux prises dans une Conférence réglée, avec un Pélagien homme d'esprit, auquel il accorderoit que nôtre Liberté naturelle éclairée des seules lumiéres de la Foy, peut sans aucune delectation prévenante qui attire la Volonté, aimer Dieu comme nôtre souverain bien, ensorte qu'on ne cherche point d'autre recompense que luy seul, parce qu'on est convaincu qu'il est le souverain bien & l'Etre infiniment parfait, hors duquel il n'y a point de véritable bonheur; je suis seur que le Pélagien mettroit M. de Cambray dans l'impossibilité de luy prouver la nécessité d'une grace intérieure qui touche la Volonté, je veux dire d'une délectation prévenante & victorieuse qui emporte le consentement de la Volonté. Car ce Pelagien luy diroit, vous tombez d'accord qu'on peut quand on a la foy, n'avoir aucun degré de cette charité surnaturelle que le St. Esprit, selon vous, répand dans nos Cœurs; vous tombez d'accord que par les seules lumiéres de la Foy on peut être convaincu que Dieu seul est le souverain bien & l'Etre infiniment parfait qui est nôtre unique béatitude, & hors duquel il n'y a que malheur à attendre, vous

tom-

tombez d'accord qu'un amour purement mercénaire & de pure concupiscence, peut ne nous point faire chercher d'autre recompense que Dieu seul, & ne nous faire desirer que Dieu, comme nôtre souverain bien, afin d'être heureux en luy seul. Je n'en veux pas davantage pour démontrer à tous les Esprits raisonnables que vous-vous mocquez du Monde, quand vous dites qu'on ne peut pas estre sauvé ny accomplir les Commandemens de Dieu, par la seule liberté naturelle éclairée des lumiéres de la Foy, à moins que la Volonté ne soit portée au bien par une délectation surnaturelle & prévenante à chaque fois qu'elle le fait ; car puis qu'on peut, selon vôtre propre aveu, ne vouloir point d'autre recompense que Dieu seul & ne chercher son bonheur qu'en lui par la conviction qu'on a que Dieu est le souverain bien, vous me permettrez de supposer qu'un homme meure dans cet estat, ne cherchant son bonheur, ny dans soy-mesme, ny dans aucune autre Créature, mais en Dieu seul qui seroit le seul objet, dont il desireroit la possession afin d'être éternellement heureux, en connoissant & aimant ses Divines perfections. Je vous demande maintenant si vous prétendez que cet homme-là seroit damné mourant en cet estat ? Si vous tombez d'accord qu'il est en état de salut, la seule liberté naturelle éclairée des lumiéres de la Foy suffit donc pour cela. Si vous ofez soûtenir qu'il feroit damné dans cet estat, j'en appelle au sens commun & au jugement de tous les Esprits raisonnables. Quoi vous prétendez qu'un homme, qui ne desireroit que la possession de Dieu seul comme souverain bien,

qui

qui ne voudroit point d'autre recompense que luy, qui ne chercheroit son bonheur qu'en luy, parce qu'il est convaincu que luy seul est le souverain bien & l'Etre infiniment parfait, hors duquel il n'y a point de véritable bonheur, seroit éternellement damné s'il mouroit dans cette disposition? Se peut-il trouver des Esprits raisonnables qui croyent de bonne foy de si grandes absurditez? Le même Pélagien ne prouveroit pas moins clairement à M. de Cambray que suivant les propres Principes qu'il admet, la grace intérieure de la Volonté, n'est pas nécessaire pour accomplir les commandemens de Dieu, ni pour pratiquer toutes les vertus. Car, luy dira ce Pélagien, tous les Commandemens de Dieu & la pratique de toutes les vertus se réduisent à ne point faire de soy-mesme, ny d'aucune autre Créature l'objet de son amour dans lequel on cherche son bonheur & on mette sa complaisance, & à ne desirer que Dieu seul comme le bien souverain dont on souhaite la possession pour être heureux uniquement en luy. Il y a plus de difficulté à observer ce commandement que tous les autres, & quiconque l'observe bien observe tous les autres. Or quand on veut Dieu seul comme sa recompense, & qu'on desire de le posséder comme le véritable bien dans la connoissance & l'amour duquel on veut trouver son parfait bonheur, parce qu'on est persuadé que hors de cet Etre souverainement parfait, il n'y a point de véritable bonheur, il est tres évident qu'alors on ne fait point de soy-même, ny d'aucune autre Créature l'objet de son amour, dans lequel on cherche son bonheur, & on mette la complaisance, mais que Dieu seul estant le bien dont on desire la possession, luy seul par conséquent est l'objet & la fin derniére de cet amour. Puisque vous tombez donc d'accord que la seule liberté naturelle éclairée des lumiéres de la Foy, peut ne nous point faire chercher d'autre recompense, ny d'autre bien pour nous rendre heureux que Dieu seul, il faut aussi que vous tombiez d'accord que la même liberté naturelle sans aucune de ces graces intérieures, que vous appellez graces efficaces, ou graces de la Volonté, peut accomplir tous les autres commandemens & pratiquer toutes les vertus ; car je mets en fait qu'il y a pour le moins autant de difficulté à ne point s'aimer soy-mesme, ny aucune autre Créature, comme l'objet dans lequel on cherche son bonheur, & le bien dans la jouïssance duquel on veut mettre sa complaisance, ensorte qu'on desire Dieu seul, comme le bien dans la possession duquel on veut estre heureux, qu'il y a de difficulté à pratiquer la justice, la tempérance, la fidélité, la continence &c. à ne jamais mentir, à éviter tous les vices. Cependant vous avoüez que la grace n'est point nécessaire pour ne rechercher que Dieu seul comme sa recompense & son souverain bien, quand on est convaincu qu'il n'y a point de véritable bonheur hors de Dieu, pourquoi voulez-vous donc que la grace soit nécessaire pour pratiquer les vertus & observer les commandemens qui ont moins de difficulté que celuy-là ? Voila comme un Pélagien pourroit raisonner suivant les propres Principes de M. de Cambray, & je doute fort si M. de Cambray, se tireroit bien d'affaire.

Du

Amour de Dieu. 341

Du temps de S. Augustin l'Eglise Catholique, dont ce S. Docteur étoit l'Organe contre les Pélagiens, fondoit la nécessité de la grace sur la corruption de nôtre Cœur depuis le péché, qui nous incline & nous porte aux biens sensibles avec tant de force, que nous ne pouvons naturellement en détacher nos affections ny ne desirer & ne rechercher que le seul véritable bien qui est Dieu. Mais M. de Cambray anéantit ce fondement de la Doctrine Catholique, en assûrant en dix endroits de son Livre, qu'on peut par les seules lumiéres de la Foy, ne vouloir point d'autre recompense que Dieu seul, ne desirer que luy comme nôtre souverain bien, & ne point rechercher la possession d'aucun autre bien pour estre heureux dans sa jouïssance. Oüi, je le repete encore, si ce Principe de M. de Cambray estoit véritable, il détruiroit la nécessité de la grace, & nous ferions dans l'impossibilité de la prouver contre les Pélagiens.

Il est vray qu'on peut naturellement aimer Dieu d'un amour charnel pour des biens distinguez de luy qu'on attend de sa puissance & qu'on espére en obtenir. Il est encore vray qu'un homme éclairé des lumiéres de la Foy, peut naturellement sans la grace avoir quelque velléité de n'aimer que luy seul comme son souverain bien, hors duquel il n'y a point de véritable bonheur; ce que St. François de Sales appelle. * *Un certain vouloir sans vouloir, un vouloir qui voudroit mais qui ne veut pas, un vouloir stérile qui ne produit point de vrais effets, un vouloir paralitique qui voit la Piscine salutaire du St. Amour,*

mais

* *Liv.* 1. *de l'Amour de Dieu,* Ch. 17.

mais qui n'a pas la force de s'y jetter, enfin un vouloir qui est un avorton de la bonne Volonté. Cette Doctrine est trés-véritable; mais c'est une erreur dangéreuse de dire qu'on puisse naturellement sans la grace & sans la charité, ne vouloir véritablement point d'autre recompense que Dieu seul, ne chercher son bonheur qu'en luy, & ne desirer point la possession d'aucun autre bien, pour nous rendre heureux par la possession de Dieu seul, qui consiste à connoître & aimer les Divines Perfections de toute l'étenduë de nôtre Ame. M. de Cambray ne manquera pas de répondre, que quoi qu'on ne veüille point d'autre recompense, ny d'autre bonheur que Dieu seul, cependant quand le motif de cet amour est la conviction qu'on a par la Foy, qu'on ne sçauroit estre véritablement heureux qu'en possédant le souverain bien qui est Dieu, alors on rapporte Dieu, comme béatitude objective ou comme objet de la béatitude, à sa béatitude formelle & à soy-mesme ; mais nous allons forcer ce dernier retranchement dans l'Article suivant.

AR-

ARTICLE SECOND,

S'il est vray qu'on rapporte Dieu, comme béatitude objective ou objet de sa béatitude à sa béatitude formelle & à soy-mesme comme fin dernière, quand on l'aime par ce motif précis qu'il est seul nostre recompense & l'unique véritable souverain Bien qui peut nous rendre heureux.

CONCLUSION.

Toutes les fois qu'on aime véritablement Dieu, par ce motif précis qu'il est seul nôtre recompense & l'unique véritable bien qui peut nous rendre heureux, on ne rapporte point Dieu comme béatitude objective ou objet de sa béatitude à sa béatitude formelle ny à soi-même comme fin dernière, mais au contraire on desire effectivement de se rapporter soy-mesme & tout son bonheur par la béatitude formelle à Dieu, comme au seul objet & à la seule cause du bonheur qu'on veut trouver dans la possession.

PREUVES DEMONSTRATIVES.

Il suffit pour connoistre clairement la vérité de la Conclusion que nous venons d'avancer d'a-
voir

voir une juste idée de ce que c'est que beatitude objective, béatitude formelle, & comment on est heureux en possédant l'objet de son bonheur.

La béatitude objective, est l'objet mesme dont la possession peut nous rendre heureux, & la béatitude formelle, est la possession même de l'objet qui peut nous rendre heureux. Dieu seul en luy-mesme & par luy-mesme est le véritable objet de nostre bonheur. Or la possession ou la jouissance de Dieu, qu'on appelle la véritable béatitude formelle n'est autre chose que la connoissance claire & l'amour de Dieu, selon le sentiment commun des Philosophes Chrétiens & de tous les Théologiens, qui conviennent qu'on ne possede Dieu, que par la connoissance & l'amour. Jusqu'icy nous sommes d'accord avec M. de Cambray; mais il prétend que quand on aime Dieu, par le motif précis de trouver nôtre bonheur en luy seul, on rapporte Dieu comme béatitude objective à sa béatitude formelle, & on en fait l'instrument ou le moyen de sa félicité, qu'on rapporte à soy-même comme à sa fin derniére.

Pour découvrir la fausseté des préjugez qui ont trompé M. de Cambray, & qui en trompent plusieurs autres, je ne veux faire que trois remarques.

La première qui est d'une extrême importance, c'est que le bonheur essentiel qu'on trouve dans la jouissance & la possession de Dieu, n'est point distingué en aucune maniere de la possession de Dieu même, ainsi le bonheur formel est formellement la possession de Dieu même, c'est à dire à dire la connoissance mesme, & l'amour mesme de Dieu en luy-mesme. Pour mieux comprendre cecy, il faut sçavoir que nôtre Ame est faite pour connoistre & aimer l'Etre souverainement parfait qui est Dieu, elle ne sçauroit jamais parvenir à un estat parfaitement convenable à sa nature qu'en aimant & connoissant Dieu, & dés le moment qu'elle connoistra & aimera parfaitement Dieu, cette connoissance & cet amour seront l'estat parfaitement convenable dans lequel le bonheur essentiel de sa nature consiste, suivant sa constitution que Dieu a fait telle par une sagesse admirable. C'est pourquoy nôtre véritable béatitude formelle est formellement la possession de Dieu mesme, par la connoissance & l'amour, & toute la joie essentielle que l'Ame heureuse ressent en possédant Dieu, consiste formellement dans la connoissance & l'amour même de l'Etre infiniment parfait. On voit par là tout d'un coup la grande différence qu'il y a entre aimer les richesses pour être heureux par le moyen de leur possession, & aimer Dieu pour estre heureux en le possédant. Quand on aime les richesses pour être heureux en les possédant, on est persuadé que ces richesses par elles-mêmes immédiatement ne peuvent pas faire nostre bonheur, & que ni leur connoissance, ni leur possession ne suffit point pour nous rendre heureux; car on aura beau avoir mille coffres pleins d'or, on ne laissera pas de mourir de faim & de pouvoir estre miserable au milieu de tous ces Coffres, qui nous appartiendront, à moins que nous n'obtenions par leur moyen des biens distinguez d'eux qui nous empeschent d'estre malheureux. Ainsi le bonheur qu'on prétend trouver dans les richesses, est un bonheur réellement distingué de la possession de l'or. On regarde les richesses, comme un moyen qui nous fera honorer de tout le Monde, qui nous fera parvenir aux premiéres Dignitez ; qui nous procurera toutes sortes de commoditez & de plaisirs ; or il est évident que tout ce bonheur est réellement distingué non-seulement des richesses mais de la possession des richesses. Ainsi il n'est pas vray de dire que le bonheur formel qu'on veut trouver dans la possession des richesses qu'on aime pour avoir par leur moyen toute sorte de satisfaction, de plaisirs, d'honneurs, & de commoditez de la Vie, soit formellement la possession de l'or & de l'argent : mais quand on aime Dieu par le motif précis d'être heureux en le possédant on est convaincu que Dieu nous est parfaitement convenable, & fait nôtre bonheur par luy-même immédiatement, & non pas par des biens distinguez de luy, au lieu que l'argent ne nous est avantageux que par des biens distinguez de luy qu'il nous procure. Il est donc certain que le bonheur formel qu'on veut trouver dans la possession de Dieu, est formellement la possession de Dieu mesme, dont on fait par conséquent sa fin derniére, au lieu que le bonheur formel que les Mondains veulent trouver dans la possession des richesses, n'étant pas formellement la possession même des richesses, ils n'aiment les richesses, que comme un moyen pour parvenir à la possession de quelque objet distingué d'elles, dans la possession duquel ils espérent trouver leur bonheur.

La seconde remarque, qui n'est pas moins nécessaire, pour bien connoistre la nature du bonheur dont on joüit en possédant Dieu, c'est qu'il est essentiel à la béatitude formelle de nous faire rapporter nous-mesmes & tout nôtre bonheur à Dieu, comme au seul objet, & à la seule cause de nôtre bonheur. Car la béatitude formelle n'est autre chose que la connoissance claire de Dieu & le parfait amour par lequel nous joüissons de luy : or l'effet nécessaire de cette connoissance claire & de ce parfait amour, c'est de nous faire sortir, pour ainsi dire, de nous-mesmes en nous faisant incliner & pencher vers Dieu seul, que nous sçavons estre la cause unique & le seul objet de nôtre bonheur, qui consiste essentiellement & formellement dans cette inclination & ce doux penchant de toute nostre Ame vers le souverain bien, dans lequel elle tâche de s'abismer de plus en plus, se sentant d'autant plus heureuse qu'elle s'incline avec plus de force vers l'objet de son bonheur. L'Ame n'est donc formellement heureuse qu'en se rapportant toute entiére par la connoissance & l'amour au souverain bien, & il est impossible que la béatitude formelle ne rapporte pas l'Ame à Dieu comme à sa derniére fin.

Une troisiéme Remarque qui s'ensuit évidemment des deux précédentes, c'est que quand on desire de posséder Dieu précisément par le motif de trouver nôtre bonheur dans luy seul, il ne se peut pas faire qu'alors on rapporte Dieu à nous comme fin derniére, ni à aucune autre fin distinguée de luy-mesme. Car il est essentiel à tout desir de nous rapporter à l'objet desiré. Or le seul objet dont on desire alors la possession pour y trouver nôtre bonheur en Dieu mesme, par conséquent Dieu mesme est le seul objet auquel le desir de le posséder nous fait rapporter. Mais, dit M. de Cambray, on ne desire pas alors de le posséder par luy-mesme, on desire seulement de le posséder pour estre heureux ; ainsi on rapporte Dieu comme l'objet de sa béatitude à sa béatitude formelle, & à nous-mesmes comme fin derniére. Je ne comprens pas comment un homme d'esprit comme M. de Cambray, se laisse éblouïr & prétend convaincre tout le monde par de semblables petites raisonnettes. Quand il dit qu'on peut rapporter Dieu comme l'objet de nôtre béatitude à nôtre béatitude formelle, cette proposition ne peut avoir que deux sens qui différent seulement en apparence. 1. Qu'on rapporte Dieu comme l'objet de notre béatitude à la béatitude formelle, prise pour la connoissance mesme & l'amour mesme par lequel nous joüissons de Dieu, ensorte que ce soit cette connoissance & cet amour de Dieu considérez formellement comme des actes de nostre Ame, auxquels nôtre amour le rapporte comme à sa fin derniére. 2. Qu'on rapporte Dieu comme l'objet de nôtre béatitude à la béatitude formelle, prise pour la joye essentielle & le plaisir ineffable, que l'Ame doit sentir dans la possession de Dieu. Or premiérement, si on prend la béatitude formelle pour les actes formels par lesquels nôtre Ame posséde Dieu en le connoissant & l'aimant, on ne peut pas dire que cet actes formels de nôtre Ame, puissent estre la fin derniére à laquelle on rapporte Dieu comme l'objet de nôtre béatitude, é, parce que ces actes formels qui sont la connoissance & l'amour mesme de Dieu, ont essentiellement Dieu seul pour objet, & pour fin derniére, & sont d'une telle nature qu'il ne nous est pas possible de les produire, sans nous rapporter par eux à Dieu, comme à nostre derniére fin. Cela est de la derniére évidence, quand on y fait attention. En second lieu, quoi qu'on prenne la béatitude formelle, pour la joye essentielle & directe, *pro gaudio directo*, car la joye réfléxe n'est pas la béatitude formelle, & pour le plaisir ineffable que l'Ame doit sentir en possédant Dieu, il est également impossible que la joye & le plaisir direct qu'on appelle la béatitude formelle, puisse jamais estre la fin derniére à laquelle on rapporte Dieu consideré, comme l'objet de nôtre béatitude ou sous quelqu'autre qualité que ce soit. Car la joye, le plaisir & le bonheur essentiel ou direct que l'Ame doit ressentir en possédant Dieu, est formellement la connoissance mesme & l'amour mesme de Dieu, comme nous l'avons déja remarqué, parce que de mesme que le plaisir à l'œil est la veuë d'une pure lumiere, & le plaisir de l'oreille d'entendre un son & un concert harmonieux, le véritable plaisir de l'Entendement sera aussi la contemplation mesme des perfections intelligibles de l'Être infiniment parfait, & le véritable plaisir de la Volonté sera l'amour mesme par lequel elle s'inclinera & se panchera de toutes ses forces vers ce même Etre infiniment parfait pour s'unir à luy par toutes ses affections, il s'ensuit de là évidemment que le bonheur formel & essentiel de l'Ame, ou autrement la joye directe

qu'elle

qu'elle ressentira dans la possession de Dieu, n'étant rien autre chose que la connoissance claire & l'amour mesme de Dieu, ne peut jamais être la fin derniére, à laquelle on rapporte effectivement Dieu, comme l'objet de nostre bonheur, puisque nous avons déja prouvé que la connoissance & l'amour de Dieu, qui font la joye directe & le bonheur formel de l'Ame, bien loin de pouvoir estre la fin derniére à laquelle on rapporte Dieu, ont essentiellement Dieu pour objet & pour fin derniére, & sont d'une telle nature qu'il ne nous est pas possible de les produire sans nous rapporter par eux, & par la joye directe qu'ils causent en nous à Dieu, comme au seul objet & à la seule cause de nostre béatitude, en un mot comme à nostre fin derniére.

On peut encore faire une petite chicane sur la béatitude formelle, à laquelle il sera facile de répondre, suivant les ouvertures que nous avons marquées. La béatitude formelle, dira-t'on, & la joye directe que l'Ame ressent dans la possession de Dieu, est un bien créé qui est réellement distingué de Dieu. Car cette joye directe ou béatitude formelle, se tient du costé de l'Ame, & est réellement différente de Dieu. On n'en peut pas disconvenir. Par conséquent quand on desire la possession de Dieu pour estre formellement heureux, on desire Dieu comme un moyen ou un instrument pour obtenir un bien creé réellement distingué de luy; d'où il s'ensuit qu'on rapporte Dieu comme béatitude objective à nôtre bonheur formel que nous desirons uniquement pour nous mesmes, ainsi par là on rapporce Dieu à soy-mesme comme fin derniére. Voilà tout ce que M. de Cambray, & ses Partisans peuvent nous objecter de plus fort en faveur de leur opinion.

Pour faire évanoüir cette difficulté, il n'y a qu'à remarquer de quelle maniére la béatitude formelle & la joye directe que l'Ame ressent dans la possession de Dieu, est un bien créé réellement distingué de Dieu. Il est certain que le seul objet immédiat & la seule fin derniére à laquelle cette béatitude formelle & cette joye directe se rapporte essentiellement est Dieu même, ainsi elle n'est point du tout distinguée de Dieu *objectivè & terminativè*, c'est à dire par rapport à son objet & à sa fin derniére, n'ayant point d'autre objet, ny d'autre fin derniére que Dieu, comme nous l'avons déja montré. En quoy différe-telle-donc de Dieu? Elle n'en différe que du costé du Principe productif, *ex parte principii seu potentiæ elicitivæ*, en ce que l'acte formel de connoissance & d'amour que l'Ame produit est quelque chose de créé qui est réellement distingué de Dieu. Il faut donc dire pour parler exactement que la béatitude formelle de la joye directe est distinguée de Dieu du costé du principe, qui produit immédiatement les actes de connoissance & d'amour, mais qu'elle n'en est aucunement distinguée du costé de son objet & de sa fin derniére, parce que Dieu mesme en est l'objet & la fin derniére. Cela supposé il est facile de répondre en forme à la conséquence de l'objection de nos Adversaires. Par conséquent, disent-ils, quand on desire la possession de Dieu pour estre formelle-

Z 5   ment

ment heureux, on desire Dieu pour obtenir un bien créé réellement distingué de luy, d'où il s'ensuit qu'on aime Dieu comme un moyen & un instrument de félicité &c. Je distingue cette conséquence en cette sorte. Quand on desire la possession de Dieu pour estre formellement heureux, on desire Dieu pour en obtenir un bien créé qui est essentiellement par sa nature un moyen par lequel on ne peut pas manquer de se rapporter à Dieu, & qui est seulement distingué de Dieu du costé du principe ou de la puissance de l'Ame, qui produit les actes de connoissance & d'amour dans lesquels consiste formellement ce bien créé ou cette béatitude formelle dont on parle, j'en tombe d'accord: quand on desire la possession de Dieu pour être formellement heureux, on desire Dieu pour en obtenir un bien créé qui ne se rapporte pas essentiellement à luy comme à son seul objet, & qui a un autre objet ou une autre fin derniére distinguée de Dieu, Cela est trés-faux. Quand on desire donc Dieu pour estre formellement heureux, on ne le rapporte point à la béatitude formelle comme à un bien créé qui soit l'objet & la fin derniére de cet amour. Car cette béatitude formelle n'a point d'objet ny de fin *cujus gratiâ*, qui soit distingué de Dieu même, & elle n'est essentiellement par sa nature qu'un moyen qui nous fait rapporter nous mêmes immanquablement à Dieu comme au seul objet & à la seule fin derniére de nostre bonheur formel. Si ce bonheur formel avoit un objet distingué de Dieu, de même que les avantages & le faux bonheur qu'on espére retirer de la possession des richesses,

ses, ont un objet distingué des richesses, le raisonnement de nos Aversaires seroit parfaitement bon, mais ils se trompent grossiérement en ne pénétrant pas assez dans les suites nécessaires de ce Principe indubitable, à sçavoir que le bonheur formel est formellement la connoissance & l'amour même de Dieu, & que la connoissance & l'amour de Dieu n'ont point d'autre objet ny d'autre fin derniére que Dieu même. Ainsi quand on aime Dieu pour la béatitude formelle, il est évident qu'on ne l'aime point pour aucun autre objet n'y aucune autre fin distinguée de luy-même, & qu'on l'aime véritablement pour luy-même, puisque cet amour se termine à luy seul comme fin derniére, c'est pourquoy on ne peut pas dire qu'on l'aime comme un moyen ou un instrument de félicité, car il y a une différence infinie & ce sont deux choses incompatibles, d'aimer Dieu comme l'objet même de la fin derniére de nostre félicité, & de l'aimer comme un moyen ou un instrument de félicité ; Or nous avons démontré que quand on aime Dieu pour estre formellement heureux, on l'aime comme l'objet & la fin derniére de nostre béatitude formelle, par conséquent on ne l'aime pas comme un moyen ou instrument qu'on rapporte à un autre objet ou une autre fin que luy même, puisque cet amour n'a point d'autre objet ny d'autre fin que Dieu. En un mot, il est impossible que l'amour se termine à un moyen ou un instrument comme à sa fin derniére, or nous avons démontré que quand on aime Dieu pour estre formellement heureux, cet amour

amour se termine à Dieu seul comme au seul objet & à la seule fin derniére de la béatitude formelle qu'on recherche. Il est vray que nous recherchons cette béatitude formelle pour nous-mêmes, comme pour le sujet où la personne à qui nous le desirons, mais nous n'en sommes pas nous mêmes l'objet ny la fin derniére, au contraire quand nous voulons la béatitude formelle pour nous comme pour le sujet à qui nous la desirons, nous voulons pour nous un bonheur formel dont toute la nature consiste dans des actes de l'Ame par lesquels elle se rapporte essentiellement avec tout son bonheur à Dieu même.

Afin de réduire en raisonnemens clairs tout ce que je viens de dire, je fais les raisonnemens suivans qui sont de la derniére exactitude Metaphisique. Pour rapporter B. à C. comme à la fin derniére de B. Il est absolument nécessaire que C. ait un objet & une fin distinguée de B. Car si C. n'a point d'autre objet ni d'autre fin que B. il est de la derniére évidence qu'il sera absolument impossible de rapporter B. à C. comme à sa fin derniére. Or Dieu est à l'égard de la béatitude formelle comme B. est à l'égard de C. en supposant que C. ait B. pour objet & pour fin derniére. Il est donc impossible de rapporter Dieu comme objet à nostre béatitude formelle comme à la fin derniére de nostre amour. Voicy un second raisonnement. Il est impossible de rapporter un objet à la seule possession de luy-même, c'est à dire à l'acte par lequel on le posséde, comme à la fin derniére de cet objet qui en soit différente, parce que

que cet acte ou cette poſſeſſion formelle n'a point d'autre fin n'y d'autre objet que l'objet même qu'on voudroit rapporter à cette poſſeſſion formelle. Or eſt-il que rapporter Dieu comme objet de noſtre béatitude à la béatitude formelle comme à la fin derniére de noſtre amour, c'eſt vouloir rapporter Dieu à la ſeule poſſeſſion de luy-même comme à ſa fin derniére, parce que la béatitude formelle n'eſt autre choſe que la poſſeſſion même de Dieu par la connoiſſance & l'amour. Voicy encore un 3me. raiſonnement. La fin derniére à laquelle on rapporte une choſe doit néceſſairement eſtre diſtinguée de la choſe qu'on y rapporte. Or eſt-il que la béatitude formelle n'a point d'objet n'y de fin derniére diſtinguée de Dieu, par conſéquent il eſt impoſſible de rapporter Dieu à la béatitude formelle. On ne rapporte donc jamais Dieu à la béatitude formelle qui conſiſte dans la poſſeſſion de Dieu même, mais le deſir de la béatitude formelle eſt ſeulement un motif qui nous fait rapporter nous-mêmes à Dieu comme au ſouverain bien & à noſtre fin derniére. Si quelqu'un s'aviſoit de m'objecter qu'une perſonne qui ſeroit dans le ſentiment de M. de Cambray, pourroit rapporter Dieu comme béatitude objective à la béatitude formelle, je répons qu'il le peut dans la ſpéculation & dans ſon imagination chimérique, mais non pas effectivement ſi on conſidére ce qui ſe paſſe dans le cœur indépendamment de la ſpéculation, lorſqu'on deſire véritablement de poſſéder Dieu ſeul pour eſtre heureux.

Je tire deux conſéquences de tout ce que
nous

nous venons de dire 1. Que c'est une chimére de s'imaginer qu'on puisse jamais rapporter Dieu comme béatitude objective à nostre béatitude formelle & à nous-mêmes comme fin derniére. 2. Que quand on aime Dieu pour estre formellement heureux en le possédant, cet amour, n'a point d'autre objet n'y d'autre fin derniére que Dieu même, & que c'est par conséquent un véritable amour gratuit & de pure amitié.

La derniére remarque que j'ai à faire icy, c'est qu'en accordant à Monsieur de Cambray que d'aimer Dieu pour estre formellement heureux, c'est rapporter Dieu comme béatitude objective à sa béatitude formelle & à soy même dont on fait sa fin derniére, il s'ensuit de là évidemment que l'amour d'espérance qui a pour motif principal & dominant selon luy, nostre propre bonheur, est un amour impie & sacrilége. Car comment pourra-t-il répondre au raisonnement suivant? Tout amour par lequel on rapporte Dieu comme béatitude objective à nostre béatitude formelle & à nous-mêmes comme fin derniére, est un amour impie, & abominable. Or est-il que dans l'amour d'espérance qu'admet M. de Cambray, on rapporte Dieu comme béatitude objective à nostre béatitude formelle & à nous-mêmes comme fin derniere, suivant les propres principes de M. de Cambray. Tirés la Conclusion.

CHAPITRE IV.

Remarques sur le premier Article Vray.

VOicy par où M. de Cambray commence à débuter dés son premier Article vray. * *L'amour de pure concupiscence, ou entiérement mercénaire par lequel on ne desireroit que Dieu pour le seul interest de son propre bonheur & parce qu'on croiroit trouver en luy le seul instrument propre à nostre félicité, seroit un amour indigne de Dieu. On l'aimeroit comme un Avare aime son Argent, ou comme un Voluptueux aime ce qui fait son plaisir ; en sorte qu'on rapporteroit uniquement Dieu à soy, comme le moyen à la fin.... Mais cet amour de pure concupiscence ou entiérement mercenaire, ne doit jamais estre confondu avec l'amour que les Théologiens nomment de préférence &c.* J'ay déja refuté par avance dans les Remarques précédentes, tout l'endroit que je viens de rapporter. Ainsi je ne feray qu'indiquer en quoy M. de Cambray se trompe. 1. Il est trés-faux qu'il puisse y avoir un amour de pure concupiscence ou entiérement mercénaire par lequel on ne desireroit que Dieu par le motif de trouver son bonheur en luy, & il est également impossible qu'un amour qui nous fait desirer la possession de Dieu seul par le motif précis de trouver nostre bonheur en luy,

* Page 16.

excluë de ce motif la volonté & la gloire de Dieu, parce que ce motif est essentiellement conforme à l'ordre immuable & a pour fin naturelle la gloire de Dieu soit qu'on y pense actuellement ou explicitement, soit qu'on n'y pense pas, & quand on croiroit le contraire dans la spéculation, on ne laisseroit pas de bien aimer Dieu dans la pratique, en l'aimant par ce motif. Car la maniére de bien aimer Dieu dépend uniquement de l'inclination du cœur, & non pas des opinions qu'on peut avoir sur la nature de l'amour.

2. Quand on aime Dieu par le motif précis de trouver nostre bonheur dans sa possession, il est faux que nous aimons Dieu comme un moyen ou un instrument de félicité, nous l'avons démontré dans le Chapitre précedent.

3. Il y a deux maniéres fort différentes dont un Avare peut aimer l'Argent, premiérement il peut aimer l'Argent pour luy-mesme *propter ipsum*, & à cause du seul plaisir qu'il trouve à le posséder dans ses Coffres, indépendamment de tous les avantages qu'il en pourroit retirer en l'employant; pour lors cet Avare aimeroit l'Argent pour soy-même comme pour le sujet à qui il voudroit la complaisance qu'il prend dans la possession même de son Argent; mais il ne seroit pas soy-même l'objet ny la fin derniére de cet amour, parce qu'il est évident que ce seroit l'Argent qui en seroit l'objet & la fin derniére; ainsi cet exemple entendu de cette maniére prouve clairement contre M. de Cambray que quand on aime Dieu pour estre heureux dans sa possession même, il est vray que nous

nous sommes le sujet à qui nous desirons la possession de Dieu, mais c'est Dieu qui est l'objet & la fin dernière de nôtre amour, de mesme que l'Argent est l'objet & la fin dernière de l'amour qu'un Avare a pour cet Argent, quand il l'aime uniquement à cause de la complaisance & du plaisir qu'il trouve à le posséder : En second lieu un Avare peut aimer l'Argent, non pas pour luy-même, mais pour des avantages distinguez de cet Argent, qu'il espére acquerir par son moyen quand il en aura bien accumulé, pour lors ce sont les avantages que cet Avare veut obtenir par le moyen de son Argent qui sont l'objet & la fin derniére de son amour, & il n'est luy-même que le sujet auquel il veut ces avantages. Or on ne peut pas comparer le desir qu'on a de posséder Dieu, pour trouver son bonheur en luy à cette espéce d'amour purement mercénaire qu'un Avare auroit pour accumuler de l'Argent, afin de parvenir par son moyen à de grands avantages distinguez de cet Argent, comme nous l'avons fait voir dans le second Article du Chapitre précédent.

4. M. de Cambray a tort de prétendre que le desir de posséder Dieu seul comme nôtre souverain bien par le motif d'être heureux, qu'il luy plaist d'appeller un amour de pure concupiscence, ne doit pas être confondu avec l'amour que les Théologiens, nomment de préférence, car nous avons démontré en plusieurs endroits, que dez le moment qu'on aime véritablement Dieu seul comme son souverain bien, quoique par le motif précis de trouver nôtre bonheur dans sa possession, on aime Dieu d'une vé-

A a ritable

ritable amour de préférence, & qu'il estoit impossible de vouloir effectivement ne rechercher son bonheur & ne mettre sa complaisance qu'en Dieu seul, à moins de préférer par cette volonté Dieu à soy-mesme & à toutes les autres Créatures. Ainsi tout ce beau discours de M. de Cambray, par où il commence son premier Article vrai, n'est par malheur qu'un tissu de faussetez qui encherissent les unes sur les autres ; il en est de même de la pluspart des Principes qu'il établit dans les autres Articles prétendus vrais. J'en suis fâché pour luy, mais je croy être obligé à les découvrir pour le bien de la Religion & l'utilité de mon Prochain.

CHAPITRE V.

Remarques sur le second Article Vray.

* *IL y a trois divers degrez, ou trois estats habituels de justes sur la Terre*, dit M. de Cambray. *Les premiers ont un amour de préférence pour Dieu, puis qu'ils sont justes, mais cet amour quoique principal & dominant est encore mélangé de crainte pour leur intérest propre.*

Les seconds sont à plus forte raison dans un amour de préférence : mais cet amour quoique principal & dominant est encore mélangé d'espérance pour leur intérest, entant que propre....
Les troisièmes incomparablement plus parfaits que

* Page 21.
les

*les deux autres sortes de justes ont un amour plei-
nement desinteressé &c*.... C'est ce que tous les
Anciens ont exprimé en disant qu'il y a trois estats:
le premier est des justes qui craignent encore par un
reste d'Esprit d'esclavage. Le second est de ceux
qui espérent encore pour leur propre interest par un
reste d'Esprit mercénaire. Le troisiéme est de ceux
qui méritent d'estre nommez les Enfans, parce
qu'ils aiment le Pére sans aucun motif interessé ny
d'espérance ny de crainte. C'est ce que les Auteurs
des derniers siécles ont exprimé précisément de même sous d'autres noms équivalens. Ils en ont fait
trois estats &c.

M. de Cambray assûre trois choses principales dans l'endroit que nous venons de rapporter.
1. Qu'il y a trois divers degrez ou trois estats
habituels de justes sur la terre. 2. Que tous les
Anciens Péres ont exprimé ces trois estats habituels, quand ils ont distingué trois estats parmy
les Chrestiens, à sçavoir un estat de Fideles qui
se conduisent par l'Esprit d'esclavage, un autre
de ceux qui se conduisent par un Esprit mercénaire, & enfin un estat de ceux qui méritent
d'être nommez les Enfans. 3. Que les Mystiques des derniers siécles ont aussi exprimé ces
trois estats sous d'autres noms équivalens, en
distinguant la Vie *purgative*, la Vie *illuminative*,
la Vie *contemplative* ou *unitive*.

Je ne prétens point faire un procez à M. de
Cambray, d'avoir distingué trois estats habituels
de justes sur la Terre. quoique dans la vérité, il
n'y ait point différens estats habituels de justice
qui soient distinguez d'espéce, & que si on a
égard seulement aux différens degrez de perfections

ctions qui peuvent se rencontrer dans la charité, il y en ait bien plus de trois depuis le premier degré de charité, jusqu'au plus haut degré où elle puisse arriver. Mais je ne sçaurois l'excuser d'avoir osé enseigner que tous les anciens Péres de l'Eglise, ont exprimé ces trois estats habituels de Justes sur la Terre, quand ils ont distingué parmy les Chrestiens un estat d'Esclaves, un estat de Mercénaires, & un estat d'Enfans. Il en impose à tous les anciens Péres & leur fait enseigner une erreur insupportable. Il est vray que les Péres ont distingué trois différens estats de Chrestiens sur la Terre, à sçavoir un estat d'Esclaves, un estat de Mercénaires, & un estat d'Enfans. Mais c'est un fait trés-constant, de l'aveu de tous les Théologiens, qu'ils n'ont pas pris ces trois estats pour trois estats de justes habituels. Car ils n'ont certainement reconnu que l'estat des Enfans, pour un véritable estat de Justes, & ils ont seulement regardé l'estat d'Esclaves & l'estat de Mercénaires comme deux voyes différentes par lesquelles on pouvoit parvenir à l'estat des Enfans, c'est à dire à la charité qui fait la justification, & par ce moyen au salut eternel. Mais ils n'ont jamais fait deux estats habituels de Justes, de l'estat des Esclaves & de l'estat des Mercénaires ; au contraire, ils ont évidemment reconnu que si ceux qu'ils appellent Esclaves & Mercénaires ne parvenoient à l'estat d'Enfans, en se servant de la crainte des peines ou de l'espérance des recompenses, comme d'échelons pour parvenir à la charité, ils ne laisséroient pas d'estre damnez avec leur amour de Dieu servile & mercénaire, s'ils ne parvenoient pas à l'amour filial. Il suffit de sçavoir ce que les Péres entendoient par les trois estats si fameux d'Esclaves, de Mercénaires, & d'Enfans pour en estre entiérement convaincu. 1. Ils appelloient Esclaves tous ceux d'entre les Chrétiens qui aimoient Dieu, qui faisoient le bien, & qui s'abstenoient des Vices, principalement à cause de la crainte des peines & des supplices distinguez de la privation de la vuë & de l'amour de Dieu mesme (car ils n'ont jamais regardé comme une crainte opposée à la charité, la crainte de perdre la vuë & l'amour de Dieu mesme, & ils ont tous crû que cete crainte est une crainte filiale qui vient de la charité) 2. Ils appelloient Mercénaires tous ceux qui aimoient Dieu, faisoient le bien, & s'abstenoient des vices principalement par l'espérance des recompenses, soit temporelles, soit éternelles, qui estoient distinguées de la possession de Dieu même qui consiste uniquement dans la jouïssance de Dieu par la connoissance & l'amour. 3. Ils appellent les véritables Enfans ceux qui aimoient Dieu non pas précisément par la crainte des peines ny par l'espérance des recompenses, dans le sens que nous avons expliqué, mais qui l'aimoient pour luy-mesme & à cause des charmes & des attraits qu'ils trouvoient à l'aimer. Or il est constant qu'ils ont tous crû comme S. Augustin que l'amour de Dieu estoit pur, gratuit & desintéressé dés le moment qu'il n'avoit point d'autre objet, ny d'autre fin derniére que Dieu mesme, & qu'il estoit tel quand on aimoit uniquement Dieu entant qu'il est immédiatement par luy-mesme nôtre souverain bien & nostre propre recompense.

Voila

Voilà le sentiment unanime de tous les Saints Péres, dont la doctrine sur l'amour de Dieu est parfaitement conforme à celle de S. Augustin.

Ce qui aura trompé apparemment M. de Cambray pour luy faire dire que les Anciens ont reconnu trois différens estats habituels de Justes, quand ils ont distingué l'estat des Esclaves, l'estat des Mercénaires & celuy des Enfans. * C'est qu'il y a deux ou trois Péres qui disent en propres termes qu'il y a trois Estats ou ou trois Classes de ceux qui parviennent au salut, à sçavoir des Esclaves, des Mercénaires, & des Enfans. *Tres eorum qui salutem consequuntur classes esse scio, Servorum videlicet, Mercenariorum & Filiorum* &c. dit S. Gregoire de Nazianze. S. Maxime & Theophilacte disent la même chose. Je croy que M. de Cambray aura pris ces expressions à la lettre, & qu'il en aura conclu que les Péres distinguoient donc par là trois états de Justes puis qu'il n'y a que les Justes qui parviennent au Salut Eternel. Mais il n'y a pas un petit Bachelier sur les Bancs de Sorbonne qui ne sçache qu'ils ont seulement voulu dire qu'il y avoit trois différentes voyes par lesquelles on parvenoit à la justification, & ensuite par le moyen de la justification au salut. Car ces mêmes Péres parlent de l'état d'Esclaves & de l'état de Mercénaires d'une manière qui fait connoistre évidemment qu'on seroit damné dans ces états.

* *Ces Péres sont S. Gregoire de Nazianze Orat. 3. S. Maxime & Theophilacte. Voyez le Commentaire que Nicetas a fait sur les Oraisons de S. Gregoire, vous y trouverez l'explication naturelle que nous marquons icy.*

Amour de Dieu. 365

tats, si on ne s'en servoit pas comme de dispositions pour parvenir à l'état des Enfans. Ainsi quand S. Gregoire de Nazianze & quelques autres Péres ont dit expréssement qu'il y a trois états de ceux qui sont sauvez, à sçavoir des Esclaves, des Mercénaires, & des Enfans, c'est qu'il suppose que ceux de la prémiére classe qui s'engagent d'abord au service de Dieu par la crainte des peines, & ceux de la seconde Classe qui s'y engagent par l'espérance des recompenses distinguées de Dieu, s'avançant dans le chemin de la perfection par les motifs salutaires de crainte & d'espérance, parviennent à l'amour filial, qui seul peut leur donner la dignité d'Enfans de Dieu, sans laquelle il n'y a point de salut pour nous.

Il ne faut pas omettre de faire icy quelques réfléxions sur le troisiéme état habituel de Justes sur la Terre que M. de Cambray admet. * *Les troisiémes, dit-il, incomparablement plus parfaits que les deux autres sortes de Justes ont un amour pleinement desintéressé, qui a esté nommé pur, pour faire entendre qu'il est sans mélange d'aucun autre motif, que celuy d'aimer uniquement en elle même & pour elle même, la souveraine beauté de Dieu.* * *Dans ce dernier état*, dit-il encore, *on ne perd jamais ny la crainte filiale, ny l'espérance des Enfans de Dieu, quoy qu'on perde tout motif interessé de crainte & d'espérance*, c'est à dire selon M. de Cambray toute crainte d'estre malheureux en perdant Dieu, & toute espérance d'estre heureux en le possédant; car il appelle ces motifs interessez.

C'est

* *Pag.* 22.   * *Pag.* 24.

C'est pourquoy il ajoûte un peu après * *que dans cet estat de perfection on attend à la verité l'accomplissement des promesses en nous & pour nous suivant le bon plaisir de Dieu, mais par ce motif unique de son bon plaisir, sans y mêler celuy de nostre interest propre.* C'est à dire le motif d'être heureux en le possédant. Car selon luy, * *Ce pur amour ne se contente pas de ne vouloir point de recompense qui ne soit Dieu même*, quoy que le pur, le gratuit & le chaste amour reconnu par S. Augustin & par tous les SS. Péres, s'en contentât bien. La preuve qu'il en apporte, c'est cet estrange Paradoxe que nous avons refuté dans le 3. Chapitre, à sçavoir, *que tout Mercénaire purement Mercénaire, qui a une joy distincte des véritez revelées, peut ne vouloir point d'autre recompense que Dieu même*, Croyez encore ce qu'il dit dans la Page 28. du pur amour. Il est évident par tous ces principes de M. de Cambray qu'il admet un Estat habituel de Justes sur la Terre (comme nous l'avons déja remarqué dans le prémier Chapitre de ces Remarques) qui aime Dieu d'un amour si pur & si parfait, non seulement par des actes passagers mais par un estat habituel, que le motif de cet amour exclut toute crainte d'estre malheureux en perdant Dieu, & toute esperance d'estre heureux en le possédant. Car il est clair que ces motifs sont interessez chez luy, puisque l'objet formel de la belle

Page 25.
* *Pag. 25. M. de Cambray ose dire que le pur amour ne se contente pas de ne vouloir point de recompense qui ne soit Dieu mesme.*

belle charité est *la beauté ou bonté de Dieu prise simplement & absolument en elle même, sans aucune idée qui soit relative à nous.* Ce sont ses propres paroles. Ainsi M. de Cambray admet un estat habituel de Justes dont il fait consister la perfection à n'aimer plus Dieu par aucune idée relative à nous, ni par la considération des rapports de convenances que ses perfections Divines ont avec nostre Nature pour la rendre heureuse, s'il s'estoit contenté de dire que les Justes parfaits produisent quelquefois dans de certaines rencontres des Actes de Charité dont le motif est la seule bonté ou beauté de Dieu prise simplement & absolument sans aucune idée relative à nous, parce qu'ils font alors abstraction dans leur pensée actuelle & explicite, de tout ce qui a rapport à nous, cela est vray. Mais il veut qu'il y ait un estat habituel de Justes dont la plus grande perfection consiste à ne point produire d'autres actes de charité que ceux-là dont le motif soit absolument indépendant & de la crainte d'estre malheureux en perdant Dieu, & du desir d'être heureux en le possédant. C'est ce qui est tres-faux & contraire à la Doctrine des SS. Péres. Afin d'éviter cet excés j'établis la proposition suivante.

CONCLUSION.

Il n'y a point d'estat habituel de Justes sur la Terre dont la perfection consiste à n'aimer Dieu qu'à cause de sa seule bonté ou beauté

Page 42.

prife fimplement & abfolument en elle-même, fans aucune idée relative à nous & indépendamment du defir d'eftre heureux en le poffédant, & de la crainte d'eftre malheureux en le perdant, en un mot qui confifte dans cette précifion de motifs dans laquelle feule M. de Cambray fait confifter fa belle charité. Il n'y a point non plus d'eftat de Juftes fur la Terre dans lequel l'habitude ou pur amour faffe luy feul toute la vie intérieure, & qui devienne alors l'unique principe, & l'unique motif de tous les actes délibérez & méritoires, comme l'affûre M. de Cambray dans la dernière Page de fon Livre.

F I N.

TABLE
DES
CHAPITRES,

Et des Articles, & Additions qu'ils contiennent.

LIVRE I.

De la Nature de l'Amour en général.

CHAPITRE I. *Du principe & de l'origine de l'Amour.* Pag. 1

CHAP. II. *De l'objet de l'Amour en général.* 5

ART. I. *Du bien qui est le motif de l'Amour du côté de l'objet.* Ibid.

ART.

TABLE

ART. II. *De la fin qui est l'objet de nostre Amour.* 24

ART. III. *Du bonheur que l'on cherche nécessairement dans l'Amour.* 38

CHAP. III. *Division de l'Amour en général dans ses différentes espéces.* 51

CHAP. IV. *De l'Amour d'Amitié entant qu'il est opposé à l'Amour de Concupiscence.* 58

CHAP. V. *Réponse à une objection importante.* 83

LIVRE II.

De l'Amour Divin & de ses différentes Espèces.

CHAP. I. *Qu'il est impossible d'aimer Dieu à cause de ses seules perfections absoluës, indépendamment de tout rapport de convenance avec nôtre bonheur.* p. 93

CHAP. II. *Aimer Dieu seul pour lui-même, de sorte qu'on ne recherche son bonheur & la perfection de sa Nature, que dans sa connoissance & son Amour & qu'on rapporte tout à lui comme à nôtre fin derniere; c'est l'aimer de l'Amour le plus pur, le plus gratuit, le plus désinteressé & le plus parfait dont il soit possible*

DES CHAPITRES.

à toutes Créatures intelligentes de l'aimer ; quoi que le motif prochain de cet Amour soit le désir invincible que nous avons d'être heureux, & la considération de Dieu comme nôtre Souverain-Bien. 101

CHAP. III. *Des différentes Espéces d'Amour de Dieu ; & s'il y a un Amour d'Espérance.* 103

CHAP. IV. *Le desir de la possession de Dieu seul comme étant par lui-même nôtre fin derniére & nôtre Souverain-Bien, afin de trouver nôtre bonheur dans sa connoissance & son Amour, n'est point un Amour de concupiscence opposé à la Charité, mais c'est un acte de Charité parfaite.* 110

CHAP. V. *S. Augustin a enseigné par tout dans ses Ouvrages, que le désir de posséder Dieu seul comme sa fin & sa recompense, étoit un Amour gratuit, parfait & desinteressé.* 147

CHAP. VI. *Qu'il n'y a point de véritable Amour d'Amitié ni de bienveillance à l'égard de Dieu qui soit distingué de l'Amour d'union, par lequel on desire de le posséder ; & que toute la perfection de l'Amour de bienveillance qu'on peut avoir pour Dieu, dépend nécessairement du désir qu'on a de le posséder. D'où il s'ensuit que la perfection du pur Amour ne dépend proprement que de la perfection du desir qu'on a de posséder Dieu..* 167

CHAP. VII. *Explication véritable de ces paroles de S. Paul,* Charitas non quærit quæ sua sunt, *la Charité ne cherche point ses propres intérêts.* 172

CHAP. VIII. *Qu'il y a un faux desir du Ciel*

TABLE

& *de la possession de Dieu, qu'il faut prendre garde de conjondre avec le desir véritable & sincére de posséder Dieu pour lui-même.* 178

CHAP. IX. *Reponse aux objections tirées des SS. Peres par lesquelles on pretend prouver que l'Amour de Charité, autrement l'Amour pur & desinteressé, doit avoir pour motif la bonté absoluë de Dieu, avec exclusion de tout rapport de convenance à nôtre égard, & du desir de nôtre propre béatitude.* 185

ART. I. *Reponse à l'objection tirée de l'hipothese que S. Clement d'Alexandrie, S. Chrysostome, Theodoret & quelques autres Peres ont faite, en supposant par impossible, que le salut pût être séparé de l'amour & de la connoissance de Dieu.* 186

ADDITION I. *On remarque qu'Aristote a conçû qu'on aimoit un objet & un bien pour lui-même, dez le moment qu'on ne l'aimoit point pour aucun avantage distingué de cet objet qui nous en revient, quoiqu'on l'aime à cause du plaisir & de la satisfaction qu'on trouvoit dans cet objet en lui-même.* 209

ADDITION II. *On rapporte un Extrait du Traité de Morale du Pere Malbranche, dont le sentiment sur l'Amour de Dieu est tout-à-fait conforme à ce que nous en avons enseigné.* 211

ADDITION III. *Principes de S. François de Sales, sur la nature de l'Amour en general.* 217

ADDITION IV. *De la Sainte Indifférence qui fait le desinteressement parfait du plus pur Amour qu'on peut avoir pour Dieu.* 224

ART. I. *Eclaircissement sur un endroit du Chapitre*

DES CHAPITRES.

pitre Troisiéme du Neuviéme Livre de l'Amour de Dieu, de S. François de Sales. 231

ART. II. Eclaircissement sur le Chapitre quatriéme qui a pour Titre. De l'union de nôtre Volonté au bon plaisir de Dieu par l'indifférence. 237

ART. III. Eclaircissement sur le Chapitre 9. & le 10. 248

ART. IV. Eclaircissement sur le Chapitre 11. 259

ART. V. Eclaircissement sur le Chapitre 13. & 14. 262

ADDITION V. Dans laquelle on fait voir, que soit que la convenance d'un bien à nôtre égard soit le motif prochain du côté de l'objet, qui nous le fait aimer, soit que ce ne soit qu'une condition, sans laquelle il nous seroit impossible d'aimer, Conditio sine quâ non, il est néanmoins toûjours véritable, que la raison d'aimer un bien parce qu'il nous est convenable immédiatement par lui-même, n'est point opposée à l'Amour gratuit. 263

TABLE

LIVRE III.

Contenant des Remarques fort-importantes sur les Principes & les Maximes qu'on trouve sur le sujet de l'Amour de Dieu, dans *l'Explication des Maximes des Saints, sur la Vie Intérieure*, par M. l'Arch. de Cambray.

CHAP. I. *On expose quel est le sentiment de M. l'Arch. de Cambray sur la Charité parfaite, ou autrement sur l'Amour de Dieu par & désintéressé.* 269

CHAP. II. *Remarques sur l'Exposition des divers Amours dont on peut aimer Dieu, selon M. de Cambray.* 274

ART. I. *Où on explique à fond ce que c'est que l'Amour de soi-même, l'Amour propre, & quel intérêt propre est opposé à la Charité.* 275

ART. II. *Remarques sur la premiere & la seconde sorte d'Amour que M. de Cambray distingue.* 282

ART. III. *Remarques sur la troisiéme sorte d'Amour que M. de Cambray distingue*, Pag. 4. & 5. 291

ART. IV. *Remarques sur la quatriéme sorte d'Amour que M. de Cambray distingue.* 303

ART. V. *Remarques sur la cinquiéme sorte d'A-*
mour

...mour de Dieu que M. de Cambray distingue: 317

ART. III. *Remarques sur la Recapitulation que M. de Cambray fait des différentes sortes d'Amour de Dieu.* 329

CHAP. III. *Remarques sur un endroit très-important des Pages 25. & 26. du second Article.* 331

ART. I. *S'il est possible naturellement d'aimer Dieu seul pour trouver nôtre bonheur dans sa possession, parce que l'on connoît certainement par les lumieres de la Foi, qu'il est le seul bien infini qui peut faire nôtre parfait bonheur.* 333

ART. II. *S'il est vrai qu'on rapporte Dieu comme béatitude objective ou objet de sa béatitude à sa béatitude formelle & à soi-même comme fin derniere, quand on l'aime par ce motif precis qu'il est seul nôtre recompense & l'unique veritable souverain bien qui peut nous rendre heureux.* 353

CHAP. IV. *Remarques sur le premier Article vrai.* 357

CHAP. V. *Remarques sur le second Article vrai.* 360

FIN DE LA TABLE.

CATALOGUE
DES LIVRES
DE MUSIQUE

Nouvellement imprimez

A AMSTERDAM

CHEZ

ESTIENNE ROGER.

Marchand Libraire, où dont il a nombre avec les prix.

Recueil d'Airs sérieux & à boire livre premier gravé - - - - f. 1.10
livre second - - - f. 1.10
livre troisiéme } on donne un f. 1.10
livre quatriéme } pareil recüeil f. 1.10
livre cinquiéme } tous les 3 mois. f. 1.10
Les Airs à chanter de la Tragedie d'Esther f...12
Athalie Tragedie par M. Racine & les Chœurs mis en Musique par M. Konink - - f 2.10
Les Airs à chanter de la Comedie je vous prens sans Vert - - - f.. 8
Les Airs à chanter de la Comedie la foire de besons avec l'augmentation - - - f... 8

Les

DE MUSIQUE.

Les Airs à chanter de la Comedie le mary sans femme gravé - - - f... 6
Les Airs à chanter de la Comedie attendez-moi sous l'Orme gravé. - - f... 6
Les Airs à chanter de la Comedie la foire S. Germain gravé. - - f... 6
Les Airs d'Abel pour le concert du Doule. f.. 6
Cantate è ariette con instrumenti & senſa autore F. le Grand. - - f. 1. 13
Les Airs a joüer & a chanter de l'Opera de Village a 7. part. 3. pour les voix & 4. pour les Inſtrumens gravé. - - f. 1. 2.
Les Airs a joüer de l'Opera le Triomphe de l'a- gravé. - - f. 10
Les Airs a joüer de l'Opera de Phaëton a 4. parties gravé. - - f. 1. 13

L'on grave tous les Airs a joüer des Opera de Lully a 4 p. & se donneront dans peu.

Des duos de Divers Maistres Anglois pour la flute & le violon gravé - - - f. 1. 13.
Les Trios de M. Konink pour la flute & le violon gravé - - - f. 1. 16.
Les Trios de M. Konink pour la flute le viol. & le hautbois liv. second gravé - - f. 2.
Les Trios de M. de la Barre pour les flutes, violons & hautbois gravé - - f. 3. 10
Les Trios de M. Marais pour les Flutes, violons, hautbois & dessus de viole gravé f. 5.
Les Trios de differents Auteurs pour toutes sortes d'instruments mis en ordre par M. Babel gravé - - - - f. 4. 10.
Ouvertures Allemandes sarabandes &c. pour le violon, la Flute, & le hautbois par M. Deroſiers gravé - - - f. 4.

CATALOGUE

Les Trios de différens Autheurs pour la Flute
& le violon - - f. 1 10
Les Trios des Opera de Lully pour les voix &
les inftrumens - - f. 6.
La fuite du Roi d'Angleterre pour la Flute & le
violon - - - f. 1.
Quatorze fonates a 2 Flutes 6 de Fingher 6 de
Cortivil & 2 de paifible gravé f. 3.
Sonates à 5, 2 Flutes & 2. hautbois ou tous vio-
lons & 1 baff. cont. de M. Finger & M. Keller
gravé - - - f. 4.
Quatorze fonates pour le violon & particuliere-
ment le hautbois par M. Rofier à 6 parties gra-
vé - - - f. 6.
Corelli Opera prima fonate a 4 2 viol. 1 vio-
loncello baffo continuo gravé f. 4.
Corelli Opera feconda baletti a 3 gravé f. 2 10
Corelli Opera tertia fonate a 4 2 viol. 1 violone
1 baff. cont. gravé - - f. 4
Corelli Opera quarta baletti a 3 gravé f. 3.
Corelli e altry autory fonates a viol. folo col baf-
fo gravé - - - f. 3.
Bernardi Opera fecunda fon. a 3 gravé. f. 3.
Tonini Opera fecunda fonates à 4 2 viol. 1. vio-
lone 1 baff. cont. gravé - - f. 4.
Tonini Opera terza baletti da camera a violino e
violone o cimbalo gravé - f. 1. 13.
Marini Opera terza 12 fon. les 8 premiers a 4 &
les 4. derniers a 6. gravé - - f. 4. 10
Aurelio Paolini opera prima fon. a 4. 2 viol. 1
violone 1 baff. cont. gravé - - f. 3.
Veracini opera prima fonates a 2 violi 1 violone
1 baff. cont. gravé - - f. 4
Veracini Opera terza fona. 1 viol. 1. violone 1
baff.

DE MUSIQUE.

bass. cont. gravé - - f. 4

Tomazo d'Albinoni Opera prima sonates a 4
2 viol. 1 violon. 1 bass. cont. gravé f. 4

Torelli opera sesta sonate a 4 2 viol. 1 alto 1 bass.
cont. gravé - - - f. 4.

Torelli Opera septima sonata da Camera a violino e violone o Cimbalo gravé f. 3.

Torelli & altri autory sonate 12 a violino e violone o cimbalo gravé - - f. 2.

Josephi Benedicti opus octavum sonata 13 a
2 viol 1 violo e Basso Continuo f. 4.

H. Anders Opera seconda Sonate 12 a 3 e 4. in instrumentis gravé - - - f. 4.

Giulio Taglietti Opera secunda 6. Concerti
14 sinphonia a 3 instrumentis gravé f. 4.

Ravenschroft alias redieri Opera prima 12. sonate a 3 col violoncello gravé - f. 4

Ricercate a violino e violone, o cimbalo da pietro degli Antony Opera quinta - f. 3

Scherzi musicali ou suittes pour la viole de gambe a 1 viole & 1 basse. contin. ad libit. composées de préludes allemandes Sarabandes courantes gigues chaconnes ouvertures gavotes passacailles &c. par M. Skenk gravé f. 9

Konst oeffeningen ou 15. Sonates pour la viole de gambe avec 1 bass. cont. par M. Skenk gravé - - - f. 9.

Un livre de pieces de clavessin par M. le Begue Organiste du Roy - - f. 6

Une suite de pieces de clavessin par M. le Begue Organiste du Roy gravé - - f. 1.4

Hollandsche minne en drink-liederen door Servaas de Konink - - f. 1.10

Traitté de Composition flamend & François par

A4

CATALOGUE.

M. de Nivers - - f. 1 13.
Elemens ou principes de Musique par M. Lou ie avec la maniere du chant - - f. 1. 10
Alexandro Grandi opera terza 3. misse a 3 & 4. voce con instrumenti e senſa - f. 4 10
Bassani opus octavum mottetti a voce sola con violini - - - f. 4. 10
Pietro degli Antony opus octavum 3 misse à 3 voce 2 canti e Basso con Violini ad libitum f. 4
Nouvelles contredances Angloises avec la maniére de les dançer en Anglois & eu François gravé - - - f. 3.
12. Sonates a 2 flutes violons ou hautbois par M. S. de Konink. gravé - - f. 3.
12 Son. a 1 fluste, violon ou hautbois & B. Continuë par M. S. de Konink. gravé - f. 3
Andrea grossi opera Terza 12 sonates a2. 3. 4. 5. instrumentis col. B c. gravé - f. 5
10 Suitte de Frobergue contenant Allemande Courante sarabande & gigue gravé f. 4
Baldacini opera prima sonates a 3 col violon cello gravé - - f. 4
On grave tous les Operas de Lully, en partition & on donnera dans peu Cadmus & Alceste chaque Opera vaudra - f. 12.
Les Cantate de Pistochi & les Motes de Bassani a voce sola con violini opera XIII. s'impriment.

On trouve outre ces sortes chez Estienne Roger tous les livres de Musique qui s'impriment en Italie en France & en Angleterre: les Libraires, les Maistres de Musique & les Particuliers qui souhaitent liër correspondance avec luy, n'ont qu'à lui escrire.

A AMSTERDAM,

De l'Imprimerie de Daniel Boulesteys
de la Contie, dans l'Eland-ſtraat.

M. DC. XCVIII.

www.ingramcontent.com/pod-product-compliance
Lightning Source LLC
Chambersburg PA
CBHW050432170426
43201CB00008B/641